古典的再生

论尼采的艺术形而上学

何兰芳 著

中国社会科学出版社

图书在版编目（CIP）数据

古典的再生：论尼采的艺术形而上学／何兰芳著．
—北京：中国社会科学出版社，2016．5
ISBN 978－7－5161－7974－1

Ⅰ．①古…　Ⅱ．①何…　Ⅲ．①尼采，F．W．（1844～1900）
—艺术哲学—哲学思想—研究　Ⅳ．①B516．47　②J0－02

中国版本图书馆 CIP 数据核字（2016）第 074858 号

出 版 人　赵剑英
责任编辑　郭晓鸿
特约编辑　席建海
责任校对　李　莉
责任印制　戴　宽

出　　版　中国社会科学出版社
社　　址　北京鼓楼西大街甲 158 号
邮　　编　100720
网　　址　http：//www．csspw．cn
发 行 部　010－84083685
门 市 部　010－84029450
经　　销　新华书店及其他书店

印　　刷　北京君升印刷有限公司
装　　订　廊坊市广阳区广增装订厂
版　　次　2016 年 5 月第 1 版
印　　次　2016 年 5 月第 1 次印刷

开　　本　710×1000　1/16
印　　张　15．5
插　　页　2
字　　数　223 千字
定　　价　58．00 元

凡购买中国社会科学出版社图书，如有质量问题请与本社营销中心联系调换
电话：010－84083683

序

何兰芳博士的《古典的再生》一书，是在博士论文的基础上修改而成的。我十年前阅读时，就眼前一亮。尼采的研究，很多人做过，但这一部不同，研究角度新颖，论述深刻，语言成熟，文风朴素无华，都是我喜欢的学术风格。论文答辩后，我与何兰芳时有联系，每次见面都问起这本论文的出版情况。转眼十年过去了。一本书拖了十年不出，就会出现两种可能：一是随着视野的扩大，悔其少作，再也没有勇气将论文修改出版。我有不少朋友同行就是如此，做了一辈子的学问，但作为博士论文的第一部著作藏起来或扔在一边，时而从中抽少部分章节，改头换面作为论文发表。二是经过时间锤炼，更觉得当年的研究有价值，不悔少作，在此基础上修改、补充、提高，拿出来交给大众。这部著作出版了，就证明是后者。十年磨一剑，在磨的过程中，要过自己的心理关，过时间检验关。在磨的过程中，磨了剑，也磨了人，从新科博士变为成熟学者。

本书研究的对象是尼采的古典希腊研究。无论是尼采，还是古代希腊，都已有太多的人谈过。但深入探讨尼采如何进入古典，又发掘其现代价值，仍是一个很有新意的话题。在当时的德国，尼采当然不是第一位希腊迷。在他步入学界时，德国思想界早就陷入对古希腊文化的群体狂热之中。如果说 15—16 世纪的意大利人在文艺复兴的旗帜下开始了希腊崇拜，那么 17—18 世纪的法国人则举起古典主义的旗帜，通过对希腊罗马文化的吸收再造而成为欧洲文学艺术的中心。与这些热烈的南方拉丁民族相比，德国人对希腊文明的崇拜要晚得多。然而，一种迟到的崇拜，却更加执着、深沉，并由于空间与时间上的距离，而更加理想化、浪漫化与神圣化。从温克尔曼“高贵的单纯与静默的伟大”的定性开始，康德、歌德、席勒，一直到黑格尔，都拜倒在希腊文明的脚下。

席勒曾希望从希腊文明汲取力量，产生强有力的时代巨人，希望“一个仁慈的神及时地把婴儿从他母亲的怀中夺走，用更好时代的乳汁来喂养他，让他在远方希腊的天空下长大成人。当他长大成人之后，他——一个陌生的人——又回到他的世纪，不过，不是为了以他的出现来取悦他的世纪，而是要像阿伽门农的儿子那样，令人战栗地把他的世纪清扫干净”[①]。他认为，在远方的希腊天空下，可以成长出健全的人，这种人的特点，就是理性与感性的和谐。

这是当时的德国学界所追求的共同目标，但他们的这种对希腊的崇拜，恰恰是“德国庸人”的共同特点。恩格斯在《路德维希·费尔巴哈和德国古典哲学的终结》一书中，对这些“德国庸人”做了批判和嘲讽。他说，将哲学的中心归结为道德理想和社会理想的信仰，是“在那些把席勒诗歌中符合他们需要的少数哲学上的只言片语背得烂熟的德国庸人中产生的”[②]。他又说，“黑格尔是一个德国人而且和他的同时代人歌德一样拖着一根庸人的辫子”[③]。他们沉湎于幻想，是法国革命的德国回声。他们只是从二元的角度看人，将人看成一半是天使，一半是动物。在当今流行“终结”话语时，恩格斯关于哲学“终结”的论述，可以给我们重要的启示。

除了这一批人之外，还有一批职业的古典学学者。作为一门在西方研究性大学里设立的专门学科，古典学以希腊语和拉丁语的学习和教学为中心，致力于对古代世界的社会、政治、哲学、宗教、文化、

① ［德］弗里德里希·席勒：《审美教育书简》第9封信，载［德］弗里德里希·席勒《审美教育书简》，冯至、范大灿译，北京大学出版社1985年版，第45页。引者有修改。

② ［德］恩格斯：《路德维希·费尔巴哈和德国古典哲学的终结》，载《马克思恩格斯选集》第4卷，人民出版社1972年版，第227页。

③ 同上书，第214页。

文学和艺术等各方面的综合研究、整理和翻译。这种研究有助于人们从源头上理解西方文化，整理历史资料，强化从希腊开始的西方文化传统的意识。这种研究当然是重要的。如果说在欧美这是一个古老的传统，那么在中国这种学科正在建立的过程中。这对丰富中国人对欧洲和世界的研究，具有重要的意义。中国要成为一个学术大国，古典学研究必不可少。然而在当代的欧美学界，这种研究正遭遇来自后现代主义和后殖民主义学者的批判。这些人努力走出单一文明起源的观点，将起源研究还原为区域语言和历史的研究。

尼采有着第一种人对希腊的哲学思考，但他努力要脱去那种在书斋中沉湎于幻想的“庸人”气味；他有着第二种人的古典造诣，但他不是致力于历史考证和知识还原。他不是这两种人中的任何一种。他的学术立场，与这两种人都截然相反。他的研究，区别于奥林匹斯主义，或日神精神，也区别于以苏格拉底为代表的对知识的质疑和对理性本质的追求，而是从酒神狄俄尼索斯谈起。

本书中的一个命题，即酒神是日神的根基。这看上去是一个反希腊神话谱系的命题，却说明了希腊神话的一个本质方面。

谁是酒神狄俄尼索斯？我们从尼采那里所读到的，与荷马的两大史诗和赫西俄德的《神谱》的记载，与在中国极为流行的斯威布的《希腊的神与英雄》的记载完全不同。赫西俄德的《神谱》讲了三世神王世系，即乌兰诺斯、克洛诺斯和宙斯。乌兰诺斯是天神，他与地神该亚结合，生出克洛诺斯和被称为提坦的一些大力士。克洛诺斯在该亚的帮助下，打败了乌兰诺斯而赢得了权力。最后，他的儿子宙斯又取代了克洛诺斯，赢得了与众提坦的战争，形成了以宙斯为首的奥林匹斯山上的众神的统治。奥林匹斯山上的众神主要由宙斯的子女组成。其中影响力最大的三位神应是宙斯，宙斯的女儿、智慧女神、女战神雅典娜，以及宙斯的儿子、太阳神阿波罗。在这一谱系中，酒神狄俄尼索斯只是无足轻重的小神，是宙斯的小儿子，生得晚。在留下来的相关雕塑之中，给人印象最深刻的，不过是那个抱在赫尔墨斯手里的小孩而已。赫西俄德的《神谱》中写道：“卡德摩斯之女塞墨勒与宙斯恋爱结合，生下一个出色的儿子，快乐的狄俄尼索斯。母亲是凡间妇女，儿子是神。现在两人同为神灵。”[①] 这是一个幸运的婴儿。依照奥林匹斯教的信仰，凡间妇女与神结合所生的子女只能成为英雄而不能成为神。英雄只是杰出的人，或者是半神半人而已，他还会死亡。只有成了神才不会死亡。为了成为永生的神，另一位宙斯与凡人所生的英雄大力士赫拉克勒斯，历尽千辛万苦，完成了十二件武功，才最终成为神。宙斯对狄俄尼索斯竟如此偏爱，让他和他的母亲一下子就成了神灵。但是，这里仍没有任何迹象表明，这位神会取代宙斯。从破格提拔为神到成为接班人，还有很长的路要走。在雅典人的信仰中，他似乎直到最终也没有获得这个地位，但在雅典之外，神话有另外一些讲法。

古代的希腊，并不是一个统一的国家。希腊人的众多城邦互不隶属，各自独立地生存并决定自己的内部和外部事务。这些城邦依据地理条件和生活方式大致分成三块，即北方从德尔斐直到马其顿的山区，西部的伯罗奔尼撒半岛上肥沃的平原，以及由爱琴海上的诸岛、东方的小亚细亚和西方今天意大利南部的一些地区组成的海上的希腊。北方山里的希腊人靠狩猎为生，伯罗奔尼撒是一片农业区，海上的希腊是一种商业文明。由于对希腊诸神的共同信仰，这些人结合在一起。从这个意义上讲，希腊人没有建立一个国家，而是建立了一种文明。希腊众神信仰的边界，也就是这种文明的边界。早期希腊文明的这种多中心性质，也反过来造成了希腊信仰体系的多教派特点。不同地方的希腊人，信仰着大致相同的一些神。但是，他们对这些神的叙述和理解，信仰的方式和程度，都有着很大的不同。

在赫尔俄德《神谱》的叙事之外，有着完全不同的关于诸神世系的叙述。“在俄耳甫斯神谱叙事传统里，尤其流传最广的‘二十四叙事圣辞’版本里，继时间之神与原初的卵之后，有着六代神王：法那

① ［古希腊］赫西俄德：《神谱》，载赫西俄德《工作与时日　神谱》，张竹明、蒋平译，商务印书馆1997年版，第54页。

斯—纽克斯—乌兰诺斯—克洛诺斯—宙斯—狄俄尼索斯。”[①] 法那斯的意思是光。法那斯可被视为男性，或者雌雄同体，而纽克斯是女性，她与法那斯密不可分，最终接替法那斯成为一代神王。值得注意的是，在《神谱》所说的三王之后，出现了狄俄尼索斯。宙斯的统治被预言要终结，而取代他的竟然是狄俄尼索斯。

尼采应该是了解这些世系的复杂性和诸神的复杂关系的。他将种种人格化的故事全部抽象掉，转化为两种精神，即日神阿波罗与酒神狄俄尼索斯的对立。日神代表着光明、外观、幻觉、梦境、造型艺术，以及对这一切的静观，而酒神代表着沉醉和内在生命的冲动。两种精神相互作用，特别是酒神精神受到日神精神的改造，出现了希腊悲剧。在尼采看来，酒神精神等同于一种生命力勃发的狂欢精神。这种精神在他所谓的“野蛮人”那里随处可见。这就是希腊以外的众多民族的狂欢习俗和传统。这种习俗和传统是由一种强大的生命力所驱动的。这种生命力在与日神，或以日神为代表的奥林匹斯教相遇时，就被改造，进入了文明的希腊人的生活之中，成为希腊精神的一部分，也成为希腊艺术精神的一部分。

狄俄尼索斯的故事，并非只有赫西俄德讲过。讲他的故事的人很多，版本也各不相同。据说，他经历了无数次的生和死。根据各种残存的、相互矛盾的文献，他至少出生过以下几次：他的第一次出生，是宙斯与他的女儿珀耳塞福涅乱伦而生的；第二次是宙斯与塞福勒生；第三次是宙斯从死去的塞福勒肚子里取出六个月的胎儿狄俄尼索斯，缝到自己的大腿内而生长出来；第四次是众提坦将狄俄尼索斯烧死，雅典娜将他的心脏抢救出来，宙斯根据心脏而使他复活，等等。甚至还有他是宙斯与瑞亚（宙斯的母亲）或德墨特尔（宙斯的姐姐）所生的说法。一个多次出生的神，有他必然出生的理由。这个理由就是，他是一种独特精神的代表，只要这种精神不灭，他就会再生。反复出生的狄俄尼索斯不一定还是那个狄俄尼索斯，但他仍是一个狄俄

---

① 吴雅凌编译：《俄耳甫斯教辑语》，华夏出版社 2006 年版，第 50 页。

尼索斯。关于这种再生，有一种合理化或科学化的解释："宙斯（天空和雨水）使德墨特尔（大地）繁殖孕育了狄俄尼索斯（葡萄）。提坦们将他撕成碎片，如同农夫们采摘葡萄，撕碎压榨果实，经过蒸馏等工序得到美酒。大地则收拾葡萄残枝，使其每年都重新发芽结果，如狄俄尼索斯的再生。"[①] 且姑妄听之吧。越是多次出生，就越表明，他代表的是一种现象和一种精神，不像人一样，偶然地被抛入这个世界之中。

是不是由于他多次再生，他就可以被看成"众神中最后的王"呢？我们不知道。是不是王，要看人们能不能将他当作王。在欧洲，基督的福音来了以后，诸神就死了。在漫长的中世纪，所有的希腊诸神都被作为主将已死后剩下的溃军而被扫荡。中世纪的人可以承认苏格拉底主义，特别是苏格拉底的弟子柏拉图和亚里士多德，对这些理性主义的思想加以利用，却会毫不留情地消灭希腊众神及其一切痕迹。

如此看来，是不是"众神中最后的王"，在众神的王国丧失以后，已经没有什么意义。然而，它又是有意义的。当尼采要建造一个美学的王国时，这个王国的世系，就又成了一个可以思考的问题。

美学是从希腊人开始的，几乎所有的西方美学史著作都是这么写的。理由是，在希腊人那里，开始了对美和艺术现象的哲学反思。最早的美学家是毕达哥拉斯，他根据绷紧的弦的长度与它们的振动所产生的音高间关系进行研究，发现了一些规律，例如1：2是八度，2：3是五度，3：4是四度，等等。他认为天体运行也会发出充盈着整个宇宙的和谐的声音，只不过我们听不见而已。他还认为，"一切立体图形中最美的是球形，一切平面图形中最美的是圆形"[②]。于是，像美的声音符合数学的规律一样，美的世界要从中找到几何图形，这构成了西方形式主义美学之源。

① 吴雅凌编译：《俄耳甫斯教辑语》，华夏出版社2006年版，第61页。

② 转引自北京大学哲学系外国哲学史教研室编译《古希腊罗马哲学》，商务印书馆1982年版，第36页。

毕达哥拉斯的传统，仍是从狄俄尼索斯开始的。罗素在《西方哲学史》一书中转引康福德《从宗教到哲学》一书的观点，提出了狄俄尼索斯、俄耳甫斯、毕达哥拉斯的思想发展线索，认为俄耳甫斯教是狄俄尼索斯教的改良形式，而毕达哥拉斯教又是俄耳甫斯教的改良形式。[①] 英国学者简·艾伦·赫丽生则指出，狄俄尼索斯崇拜“如果不是受到另一种宗教——我们称之为俄耳甫斯教——的推动”，“也许就会停留在其原始的野蛮状态，因此也就不会有任何影响”。[②] 这条线索说明了从宗教向哲学发展的观点，而这三者，恰恰能说明美学形成中关键的三大步。毕达哥拉斯教派所信奉的数学、理性、旁观的精神，展现出酒神精神既向日神精神发展，又保持酒神精神的活力的特点。

由此回到本书所提供的一些思考。这部著作提出，日神以酒神为根基，启发我们这样一个思路，这就是，希腊美学之根，是从生活、生命、感性提升上来，经过不断改良，逐渐走向静观和思考。那种从理性出发，从理性积淀为感性的思路，正好说反了。

在中国，自从蔡元培先生提出“美育代宗教”以后，出现了各种各样的解读。一种最简单的解读，是提高艺术修养，破除迷信。这种说法太粗浅了。美育能取代什么？联系到本书对尼采的研究，就可以看出。宗教原本在社会中，是具有思想和情感的整合功能的。这种功能退化后，就会带来信仰危机。于是，上帝死后，就进入一个危机四伏的时代。尼采说，以悲剧代宗教，这可能吗？也许，我们可以对悲剧的理解加以扩大，以艺术来代宗教。

艺术能否作为宗教的替代物，还只是空想，但艺术起到部分类似宗教的作用，却不是不可以设想的。艺术不能堕落成仅仅是娱乐业，它还有着更重要的思想和社会功能；艺术家不能堕落成娱乐明星，他们还应该想到自己的社会责任。

---

① 参见［英］罗素《西方哲学史》上册，何光武、李约瑟译，商务印书馆 2001 年版，第 43、58 页。

② ［英］简·艾伦·赫丽生：《希腊宗教研究导论》，谢志坚译，广西师范大学出版社 2006 年版，第 7 页。

能否以艺术为基础来构建形而上学？尼采只是提供了一个假想，留下一个供人们激烈争辩的话题。是理性还是感性，应该成为第一哲学的基础？回到德国，如果哈贝马斯会对此坚决反对，那么马尔库塞就会对之抱以更多的同情。在一个新的层次上，新一轮的争论会兴起。

我们今天如何看待尼采，他对我们具有什么意义——也许，这才是最重要的。尼采用他特有的语言和方式，揭示了世界在本质上是感性的，从人的意志和对世界的感觉开始。理性、伦理只是外在的束缚。是否要由此建立一种新的形而上学，这并不重要。重要的是，我们能否回到尼采，再出发。读完本书，我增强了对此的信心。

高建平

2016 年 4 月 20 日

目　　录

导　言

尼采在他第一部公开出版的著作《悲剧的诞生》中，也即在探讨古希腊悲剧精神这一语境中，首次明确地提出“艺术形而上学”。在该书前言中，尼采如是说：“艺术是生命的最高使命和生命本来的形而上活动。”第24节又说：“我们在这里必须勇往直前地跃入艺术形而上学中去，为此我要重复早先提出的这个命题：只有作为一种审美现象，人生和世界才显得是有充足理由的。”尼采后来不止一次地对《悲剧的诞生》进行反思，尽管他自己对这部著作有着种种批评，但似乎始终坚持艺术形而上学的提法。如1886年在为《悲剧的诞生》写的再版序言《自我批判的尝试》中，尼采写道，“艺术——而不是道德——业已被看作人所固有的形而上活动”，并说，“人们不妨称这整个艺术家的形而上学为任意、无益和空想”，但它“业已显示一种精神”，即酒神精神。[①] 在晚期的一则笔记中，尼采也再次重复这一艺术形而上学观念：“艺术乃是生命的真正使命，艺术乃是形而上学活动。”[②]

本书以尼采本人的论述为主要线索，试图追踪尼采艺术形而上学的内在理路，阐释其基本内容。所谓艺术形而上学（metaphysics of art），并不是用“艺术”一词来修饰“形而上学”，仿佛形而上学是“艺术的”，而是着意于艺术与形而上学之间的关系，或者说是艺术的

---

① 参见尼采《悲剧的诞生》，周国平译，生活·读书·新知三联书店1986年版，第2、105、275页。

② 尼采：《权力意志》，孙周兴译，商务印书馆2007年版，第944页。

形而上学根基。形而上学就是形而上学，它不可能被某种价值所规定，相反，一切价值应当根据它来设定。如果说真、善、美这三种价值类型和与之相对应的实践活动都可以成为接近形而上学的路径，那么，在尼采看来，较之以求真为鹄的的认知活动和以求善为鹄的的道德活动，以求美为鹄的的艺术活动与形而上学的关系最为本真。尼采对真理和道德的激烈批评，如同他对艺术的高度赞誉，都与他的形而上学信念密切相关。无论是早期用“酒神”来表示自然的残酷本质，还是后来用“强力意志”来构筑他的形而上学框架，尼采始终相信，这个生成、变化着的世界是唯一真实的存在，任何个体事物的持存都只是这个生成、变化着的世界中的一部分。所以，真理与道德实际上是求固定化的意志的表达，作为“摩耶的面纱”，总会有意无意地掩盖不断生成、变化着的世界的真相。而艺术在形而上学的领域中具有得天独厚的地位，它既可以表现个体事物的持存之况，又可以表现世界总体的生成之流。当然，这并不意味着尼采在他的形而上学框架中完全废黜了真理和道德的意义，更确切地说应该是，在尼采看来，艺术比真理和道德更为根本。如果借用尼采的早期概念，我们可以说，尼采实际上是将真理与道德都归属于以酒神为根基的日神艺术，而真正能够直接表现、揭示自然之生成本质的，则是酒神艺术。如果我们看不到日神艺术背后的酒神根基，就不能够理解真理和道德的透视特性，也就不能够理解二者的限度所在。

本书第一章主要梳理的是，尼采在《悲剧的诞生》中是如何提出他的艺术形而上学思想的。从尼采作为古典语文学家这一角色来看，他对古希腊的考察当时曾被一些专业人士认为是失败的，《悲剧的诞生》在古典语文学界曾受到极为严厉的批评。[①] 但是，尼采所反对的，

---

① 关于《悲剧的诞生》在当时的古典语文学界引发的批评，可参见 Hugh Lloyd-Jones, “Nietzsche and the Study of the Ancient World”, In *Studies in Nietzsche and the Classical Tradition*, Edit. James C. O'Flaherty, Timothy F. Sellner, and Robert M. Helm, The University of North Carolina Press, 1976, 以及 M. S. Silk & J. P. Stern, *Nietzsche on Tragedy*, Cambridge University Press, 1981, pp. 91—107。

恰恰是当时古典语文学中日益强化的那种高度专门化的、与活生生的生命相隔绝的纯粹学术研究的方式，《悲剧的诞生》在某种程度上试图改变古典语文学的状况，使古典研究服从于比纯粹学术研究更高的精神目的。尼采对古希腊有着自己独特的理解，在他看来，古希腊首要的是一种强健、丰满的生存方式和高贵、完整的文化形态的典范，悲剧精神是希腊人的基本精神，希腊人强健、完整的生存方式与悲剧艺术的繁盛息息相关。尼采对古希腊的探讨，其用意主要还不在于纯粹的历史考察和学术研究，而在于感受和怀想、追踪和确立一种生存的理想，并以之为凭借，对现代人的生存处境以及西方现代文化存在的种种问题进行诊治。尼采认为，古希腊人对生存的有限性有着非常深刻的体悟：一方面，他们对生命有着至高的热忱，所以乐天；另一方面，他们对自然的残酷本质有着清晰的洞察，所以厌世。针对人世生命的苦难，希腊人发展出几种不同的生存样式和生存智慧。尼采挪用基督教的“拯救”概念，梳理希腊人所发展出的不同类型的生存样式和生存智慧。一种类型以苏格拉底为代表，渴望通过知识使人获得拯救；另一种类型是以奥林匹斯诸神的光辉形象为主要典范的日神艺术，渴望使人沉溺于外观世界的美好幻觉，忘记生命的苦难，从而得到拯救。尼采认为，这两种拯救方式都企图掩盖自然的残酷本质，只有在酒神艺术中，希腊人才真正直面生命的至深苦难。而悲剧作为希腊艺术的典范，恰恰是酒神艺术与日神艺术的联盟，因而也构成了希腊人生存智慧中一种独特的，甚或是最高的拯救方式。

尼采提出“艺术形而上学”的概念，也与艺术拯救论有关，用他自己的话来说，主要是着意于“艺术的形而上美化”。艺术形而上学的一个核心命题是：只有作为一种审美现象，生存和世界才有充足理由。在艺术创造中，作为生成的自然被转化为一个原始艺术家，酒神和日神则是原始艺术家的两种基本艺术力量，由此，艺术成为自然本原性的活动，即“生命本来的形而上的活动”。通过这种“形而上的美化”，自然现实的面貌发生了某种改变，原本让人感到恐怖、可怕的自然，由于被看成一种审美现象，具有了某种价值。价值在这里即已被看作被赋予的，是生命的条件，而不是独立自存的自在之物。但必须强调的是，价值的真正赋予者并不是人，而是笼罩天地的自然本体，确切地说，自然生命通过人而创造价值，由此，我们拥有艺术以承担对自然之酒神真理的洞察，由于这种承担，生命本身得到最大的肯定，包括它的流逝和消亡、冲突和痛苦。

如上所述，尼采关注古希腊悲剧精神，标举出“艺术形而上学”的观念，一个现实的动机，是要救治现代以来欧洲文化精神的衰退。在他看来，现代性的主要问题，是生命在被不断否弃的过程中变得越来越颓废、羸弱。解决这一问题的根本途径在于，必须重新恢复希腊人古典的生存方式和生存理想。因此，他倡导一种以酒神精神为根基的独特的古典主义，并呼吁悲剧在现代的再生。

在后来对《悲剧的诞生》的“自我批判”中，尼采为他当时使用了叔本华的公式和概念感到遗憾，并认为他当时对叔本华哲学和瓦格纳音乐所寄予的希望完全是出于误解。尼采坦言他当时没有把酒神精神与浪漫主义区分开来。在他看来，浪漫主义是生命的下降、衰颓的表现，即生命的颓废的表现，而叔本华和瓦格纳正是浪漫主义的典型代表，前者是认识上的浪漫主义，后者则是艺术上的浪漫主义。本书第二章所涉及的，正是尼采与瓦格纳、叔本华的精神关联以及尼采对他们的评价。尼采先后在《瓦格纳在拜洛伊特》和《瓦格纳事件》中对瓦格纳艺术作品的主题进行过集中分析和概括，但得出了不同的结论。在《瓦格纳在拜洛伊特》中，尼采认为，瓦格纳的艺术作品表现的是关于“忠诚”的主题；在《瓦格纳事件》中，尼采则认为，瓦格纳所思考的核心问题并不是“忠诚”，而是“拯救”。这两个不同的看法代表了尼采对瓦格纳的评价的前后差别。当尼采认为忠诚问题是瓦格纳所关注的主题时，他把瓦格纳当作希腊精神的体现，认为瓦格纳是复兴酒神精神、抵制现代文化、建立全新文化的希望。在这一语境中，忠诚是一个形而上学的概念，根本而言，可以理解为日神对酒神的忠诚。当尼采后来认为拯救是瓦格纳的主题时，他认为瓦格纳实际上背弃了希腊精神，而成为基督教精神的代言人。由于尼采把基督教看作生命颓废的后果和表现，因而，瓦格纳就被尼采判定为颓废者，是现代特性的集中体现。尼采所理解的忠诚与拯救的对立，也就是希腊与基督教的对立，健康与颓废的对立，也可以说是古典主义与浪漫主义的对立。

对叔本华，尼采在作为“教育家”的叔本华与作为一种哲学学说的主张者的叔本华之间作出区分。他认为，作为一个教育家，叔本华具有典范意义。真正的教育家，关键之处并不在于他教导何种学说，而在于他能够作为解放者使受教育者获得精神上的独立。教育家以自身的形象指示给人一种更高生存的可能性，帮助人获得自我认识，在人的本真自我的达成中起到引领、提升的作用。而叔本华的哲学思想——尽管尼采也深受其影响，但在他看来有许多错误，叔本华着眼于否定世界、否定生命的意志哲学，实际上是缺乏真正意志的表现，从这一意志哲学推衍出来的悲观主义，代表着生命的颓废倾向，与此相应，叔本华对艺术的本质和功用的规定完全是对艺术的误解。

尼采后来以“虚无主义”指称西方文化的现代性处境。这是本书第三章所要处理的主题。“上帝死了”是尼采对虚无主义实际来临的明确宣告。基督教信仰的衰落意味着一切以这一信仰为根基的事物的崩溃，意味着迄今为止规定着生存的目标、价值、意义失去其有效性。在尼采那里，基督教对上帝、彼岸的信仰，是自柏拉图以来有关真实世界和外观世界、超感性领域和感性领域的两分世界传统的一种表现形式，因而“上帝死了”不仅仅是指基督教信仰的沦落，还意指自柏拉图以来一切对生成世界之上的所谓存在世界、真实世界的信仰的沦落。在尼采看来，虚无主义还不仅仅是指信仰衰退之后的当前处境，而实际上是一个历史过程，包含着开端、过渡和虚无主义的自身克服三个阶段。也就是说，对绝对存在、最高理想的信仰本身就已经是虚无主义的开端，已经蕴含着它的必然衰落；而对所谓最高存在的彻底怀疑，对目的、价值、意义的绝对的不信这一完全虚无状态，却还可能孕育生发新的力量，开启全新的生存方式，由此实现虚无主义的自身克服。就此看来，虚无主义并不只是空虚与荒芜、终结与破灭，而是同时包含全新的可能性。艺术就是这种克服虚无主义的强大力量。艺术对抗柏拉图以来的传统，重新确立生成世界的唯一实在性。艺术对虚无主义的克服同时也就是虚无主义的自身克服，即在虚无主义的处境中，在虚无主义的前提下，达成古典精神的回归、悲剧的再生。

本书第四章探讨了尼采中后期提出的形而上学框架与艺术的关联。酒神一直是尼采思想中的重要概念。在《悲剧的诞生》中，酒神和日神首先是对世界整体的譬喻，是对自然之本质的基本规定，换句话说，它们具有形而上的意味。酒神象征着无止息的流变过程，即自然生成过程，日神则代表相对持存的形象世界。在酒神与日神的关系中，日神实际上已被视为生成过程的一个环节，而不是生成世界之外的固定存在，因而在根本上以酒神为基础，当然这一“基础”不同于通常意义上牢靠的、作为确定基底的基础，而更像是深渊。

后来，尼采提出强力意志、永恒轮回、超人等概念，建构自己独特的形而上学框架，但他从未放弃酒神的提法。世界本质上是生成、流变，是不断地创造和毁灭的过程，尼采称其为自然的酒神真理、酒神本质。在这一过程中，一切持驻之物都必定被打破，一切确定的界限都必定被跨越，而破坏、毁灭恰恰是生成之永恒运动的担保。强力意志（the will to power）作为“求强力的意志”，是生成的意愿化表达，亦即“意愿生成”，侧重强调的正是对既定状态的克服、跨越这一特性。强力意志就是提高、上升的力量意志，它超出当下状态，比当下状态更多、更强。永恒轮回则是生成的运行方式的表达，也即生成之道。生成不是毫无秩序地支离漫延，而是以循环、轮回的方式运行，是一种不断返回自身的生生不息的流转。正是生成（becoming）与存在（being）之间的张力促成了事物的永恒轮回。以一种没有开端和终结的自身封闭的圆环形式，永恒轮回恰恰彻底否定一切使生成停滞下来的终极目标，或外在于生成世界的另一个具有彼岸性质的存在世界。而超人，作为强力意志和永恒轮回的担当者，必须克服“人性的、太人性的”东西，表达对无辜的生成世界的积极回应和尽情礼赞。

在尼采后来以强力意志为核心的形而上学框架中，艺术形而上学的具体内容得到进一步扩展。作为审美状态的陶醉、作为艺术之最高理想的伟大风格，以及作为创造者的艺术家这三个方面共同构成尼采对艺术的本质规定，而陶醉、伟大的风格、艺术家这三个对艺术的本质规定，与强力意志、永恒轮回和超人这三个形而上学基本概念之间，存在着某种对应的关系。其中，陶醉是艺术创造和审美欣赏的前提。作为一种具有变形力量的身体状态，陶醉是强力意志得以清晰显现的场所，其本质在于力的提高感和丰满感，也就是生命的提升，即对既定界限的跨越和新的高度的到达。伟大的风格则将冲突、斗争纳入总体性的规束力量之中，作为这种强力控制的结果，伟大的风格体现着最高的强力感，将看似对立的特性和谐地融为一体，最关键的是，以确定的形式、秩序、规范、法则约束生命之丰富性，使存在与生成在张力中达到和谐，因而将生成与存在融于一体，这恰恰是对永恒轮回的体现。艺术家就是尼采在《查拉图斯特拉如是说》中所说的变为“我是”的精神，同超人一样，是承担强力意志、意愿永恒轮回的人。在尼采那里，艺术的这三个方面的本质规定统摄于一个基本的判断：艺术是强力意志最清晰的显现。

尼采标举艺术为生命的形而上美化，意在强调一种肯定现世、肯定生命的生存理想。生命是无辜的，是值得赞美的，必须抵制那种出于虚弱对生命的诋毁。生命是意愿强力的，所以表现为不断地自我克服、自我提升，必须反对那种出于无力、无能对生命强力的怨恨。而艺术创造恰恰是生命强力的直观体现。正是着意于对生命的捍卫，尼采提出要热爱命运，提出要用狄奥尼索斯反对被钉十字架者。在尼采看来，要恢复高贵、强健、完整的生存，就要回归希腊古典的生存理想和生存智慧，就要恢复对生命的悲剧性体验。尼采崇尚这种生存理想，虽针对当时的现实处境，但对一切时代尤其是现代而言，抵抗平庸羸弱的生存，依然是不可松懈的精神使命。

第一章　悲剧与古典主义

18—19世纪对德国来说是一个新旧交替的时代，一方面是传统的垂暮衰败，另一方面是现代文明的冲击，使这个古老国度的知识人感受到一种文化上的紧张与焦虑。在一系列具有鲜明现代意味的思想观念逐渐取得话语霸权的过程中，生活世界的分裂与生存理想的平庸化等现代性问题也随之而来。由于对欧洲文化传统有着强烈的自信，德国人拒绝全盘接受现代文明。德国知识界严格地区分了文化（culture）与文明（civilization）的不同，以前者为一个民族的精神生命之所在，而视后者为现代以来工业化、城市化条件下的市民生活方式，或者笼统地说，前者更侧重于精神文明，后者则更侧重于物质文明。于是，文化怀乡似乎成了德国人的一种必然命运。为了寻找存在之家、寻找生存的家园之感，德国人的思乡之情越过漫漫千古，最终回到了欧洲文化的源头——古希腊。也就是说，古希腊成为现代德国人文化乡愁的最后归处。无论是尼采，还是以温克尔曼为代表的德国古典主义者，都视古希腊人的生活方式为丰满、完整的生存理想，视回归希腊生存方式为医治德国问题的良药，并以艺术为恢复完整生存的拯救之道。尼采在这种现代处境中标举艺术形而上学的观念，其根本用意就在于，将古典的生存方式吁请回来，实现古典在现代的再生，由此救助现代文化，在现代重新恢复生存的强健和高贵。正是在集中探讨古希腊悲剧精神的《悲剧的诞生》中，尼采首次提出艺术形而上学的观念，而艺术形而上学的具体含义，一开始也与尼采对希腊悲剧精神的理解密切相关。

回归古典，是尼采与德国古典主义者的共同诉求，但回归的是何种古典，希腊人的文化精神究竟是什么，对这一问题，尼采与德国古典主义者的回答却有着重要的差别。

温克尔曼可以说是激起德国人希腊乡愁的第一人，他对希腊艺术的考察开启了德国文化乃至整个欧洲文化中的希腊古典主义。在希腊的造型艺术中，他看到的是“高贵的单纯与静穆的伟大”，他认为希腊艺术的特点在于以和谐、静穆之美表现“伟大的沉静的灵魂”。[①] 在温克尔曼看来，这种“高贵的单纯与静穆的伟大”不仅是希腊艺术的精神，而且是希腊人的文化精神之特质。温克尔曼的这一看法影响巨大，成为德国古典主义者心目中希腊文化精神的基调，比如歌德、席勒就深受其影响。在席勒眼里，希腊人意味着一种完满、和谐、未分裂的生存方式，希腊人有着“完整的人格”与“优美的心灵”，他们与自然交融合一——无论是与外在的自然还是内在的自然，因而是人的朴素状态，代表着人类失去的童年。之所以朴素，乃在于自然是其生存的现实性——希腊人就是单纯整一的自然本身，是无须另外人为的天然的协调。这种童年状态的人“尚未失掉人性中的自然”“是自我和谐的”，因而“感到生而为人之乐”。[②]

尼采同样因为希腊人丰满、完整的生存而生无限渴慕，在《悲剧的诞生》中谈及希腊人的生活方式时，尼采也像温克尔曼一样，感叹其和谐之美。但不同之处在于，温克尔曼、席勒等古典主义者将希腊人的丰满、完整的特质看作希腊人生来具备的、自然而然的状态，而这是现代人怀着思恋极力想达到的生存状态。在古典主义者眼中，希腊人是天真快乐、美好单纯的人类童年，是人类的原始形象。尼采则质疑这种自发的“朴素”，认为人与自然的和谐统一绝不是一种天然

① 温克尔曼：《关于在绘画和雕刻中模仿希腊作品的一些意见》，邵大箴译，载《希腊人的艺术》，广西师范大学出版社 2001 年版，第 17 页。

② 席勒：《论素朴的诗与感伤的诗》，缪灵珠译，载《缪灵珠美学译文集》（第二卷），中国人民大学出版社 1987 年版，第 241 页。

的状态，所有视人之完整、和谐为天生的单纯的完整、和谐的观念在尼采看来不过是“对人本身的乐观主义的礼赞”①，因此，尼采认为温克尔曼、席勒、歌德等德国古典主义的先驱实际上并不真正理解希腊精神：

> 在希腊人身上嗅出“美丽的灵魂”、“中庸”和别的完美性，譬如赞叹他们的静穆的伟大，理想的观念，高贵的单纯——我身上的心理学家保护我免于这种“高贵的单纯”，最后还免于 niaiserie allemande。我看出他们的最强烈的本能，求强力的意志，我看出他们在这本能的狂暴威力面前颤抖……希腊人固有的大胆的实在论和非道德主义，是一种必需，而不是“天性”。它是后来形成的，不是一开始就有的。
>
> 当我们检查文克尔曼和歌德为自己所形成的“希腊的”这一概念，并且发现，它与生长出酒神艺术的那种要素——酒神祭——是不相容的，我们的感受就全然不同了。我其实不怀疑，歌德在原则上把这类东西从希腊心灵的可能性中排除出去了。结果，歌德不理解希腊人。因为只有在酒神秘仪中，在酒神状态的心理中，希腊人本能的根本事实——他们的“生命意志”——才获得了表达。②

那么，在尼采看来，“希腊精神的核心”究竟何在，希腊人如此执着于生存是否真的是因为他们“自觉为人是快乐的”？希腊人的快乐或说“希腊的乐天”是怎样的一种乐天？如果希腊人的天真快乐、和谐完整是一种自发的生存状态，那么，为什么恰恰是快乐的希腊人创造出辉煌的悲剧艺术？本章以尼采《悲剧的诞生》为主要线索，探讨尼采对希腊精神的理解，由此厘清尼采艺术形而上学出现的基本理路和其初始含义。

---

① 尼采：《悲剧的诞生》，周国平译，生活·读书·新知三联书店 1986 年版，第 82 页。

② 尼采：《偶像的黄昏》，周国平译，光明日报出版社 1996 年版，第 99—100 页。

一 乐天与厌世

• 酒神真理与个体化的命数

尼采在希腊神话中找到流传于希腊民间的森林之神西勒诺斯的智慧，这位酒神的养育者和教师曾经说过这样的话：

> 可怜的浮生呵，无常与苦难之子，你为什么逼我说出你最好不要听到的话呢？那最好的东西是你根本得不到的，这就是不要降生，不要存在，成为虚无。不过对于你还有次好的东西——立刻就死。①

这段话针对的问题是：对人而言什么是最好的东西？对这一问题，森林之神西勒诺斯却首先告知，人是怎样的一种存在：人是有限者，界限是其存在之生成，也是其存在之维系的固有前提，而任何界限都无法在时间中长久停留；成为个体的生存者，人是朝生暮死的浮生，拥有的只是瞬息即逝的短暂时间；人是无常与苦难之子，产生于无常和苦难，其命运也必定是无常和苦难的；作为确定的个体，其存在完全是偶然事件，而生存之遭难乃为必然，个体生存的片刻时间里充斥着种种痛苦不幸，必死的命运又在将来的某处悬临。正是基于人是如此的一种存在，西勒诺斯回答，对人而言，最好的东西是“不要降生，不要存在，成为虚无”，即不要从虚无中凸显轮廓，获得界限，获得被划定的存在，不要成为确定的、有限的个体。但是，这最好的东西是人所得不到的。人已然从虚无中成型，被界限所规定，已然成

① 尼采：《悲剧的诞生》，周国平译，生活·读书·新知三联书店1986年版，第11页。

为有限者。已然的界限只有通过决然打破方可消除，即个体化的终结才是界限的终结。因此，次好的东西是“立刻就死”，放弃不值一提的个体化生存，摆脱界限所造成的分离，复归无形。

这是一种残酷的智慧，它首先说出的是，作为一种个体化的存在，人的必然命数：有限的、必死的短暂生存，以及这短暂生存本身所充满的苦难与不幸。希腊人对这命数如此敏感，以至我们不断听到它在希腊人的生存中激起的回响。在索福克勒斯的悲剧《俄狄浦斯在科罗诺斯》中，歌队就曾以同样的口吻，无可奈何地唱出这一可怕真理：“一个人最好是不要出生；一旦出生了，求其次，是从何处来，尽快回到何处去。”[①] 俄狄浦斯猜中的斯芬克斯之谜，其中所蕴含的内在秘密也正是有限生存之命数：人活于晨昏之间，而其无须扶持、独自挺立的壮年只有正午的瞬息而已。

那么，在希腊人眼里，这种个体化的命数从何而来？对此，尼采仍从希腊神话中寻找根源。西勒诺斯是酒神狄奥尼索斯的代言人，它宣告的是酒神的真理，是自然的酒神本质。

在古希腊神话中，酒神是宙斯与凡人塞墨涅之子，曾被泰坦诸神肢解，宙斯将其破碎的肢体缝入自己的身躯，之后酒神再生。尼采认为，对希腊人而言，酒神的出生、肢解、重生分别喻示了三种不同的状态：酒神的出生喻示万物浑然一体的状态；被肢解的酒神则喻示原始合一状态被分解为无数的个体，万物由此获得其界限；而重生的酒神则代表个体界限的破除，万物复归于一。那么，酒神，这希腊的神灵究竟是谁？当我们在问“酒神是谁”时，就已将酒神归于一个确定的“谁”，仿佛他真是一个可以进行身份认定的确定者。但酒神的认定是一种消解认定的认定。酒神并不是某一具有确定形态的个体存在，它是“太一”[②]，是一切个体化存在的母怀，它隐藏着无数生命的

---

① 索福克勒斯：《俄狄浦斯在科罗诺斯》，罗念生译，载《罗念生全集》第2卷，上海人民出版社2004年版，第530页。

② 在《悲剧的诞生》中，尼采多次使用“太一”这样的说法来指称酒神，指称自然。参见尼采《悲剧的诞生》，周国平译，生活·读书·新知三联书店1986年版，第6、18页。

形态，包含着万物的可能性，因而没有确定分明的界限，不可对其进行清晰的判别限定。但正因其隐含无数生命的形态及万物的可能性，也就同时隐含着可能的差异和各自凸显成型的争夺，隐含着分离的可能性：原始太一是一种包含分离之可能性的合一。不同形态的个体化生命从原始母怀中疏离，意味着合一状态的肢解，所以，分解为有确定界限的个体意味着酒神的遭难，而再生的酒神意味着诸个体界限的破除，意味着原始太一复归，意味着原始太一的永恒与无限。酒神亲自经受解体的痛苦，也亲自品尝再生的快乐，因此尼采说，在酒神智慧中，“个体化状态”是“一切痛苦的根源和始因”，是“本应鄙弃的事情”。[①] 但与之相反的是，对个体来说，酒神的解体正意味着个体的生存，酒神的再生又意味着个体的解体。

原始太一即是自然之原始生命力，是孕育生命的母怀，酒神在希腊神话中是自然丰产之神，代表自然繁盛无尽的生殖，在这个意义上，酒神的诞生、肢解、重生可以理解为自然这丰产者永无休止的生成、毁灭过程。因此，所谓太一，并非寂然不动的一或无，而是生命形态的流逸汹涌、生命力不停息的奔流，在流动中新旧更替、此消彼长，任何确定的单个生命形态都不能在这奔流中自守。

由于过于丰盈的力量奔流冲决，由于无数的生命形态及万物之可能性竞相生存，自然生命过于富裕而必然不断地挥霍、不断地使用力量，处于永恒的冲突与满溢的痛苦之中，因此，自然生命的创生冲动乃同时出于自娱的欢乐与自救的痛苦，二者都是至深的内在需要。在此强烈的创生冲动推动之下，自然不断地创造各种生命形态，创造有界限的个体生存。但是，创造个体化生存对自然来说同时是自身的分解，是将自身潜隐的生命分割、带出并与自身分离，是自然亲身的受难，是酒神肢解的痛苦。同样出于至深的需要，自然不断打碎它的造物，使之复归无形，并因这重获的合一享受更大的快乐。自然便在这永恒的成与毁、永恒的欢乐与痛苦中自娱自救。

---

① 尼采：《悲剧的诞生》，周国平译，生活·读书·新知三联书店 1986 年版，第 41 页。

自然的整个创造与毁灭都来自过度，因此，用尼采的话来说，在这里“过度显现为真理”[①]。何为“过度之真理”？过度是对界限的逾越、打破乃至完全抹杀，自然将个体维系生存的一切界限撕裂，使之不再保持内部空间、内在的自足性，将之重新带入与他者的融合从而不再能辨明其形，可见，自然之过度是自然之毁灭力的证明。同时，按照约翰·萨里斯的解释，不断地逾越界限或者说抹去界限之所以可能，乃在于界限本身被不断重划、重写、重新显明，因此，过度本身内含着界限的制造，自然之过度内含着自然绵绵无尽、永不枯竭的创造力，内含着原始生命的无限。过度之真理所显现的是自然的至深本质：自然处于永恒的逾越界限、打破界限、重划界限的循环之中。[②]在此过程中，自然不可遏止的创造力与毁灭力同时带来过度的生成、冲突、毁灭及与之相伴的快乐与痛楚。

酒神，这自然丰产者、自然的永恒生命，在其整个过度中，显现自身的双重天性，显现为相反特性的同存并置：它既是创造之神又是毁灭之神，其创造与毁灭既出于自救又出于自娱，在此过程中既是享乐又是受苦。对其造物来说，这种创造与毁灭同时具有双重效果。创造带来生成的快乐与痛苦：个体化生命既为获得生存而欢呼，又为随之而来的界限、与“万有之母”的分离而痛苦；毁灭导致消亡的痛楚与狂喜：痛楚源于个体之泯灭，狂喜源于回归母怀。概言之，酒神既是“残酷野蛮的恶魔”，又是“温和仁慈的君主”。[③]

·从厌世到乐天

尼采认为，希腊人对人之个体化命数的敏感，主要源自他们对自然之酒神本质的洞察。希腊人领悟到，人只是丰产、过度的自然的偶然产物，人是必死者，在自然的过度面前，维系个体的界限必将被抹掉。

① 尼采：《悲剧的诞生》，周国平译，生活·读书·新知三联书店1986年版，第16页。

② John Sallis, *Crossings: Nietzsche and the Space of Tragedy*, The University of Chicago Press, 1991, p. 55.

③ 尼采：《悲剧的诞生》，周国平译，生活·读书·新知三联书店1986年版，第41页。

从欧里庇德斯的悲剧《酒神侍者》中可以看到，酒神通过两种方式消除个体界限：一是使个体完全分解为碎片，如彭透斯被酒神的追随者撕裂；二是将个体推入酒神式的迷狂状态，即醉的状态，如山林中纵欲狂欢的众女子。陷入酒神迷狂的人充满酒神的激情，感到自己成为酒神的伴侣，即萨提儿，感到个人从自身有限的内部空间脱离出来，犹如灵魂脱窍，并突破个体的界限，进入另一个不同于原先自我的他者，从而舍弃了自己，浑然忘却自我的一切界限，如身份、地位，就像彭透斯的母亲在酒神迷狂中将自己的儿子亲手撕碎。这是一种自弃境界，在狂喜与迷醉中，生存的界限与束缚隐退，界限所造成的隔离消失，酒神迷狂中的人进入众生一体的状态，与一切原本分离之物达成和解，并似乎回归自然母怀。可见，和解、统一感与个体的解体发生于同一过程，一如酒神的双重天性。人与人、人与自然的协调统一，绝不像席勒等人所说的，是一种自发的、纯粹的状态，人既已被造出，就存在个体的界限，这界限使它不仅与自然分离，也与他者分离，而和解、回归母怀就是弥合曾有的裂痕。从被放逐之地召回，这必以个体化生存的解体为代价。

因此，即使是和解、协调、统一，也绝非只有纯粹的欢乐，迷醉的酒神信徒的激情是一种奇妙的二元混合："痛极生乐，发自肺腑的欢喊夺走哀音；乐极而惶恐惊呼，为悠悠千古之恨悲鸣。"在个体化界限崩溃之时，既"被痛苦的利刺刺中"，又"从人的最内在基础即天性中升起""充满幸福的狂喜"，[①] 一如自然的酒神本质，自然在永恒的生成与毁灭中体验到原始的欢乐与痛苦。

酒神气质的希腊人在迷醉中洞察到可怕的酒神真理，即万物根本上的合一以及个体化生存的有限性，但是，由于在酒神的迷狂中合一与分解同时发生，他们同时体验到合一的快乐与肢解的恐怖。当他们从迷醉中回到日常的现实，发现自己不是作为与万物一体的生灵，而

---

① 尼采：《悲剧的诞生》，周国平译，生活·读书·新知三联书店 1986 年版，第 9、71、5 页。

是以个体化的生者带着他们所有的个体化界限面对日常现实时，那对可怕真理的深刻洞察便使他们处处感到生存的荒谬与恐怖，领悟到西勒诺斯之智慧的意义所在，认识到个体生存的必然命数，便只感到生存的痛苦，他们开始厌弃行动、厌弃个体生存，感到个体化生存完全不值一过。

至此，尼采揭示了"希腊人的乐天"的背后根基。希腊的乐天从何而来？来自对厌世的克服，来自对抗生存的痛苦、荒谬与可怕。厌世的希腊人并未陷入对生存的完全否定，而是积极寻求克服厌世的方法，勇敢地承担起生存的重负，并将这种深刻的厌世转化为一种生存的欢乐。概言之，希腊人的乐天即是克服厌世后的乐天，用尼采的话来说，是"瞥见了自然之秘奥和恐怖的必然产物"，是"投射在暗壁上的光影"。①

二　求知与艺术

既然希腊人对生存的基本态度首先是厌世，希腊式的乐天建立在一种悲观的人生基调的基础之上，那么，希腊人是用何种方式来克服厌世的呢？尼采认为，有三种幻象可以作为生存的兴奋剂，使人克服对人世生存的厌恶，他说：

> 这是一种永恒的现象：贪婪的意志总是能找到一种手段，凭借笼罩万物的幻象，把它的造物拘留在人生中，迫使他们生存下去。一种人被苏格拉底式的求知欲束缚住，妄想知识可以治愈生存的永恒创伤；另一种人被眼前飘展的诱人的艺术美之幻幕包围住；第三种人求助于形而上的慰藉，相信永恒生命在现象的旋涡

① 尼采：《悲剧的诞生》，周国平译，生活·读书·新知三联书店 1986 年版，第 35 页。

下川流不息，他们借此对意志随时准备好的更普遍甚至更有力的幻象保持沉默。[①]

在尼采看来，这三种幻象按照调配比例的不同，分别表现为苏格拉底文化、艺术文化以及悲剧文化，这里所谓的艺术文化主要是指日神艺术文化。[②] 这三种文化作为克服厌世的方式，在希腊人的生活中，其具体意味有很大的不同。本章主要论述日神艺术和苏格拉底主义。

• 日神艺术

日神艺术是以“诱人的艺术美之幻幕”将人包裹，使人产生美丽的幻觉，并由此忘却生存的苦难与不幸，从而仍驻留于世间，它所达到的是一种“完全沉浸于外观美的素朴境界”[③]。因此，日神艺术是创造外观的艺术，即造型艺术，它使人沉溺于外观的幻觉而得拯救，其关键在于创造外观。日神艺术所创造的最高形象，就是希腊人的奥林匹斯诸神世界。希腊诸神光辉壮丽，在希腊人面前展现出无比生机盎然、耀眼夺目的生存世界，展现生存本身的快乐、神圣和美。为什么希腊人能创造出这些光辉形象？尼采引用卢克莱修的看法：神灵的形

---

① 尼采：《悲剧的诞生》，周国平译，生活·读书·新知三联书店1986年版，第76页。

② 在上述引文之下，尼采接着说，“如果乐意相信历史的例证”，这三种文化“也可以说是亚历山德里亚文化，或希腊文化，或印度（婆罗门）文化”。这种说法可能有不严谨之处，而且容易引起误解。我们并不能把悲剧文化等同于婆罗门文化，而尼采使用的“艺术”一词，有时是指日神艺术，有时则是对日神艺术与酒神艺术的合称，“悲剧”一词也常常在不同的意义上被使用，或指悲观主义的世界观，或指作为艺术的悲剧。尼采后来也曾自述《悲剧的诞生》“无意于逻辑的清晰性”。不管如何理解，有一点是确定无疑的，即悲剧艺术与佛教都对自然可怕的至深本质有悲剧性的领悟，但前者以艺术超越对自然之酒神本质的洞察，后者则因这种洞察走向对个体意志的放弃。如在《悲剧的诞生》第7章中，尼采说，悲剧以形而上的慰藉解脱人，这一慰藉清楚地体现为萨提儿歌队，希腊人就是以歌队把自己从“陷于佛教涅槃的危险之中”拯救出来。另外，在第21章中，尼采认为悲剧时代的希腊人处于印度和罗马之间，却发明了不同于二者的第三种生存方式，原因正在于他们用悲剧“激发、净化、释放全民族生机”。就拯救方式而言，尼采认为这三种幻象在希腊世界中都有明显的痕迹。

③ 尼采：《悲剧的诞生》，周国平译，生活·读书·新知三联书店1986年版，第13页。

象首先在梦中显现于人类，因此，尼采说：一切造型艺术的前提是梦之美丽外观。[①] 希腊人首先是在梦中看到诸神的形象世界，然后据此创造美丽外观。梦在尼采看来是自然的直接艺术状态之一——日神状态，在梦的形象世界中，从自然本身迸发的日神艺术冲动得到直接满足。这是自然本身的艺术力量，它无须人间艺术家作为中介，而日神艺术正是艺术家对自然本身的日神艺术状态的模仿。

什么是自然的日神冲动和日神状态？对此，尼采从分析梦的特点入手。梦是一种创造梦境幻觉的过程，同时又是对此梦境幻觉的深沉视看。在梦中，人们沉浸于对梦中外观世界的静观，在对具体的形象的把握中获得愉悦。为了这种对幻觉的愉快静观不被打扰，也由于梦境本身巨大的吸引力，做梦之人忘却日常现实的干扰，专心于梦境。但同时，对梦境本身之为外观的特质，人们又有所察觉，即虽沉浸于此外观但仍隐约自知它是外观。在此，尼采以哲学家对实在与现象的区分来类比对梦之为外观的意识：如同哲学家预感到日常现实之下隐藏着另一不同于此现实的东西，因而将此现实当作幻觉和梦象，做梦之人也会在瞬间感到梦的外观只是一种外观，而非现实本身。不过，梦之外观毕竟是生活之现实的外观，因此，又确实可以向梦来探求、解释生活本身的含义。由于静观所需要的遗忘，粗糙的日常现实在梦境世界中被过滤，从而使得这种根据梦的现实所解释的生活现实是一种更高的现实，比日常现实更具完美性，因此，梦的外观对人而言还具有疗治和恢复作用，使人不断地从粗糙的日常苦恼世界中暂时地解脱出来。梦的静观的深沉内在的快乐主要源于：通过外观而获得痛苦之解脱。

尼采通过对梦的分析看到了自然之日神力量的直接表现，并认为自然本身由于过度丰盈，必须不断创造外观，以摆脱丰盈之力的逼迫，由此，他认为必须承认这一“形而上的假定”：

---

① 参见尼采《悲剧的诞生》，周国平译，生活·读书·新知三联书店1986年版，第3页。

> 真正的存在和太一，作为永恒的痛苦和冲突，既需要振奋人心的幻觉，也需要充满快乐的外观，以求不断得到解脱。[①]

所谓“形而上的假定”，在这一语境中，大致的含义是：假定一个人格化的自然，自然的日神冲动就是这人格化的自然创造外观并沉浸于此外观的冲动。日神所代表的整个奥林匹斯诸神世界首先是自然为获解脱而创造的外观世界，是自然的“日神幻想”的成果，其次才被“日神的梦艺术家”所模仿。也就是说，日神首先是自然本身艺术冲动的表达，其次才是希腊人的日神艺术的表达。

在尼采眼中，日神在希腊神话中首先是光明之神，他是“发光者”。其次，由发光的日神带来形象的显现，因而日神又是造型之神，是自然造型力量的表达。他创造形象，同时带来对外观世界的深沉静观。造型之神的作品，即“幻觉般的”外观世界，“宛如一阵神湌的芳香”，“它闪闪发光地飘浮在最纯净的幸福之中，飘浮在没有痛苦的、远看一片光明的静观之中”。[②]

这“最纯净的幸福”和无痛苦从何而来？何以外观能有如此巨大的解脱作用？首先，“最纯净的幸福”和无痛苦来自对外观世界的静观。外观世界的闪现是美的闪现，外观世界以它“闪闪发光”的美丽光辉引起静观，而静观就是沉浸于此外观的美丽光辉，停留于这美的境界本身，并从中获得单纯静观的快乐。同时，幸福和无痛苦还来自“远观”，来自静观的距离。从这个意义上说，日神还是距离之神，他维持着天地神人之间的距离，静观的距离也内在于日神状态之中。日

① 尼采：《悲剧的诞生》，周国平译，生活·读书·新知三联书店1986年版，第14页。

② 同上。显然，尼采在此对日神的外观所具有的拯救作用的看法，在某种程度上还带有叔本华的痕迹。把通过对外观的静观而获得的愉悦看作对痛苦的摆脱，是一种“无痛苦”，这实际上与叔本华把艺术活动中通过对理念的观审获得的愉悦仅仅看作对痛苦的摆脱颇为类似。当然，我们也可以看到，日神艺术以外观求解脱，达到的最终结果是使人更加执着于生存，而叔本华的以艺术求解脱却是为了否定生存，这是二者根本的差异。而且尼采在对悲剧的探讨中，实际上已经克服了叔本华的影响。如何看待痛苦，在何种程度上可以肯定痛苦，这与对自然整体的态度相关。尼采后来对叔本华仅仅从无痛苦来规定快乐、规定审美的愉悦进行了尖锐的批评。可参见本书第二章。

神这发光者既带来对外观的深沉视看，又限制了这一沉浸，[①] 外观世界的美丽闪现正因其是闪现，必定会在飞逝而过的瞬间暴露外观自身的真相：它是外观而非事物的原型，在二者之间有着不可消泯的距离，可远观而不可亵玩的外观世界在一定距离之外闪耀其光辉。外观本身具有划定其自身范围的界限，这界限使它与其原型保持距离，使人把它当作外观、幻觉，而非我们生活于其中的现实。因此，专注于美丽外观的静观同时包含静观的距离：静观是在一定距离处观看，包含着一种间离效果。

静观总是保持在一定的距离之外，不去逾越这一距离，所以距离首先意味着对一定界限的遵守：作为形象显现的外观之所以可能，就在于它有自身确定的轮廓、范围，在光所及处，它保持着一个确定的形象。就此而言，距离也就代表了日神所遵守的法则——适度，即对个人界限的遵守，个体保持在应有的限度之内，安然自守。适度因而也就可以成为对个体的保护，使其免于在强烈的刺激之下丧失个体的持存；适度也要求个体有自知之明，自知个体的界限和范围。由此，尼采说，日神的静穆是一种有着“大智大慧”的静穆，也即在领悟个体限度之后的宁静自处，因此，日神又是德行之神，是个体化原理的象征。

其次，距离还意味着外观与现实间的独特关系。虽然外观与现实间存在距离，但外观毕竟是现实的外观，所以，日神形象提供了生活的确定解释，说出了平常不能达到的确定的真理。也正是在这个意义上，尼采又将日神称为预言之神、释梦之神，日神通过外观说出对自然的深刻领悟，经过梦境解释生活本身所蕴含的意味。同时，由于外观与现实的距离，外观便不同于现实，而是对现实的美化，是现实更完美的状态，它将现实的种种阴郁苦痛变成外观世界的美丽光辉。因而在外观中所达到的对自然的领悟往往代表着比现实“更高的真理”，

① 有关日神是距离之神的论述，可参见 John Sallis，*Crossings：Nietzsche and the Space of Tragedy*，The University of Chicago Press，1991，pp. 24—25。

它对人具有治疗作用，使人免于日常现实的种种苦恼。

可见，同时作为光明之神、造型之神、德行之神、预言与释梦之神的日神，昭示的是外观的价值、梦的重要性。通过梦而得拯救、得解脱，这是日神文化的根本精神所在。梦境般的外观的解脱作用在于，外观在更完美、更具光辉的状态中反照现实生存世界，现实生存世界本有的晦暗、不完满都被一种明朗的光辉驱散。由此，外观既作为“摩耶之面纱”遮掩了生存本质上的恐怖，又以对生存世界的美化来为这同一生存世界辩护，使生存世界在这光辉照耀之下成为值得眷恋、值得经历的。外观的解脱作用还在于，外观的轮廓、界限带来静观的距离，使人停留于“摩耶面纱”之前，停留于静观面纱的审美的快乐，在个体化原理的保护之下，保持于界限之内，从而平静自守。

自然原始艺术家在日神冲动中通过外观而得救，希腊人也在日神艺术中通过外观而得救。所以，尼采认为，奥林匹斯诸神世界是希腊人克服厌世的“光辉梦境”，是日神艺术所达到的最明丽的外观，是日神艺术的最高成果。

这样看来，希腊人的奥林匹斯诸神就意味着人对自身生存的一种辩护。诸神过着一种与人相同的生活，他们像人一样有意志、有欲望，而且彼此争夺：

> 谁要是心怀另一种宗教走向奥林匹斯山，竟想在它那里寻找道德的高尚、圣洁，无肉体的空灵，悲天悯人的目光，他必定怅然失望，立刻掉首而去。[①]

① 尼采：《悲剧的诞生》，周国平译，生活·读书·新知三联书店1986年版，第10页。有研究者认为这一段文字暗示了基督教，是尼采对道德化了的基督教隐含的批评。尼采后来在《自我批判的尝试》中说，他在《悲剧的诞生》中，已经以一种“审慎而敌对的沉默”反对基督教。但希尔克和斯特恩则认为，尼采在《悲剧的诞生》中并不像他后来所说的那样敌视基督教。参见 M. S. Silk & J. P. Stern, *Nietzsche on Tragedy*, Cambridge University Press, 1981。

奥林匹斯诸神是个体化生存的人的镜中映象，希腊人在其中直观自身、理解自身、抚慰自身。诸神所代表的是个体化生存的合理性和光辉，代表个体化生存的神性，在诸神的世界中，一切存在物都被神化，通过神化而达到对这生存本身的颂扬。神即不死者，生存的神化即是颂扬生存的永恒，由此克服个体这有限者的苦难。希腊人在诸神这面镜子中没有看到他们曾经感受到的生存的苦难、个体的可怕命数，而是看到了生存的丰满、快乐与神圣。通过将一切苦难转化为幻象，并颂扬幻象的永恒，从而对抗苦难，这是希腊人面对生存的残酷真相而作出的一种积极的回应。奥林匹斯诸神世界的光辉外观，作为对个体化生存的神化，成为一个“艺术中间世界”，飘浮在希腊人与生存的酒神根基之间，昭示着生存的魅力，掩盖乃至克服那来自酒神根基的可怕真理。希腊人便停留于此镜中映象面前，领受它所昭示的生存的魅惑，从而热烈地要求这种生存，至此，厌弃个体生存一变而为对生存的执着追求。

简言之，作为日神艺术所达到的最高成就，奥林匹斯诸神世界以其外观所闪现的光辉掩盖自然的可怕真理，使其从人的眼前消失不见，并以对个体化生存的神化来为命数笼罩下的个体化生存辩护，由此达到拯救与解脱的目的。但是，日神艺术这种以外观求解脱的拯救能否达到真正的拯救？

外观之为外观，恰恰在于外观与真实存在之间有一种距离，这一距离终会使人发现，外观不过是用来遮掩至深根基的“摩耶之面纱”罢了。“摩耶之面纱”就是遮掩命运的面纱，使人免于直视命运可怕的面容。在希腊神话中，表面上看来至高的统治者是宙斯，他拥有不可战胜的威力，诸神和人类都服从于他的命令、安排。但是，出身泰坦旧神族的命运三女神悄然隐于诸神和人类的背后，给一切存在之物制定、分配各自的命数。在埃斯库罗斯的悲剧《普罗米修斯》中，被缚在高加索山悬崖之上的普罗米修斯向歌队晓谕，统治一切的命运具有不可战胜的最高力量：

歌队长：不要太爱护人类而不管自身受苦；我相信你摆脱了镣铐之后会和宙斯一样强大。

普罗米修斯：可是全能的命运并没有注定这件事这样实现；要等我忍受了许多苦难之后，才能摆脱镣铐；因为技艺总是胜不过定数。

歌队长：那么谁是定数的舵手呢？

普罗米修斯：三位命运女神和记仇的报复女神们。

歌队长：难道宙斯没有她们强大吗？

普罗米修斯：他也逃不了注定的命运。[①]

尼采从中看到，埃斯库罗斯的普罗米修斯将命数看作凌驾于诸神之上的最高统治，命数作为永恒的正义，决定了包括诸神在内的一切存在的界限。普罗米修斯心中保守着有关宙斯——这诸神统治者的命数之秘密，诸神也将面临他们无法突破的界限所带来的困境。而在尼采看来，埃斯库罗斯通过普罗米修斯所表达的，实际上正是希腊人对奥林匹斯诸神的怀疑。[②] 命运女神所代表的正是自然的酒神根基，它规定一切个体存在的界限。而日神信仰，也即对奥林匹斯诸神的信仰，是对自然酒神真理的掩盖，是有意的幻觉。一旦泰坦神族重新挺立，自然的酒神根基再次显现，掩盖命运的面纱必将被撕碎，希腊人仍将毫无护佑地直视命运的可怕面容。

因此，虽然奥林匹斯诸神作为个体化原理的光辉形象、个体化原理的守护者，展现了生存无比炫目的光彩、神圣和永恒，但他们毕竟仍是个体化生存的神灵，因而仍具有个体存在者无可摆脱的命数。生存的美丽外观不过是自然太一瞬间的表象，个体界限的保持、个体生

① 埃斯库罗斯：《普罗米修斯》，罗念生译，载《罗念生全集》第2卷，上海人民出版社2004年版，第514、515页。

② 参见尼采《悲剧的诞生》，周国平译，生活·读书·新知三联书店1986年版，第38页。

存的永恒快乐的持守是不可能的，个体必为其限度而受苦，短暂、有限、苦难是个体生存必然的命数。

· 苏格拉底主义

如果说日神艺术是一种不彻底的艺术拯救方式，是通过掩盖命运真相的“摩耶面纱”，使人暂时忘却生存的恐怖与痛苦，那么，苏格拉底主义又代表着何种拯救方式？尼采通过苏格拉底这一形象想要说明的是怎样一种倾向？

> 面对苏格拉底，我们每每感到极大的困惑，这种困惑不断地激励我们去认识古代这最可疑现象的意义和目的。①

苏格拉底“这最可疑现象”究竟指的是一种什么样的现象？

尼采认为，苏格拉底主义的本质在于一种无限渴求理性的求知欲望。柏拉图笔下的苏格拉底所从事的是一种“批判的漫游”活动。苏格拉底被德尔菲神庙的神谕称为最智慧的人，而苏格拉底按照自己对智慧的理解却认为自己一无所知。于是，为了理解神谕，即为了弄清自己是否真的是最智慧的人，苏格拉底在雅典到处游历，拜访当时各行的精英人物，寻找可能存在的比他自己更智慧的人。结果他发现这些精英人物都只依靠本能行事，即使对各自本行的问题也并无明晰的真知灼见。如此，苏格拉底终于明白了神谕的含义，明白了为什么他是最智慧的人：因为他是唯一自知其无知的人。苏格拉底从他的理性主义出发，对“只是靠本能行事”的生活倾向作了严厉的批判，认为真正的美德就是知识，而“未经理性检验的人生是不值得过的”；而且，关于人生的“真知”必然不是本能的、不知所然的知，不是充满幻觉的知，不是无法确证的意见或信念，而是符合因果联系、符合逻辑规律，可以确证的、明晰的理

① 尼采：《悲剧的诞生》，周国平译，生活·读书·新知三联书店 1986 年版，第 56 页。

性之知。以这种真知的标准衡量自己，从而认识到自己无知，并不断寻求真知，这就是苏格拉底的倾向之所在：让理性通过一种追求确定性的纯粹求知欲来全面指导生活。

从希腊人的精神史角度来看，逻辑的苏格拉底、求知的苏格拉底，作为一种不同于以往任何类型的生活方式的先驱，所代表的是一种“理论家的典型”，是理性主义生活方式的先驱。在根本上，他也仍是一种依靠本能而生活的人，只不过他所遵照的是科学求知本能。如果仍以对自然至深本质的酒神式认识为前提，那么，苏格拉底主义实际上就是这样一种企图，即以求知欲、以对知识的确定性信念来免除生存的重负、摆脱无常的命运，因而，苏格拉底所代表的主张可以被视为一种知识拯救论。

尼采把隐藏在苏格拉底主义背后的信念称为深刻的“妄念”——对理性的作用不加限制地强调和不加考究地信赖、依靠。这种妄念认为：按照因果律，遵循概念、判断、推理的逻辑过程，可以对自然界追根究底，深入事物的内里，揭示存在至深的本质，并获得有关存在的真理，换言之，一切都可以通过理性的认识得以把握。这种妄念还认为，知识可以把握存在的本性，从而利用理性手段改造存在，恶来自无知，灾祸来自对事物的错误认识，可以通过深入事物的根本、达到真知灼见、摒弃假象错误得以避免。

在这种深刻的妄念之下，科学的本能就是不断地求知，探寻真理。在此，尼采将理论家与艺术家进行对比，认为二者同样都在眼前事物上感到无限乐趣，但是差别在于：

> 每当真理被揭露之时，艺术家总是以痴迷的眼光依恋于尚未被揭开的面罩，理论家却欣赏和满足于已被揭开的面罩，他的最大快乐便在靠自己力量不断成功地揭露真相的过程之中。①

---

① 尼采：《悲剧的诞生》，周国平译，生活·读书·新知三联书店 1986 年版，第 63 页。

理论家与艺术家的共同之处在于，他们都痴迷于面罩本身而不去直视面罩揭除之后的真理，不同之处仅在于，艺术家欣赏尚未被揭开的，理论家则满足于“已被揭开的面罩”。但是，尼采为什么会这样说？难道他所理解的苏格拉底主义不是重视真理、赋予真理本身以极高的价值？

关键之处在于什么是真理。对尼采而言，存在的摩耶之谜、自然的酒神本质才是存在的真相，这是艺术家和理论家都可能直面的一种真理。需要强调的是，所谓存在的真相，自然的酒神本质，其含义不同于一般意义上的真理，仿佛这种自然的本质是一种确定的、稳靠的根基，毋宁说，这里所谓的真理乃是深渊，即不确定的、非持存的、非唯一的、根本上不可把握的。尼采认为，与艺术家一样，理论家也会感受到存在的这一可怕真理，且二者都因此而陷入对生存的厌弃。为了躲避存在的深渊、克服厌世，二者也都逃进了眼前事物，从眼前事物中寻求生存乐趣。艺术家停留在飘浮于存在深渊之上的外观的光辉面前，沉浸在美的静观之中；理论家则在对科学理性之知不停息的寻求中回避生存的真理。理论家妄图依靠自己的力量，即求知欲的巨大推动力，寻求理性之知，按照理性的逻辑规则探索有关万物的所谓真知灼见，并且认为这种理性之知可以解决一切问题，包括消除人生的痛苦。

那么，理性之知是否真能达到万物的本性、触摸到存在的本质？尼采认为，这仍不过是苏格拉底主义的妄念而已，理性之知仍然只是眼前事物，理论家不过是认那已被揭除的面纱——不是面纱背后的真理，而是面纱本身——为万物的本性、存在的本质，而且，为了不去直面存在的深渊，他们沉溺于不断地揭除面纱的过程之中。尼采曾说，莱辛的坦言暴露了科学的秘密，莱辛认为求知者“重视真理之寻求甚于重视真理本身”①。寻求真理的理论家实际上并不在乎最后所能寻求到的真理，而更在乎寻求的过程本身，因为理性所达到的关于万

① 尼采：《悲剧的诞生》，周国平译，生活·读书·新知三联书店1986年版，第63页。

物的真理实际上甚为可疑，理论家所探寻的真理仍只能是自然的摩耶面纱，仍是自然的表象，而真正的存在之真相、真正的存在之根基，是理性所无法把握的。

因此，在尼采看来，苏格拉底主义所隐含的科学妄念实际上是克服厌世的拯救手段：对理性之知的寻求，实际上是以一种动态的方式掩盖自然的酒神本质，从而达到对悲观主义的克服。在对理性不可动摇的信念支撑下，科学的使命便在于无止境地求知，不停息地追寻真理，通过理性解释人生。求知者认为理性既可认识事物，获得对事物的真知灼见，又可运用于人生，使本不可理解的人生看起来可以划归到理性的地盘，符合理性的规则，并由此变得可以理解，具备存在的合理性。如果说，在日神艺术中人生是被诸神的光辉照亮，从而令人感到值得一过，那么，在苏格拉底主义的生存方式中，人生是被理性赋予了“理由”，从而得到理性的辩护，因此“显得”值得一过的。

由此可见，在尼采看来，苏格拉底主义实际上是一种“理论乐观主义”。这种“理论乐观主义”通过将人生纳入理性范围从而使理性可以运用于人生，认为一切都可以通过理性的方式解决，一切都可以通过因果律、逻辑推理的方式获得——无论是事物的本质还是人生的幸福，从而可以用来对抗悲观主义的世界观。尼采曾提到苏格拉底式理论乐观主义的三个基本命题，即“知识即美德；罪恶仅仅源于无知；有德者即幸福者”[①]。从这三个基本命题可以作出如下推论：道德来自知识，而人生的幸福来自道德，从而根本上也来自知识。因此，苏格拉底主义不仅是理论乐观主义，而且也是道德主义，是二者的杂糅。在此，知识与德行合一，知识与人生的幸福合一。既然一切都可以从知识中获得，那么，求知活动就被认为是人类的最高活动，理性的能力被认为是最高的能力。

---

① 尼采：《悲剧的诞生》，周国平译，生活·读书·新知三联书店 1986 年版，第 60 页。

苏格拉底主义认为，知识具有普遍造福力量，是一种包治百病的力量，尼采称这种乐观主义为“想入非非的乐观主义”[①]，现代人的生存正是以这种“想入非非的乐观主义”取代了酒神式的悲剧世界观。尼采说，苏格拉底不仅是第一个遵循科学本能而生活的人，而且是能够为之赴死的人。从容赴死的苏格拉底，以对理性的乐观信念免除了对死亡的恐惧。不仅如此，这种想入非非的理论乐观主义更是由于许诺了一种可操作的幸福生活，而使汹涌的求知欲成为一种求生的刺激，使人执着于人世生存。理论家俨然掌握了人生的要义，成为掌握人世生存的至上君主，体验到理性求知的快乐，以另一种形式的“希腊的乐天”忘却对生存的厌弃。此种“希腊的乐天”不同于日神艺术所达到的乐天，后者以美的外观抵抗对世界的悲观理解，达到沉浸于外观的朴素境界，并由此外观的光辉返照而激发出盎然的生存之机，因而日神艺术通过停留于外观，对生存的可怕命数保持沉默，保持必要的距离。苏格拉底式的生存者则相信知识和理性可以改变世界的图景，相信知识可达到完全的胜利，理性可以解决一切问题，自认理性可以达到存在的本质。但一如上述，这不过是理论家的错觉，充其量是将不断被揭开的现象或面纱错认为本质。因此，“理论家的乐天”实际上来自对酒神式智慧的釜底抽薪，来自对生存真正本质的遗忘，以理性的清晰和明确，把处身于本不可理解的存在中的个人吸引到科学求知的狭小领域。而苏格拉底的“神性的单纯和自信”，是苏格拉底遵循着他的逻辑天性、遵循着他的理性的指引才达到的，这使他成为一种“全新的‘希腊的乐天’和幸福生活方式的导师”[②]。

尼采称“理论家的乐天”为这种理性主义的“希腊乐天”的高贵形式。但是，一方面，苏格拉底式的理论乐观主义置换、遗忘乃至抛弃了“痛苦的智慧”，抽掉了对生存命数的严肃领悟，也就以“学术

① 尼采：《悲剧的诞生》，周国平译，生活·读书·新知三联书店1986年版，第77页。
② 同上书，第65页。

迷信”代替了人的生存的宗教层面，代替了希腊人对不朽的信仰。至此，希腊人不再注重过去和未来，而只强调从时间的延续中抽离出来的现世的生存，由于丧失了对永恒的信仰，对待生活的基本态度便是得过且过。另一方面，对知识、德行、幸福的可操作性、可传授性的信念最初带来的直接效果，是以培养天才为己任的对贵族青年的培育。但是，这种对知识和理性能够解决一切问题，甚至能够带来人生的幸福的信念，渐渐导致对民众的启蒙，开始致力于所谓普世幸福的实现。向民众传授知识，灌输智慧，从而鼓荡起整个社会追求尘世幸福的浮躁欲望。这一切不可避免地导致尘世化，导致生活的庸俗化。这样，“理论家的乐天”就会渐渐沦为“奴隶的乐天”。奴隶之为奴隶，乃在于他们“毫无对重大事物的责任心，毫无对伟大事物的憧憬，丝毫不懂得给予过去和未来比现在更高的尊重”[①]，而只满足于在尘俗生存中寻求舒适享乐，追求以快感为终极鹄的的所谓幸福生活。

正是由于苏格拉底主义抽去了自然的酒神根基，以理论的世界观代替酒神智慧，所以尼采将苏格拉底精神认作酒神的敌人，认为在理论世界观与悲剧世界观之间有着永恒的斗争。理论乐观主义在一切事物之上寻求明晰和确定的理性之知，将可理解性悬为评判、接纳事物的标准，不符合逻辑的、非理性的东西都予以摒弃。而酒神的智慧是一种沉醉中的直觉洞察，必不合于理性“真知”的标准。苏格拉底的眼光不能观照生存的恐怖、黑暗的一面，因而也不能容忍酒神的智慧。在苏格拉底主义者的眼中，知识可以普遍造福，理性的君临驱赶了生存的可怕命数，理性可以对万物追根究底，一切都可以在理性的探索之下暴露无遗。理性在一切事物之上都能达到其最终的胜利，所以没有不能达到的深渊。

作为拯救方式，苏格拉底主义也不同于日神艺术。表面看来，二者似乎有着某种类似性：首先，二者都强调“显现”，也都对“知”

① 尼采：《悲剧的诞生》，周国平译，生活·读书·新知三联书店1986年版，第46页。

有要求，都有一种求真的意志。日神以外观显现真理，在外观中达到对自然的深刻领悟，达到平常所不能达到的“真理”，而且是比日常现实更高的真理，同时，“认识你自己”和“勿过度”的原则要求一种自知之明；苏格拉底主义则在无止境的求知中探索存在，在不停息地揭除面纱的行为中企图使存在的真理显露出来。其次，二者都可以表现为某种快乐的生存方式，仿佛都出于一种乐观主义而执着于生存。但是，尼采否认了二者的类似，在他看来，苏格拉底“不是酒神，也不是日神，而是一个崭新的灵物”[①]。日神艺术虽是一种真理的显现，但并不是理性主义的真理显现；日神精神虽也达到快乐的生存，但绝不是出于乐观主义的世界观。在求真意志与审美情趣之间，蕴含着完全不同的前提预设。在日神的背后必然隐藏着酒神，苏格拉底主义由于背弃了酒神根基，则必然也远离了日神。

苏格拉底主义以对理性的信念，以强烈的求知欲，免除了对世界的悲观主义认识。这种拯救方式建立在理性力量的基础之上，如果理性的力量本身就有其限度和问题，有其不可逾越的范围，那么，通过理性能否达到完全的拯救也就是有疑问的，理性的限度决定了通过理性拯救的限度。

尼采认为，近现代以来，是康德和叔本华认识并证明了理性的限度，从而第一次将理论乐观主义认作科学的妄念：

> 康德和叔本华……战胜了隐藏在逻辑本质中、作为现代文化之根基的乐观主义。当这种乐观主义依靠在它看来毋庸置疑的永恒真理，相信一切宇宙之谜均可认识和穷究，并且把空间、时间和因果关系视作普遍有效的绝对规律的时候，康德揭示了这些范畴的功用如何仅仅在于把纯粹的现象，即摩耶的作品，提高为唯一的和最高的实在，以之取代事物至深的真正本质，而对于这种本质的真正认识是不可能借此达到的；也就是说，按照叔本华的

① 尼采：《悲剧的诞生》，周国平译，生活·读书·新知三联书店1986年版，第50页。

表述，只是使梦者更加沉睡罢了。[①]

而且，尼采认为，正是理性的妄念本身推动理性文化奔向了自身的界限。对理性力量的完全信赖和源于此的不知餍足的求知欲，最终致使理性化生存的人发现理性的限度，发现理性所致力于探寻的最后真理最终仍不过是用来遮掩的面纱。至此，理论乐观主义突然面对自身的界限，意识到理性的无效，而这种对自身限度的自我意识最终导致悲剧的认识。苏格拉底文化通过理论乐观主义来拯救，最后却在自身的推动下重新走向理性所曾拒斥过的悲观主义的世界观，并且为了再次克服这种悲观主义的绝望，科学最终将求援之手伸向它曾敌视过、破坏过的艺术，因而“艺术就是这一力学过程所要达到的目的”[②]。

因此，在尼采看来，苏格拉底主义不仅仅是一种破坏性的力量，不仅仅是破坏艺术的力量，同时还可以是一种使人们重新意识到艺术的价值并回归艺术冲动的生发性力量。尼采通过描述苏格拉底的梦境经历来说明这一点。在狱中，苏格拉底梦见一位神灵向他召唤：“苏格拉底，从事音乐吧！”于是，苏格拉底在此召唤之下居然创作了一首阿波罗颂歌。尼采将之作为苏格拉底“怀疑逻辑本性之界限的唯一迹象”，认为“这位专横的逻辑学家面对艺术有时也感觉到一种欠缺，一种空虚，一种不完全的非难，一种也许耽误了的责任”，由此，苏格拉底必自问：

---

① 尼采：《悲剧的诞生》，周国平译，生活·读书·新知三联书店1986年版，第78页。叔本华的悲观主义世界观无疑在尼采本人的思想历程中起了非常重要的作用，在某种意义上，正是叔本华的悲观主义世界观把尼采带入有关生命的价值、意义等问题情境中。但实际上，尼采对这一问题的解决之道与叔本华截然不同。此外，在这段论述康德和叔本华的文字中，康德的物自体和现象、叔本华的意志和表象的二分模式似乎未受批评地承接下来。这说明，尽管尼采在《悲剧的诞生》中实际上已经把酒神所代表的生成世界视为唯一的世界，而将日神视为生成过程中的环节，但由于尼采还在使用类似于康德、叔本华的概念，酒神与日神的区分此时在一定程度上仍然有某些二分模式的痕迹。尼采后来在《自我批判的尝试》中对此有过解释，认为他用康德和叔本华的公式损害了他所要表达的内容。参见尼采《自我批判的尝试》，周国平译，生活·读书·新知三联书店1986年版，第277页。

② 尼采：《悲剧的诞生》，周国平译，生活·读书·新知三联书店1986年版，第63页。

> 也许我所不理解的未必是不可理解的？也许还有一个逻辑学家禁止入内的智慧王国？也许艺术竟是知识必要的相关物和补充？①

“从事音乐的苏格拉底”便代表着“艺术家苏格拉底”的诞生，而这个作为艺术家的苏格拉底之所以有诞生的可能性，正是由于那个作为理论家的苏格拉底意识到了理性的局限。科学要到艺术中寻求“保护和治疗”，理论家苏格拉底最终走向艺术家苏格拉底，这就是尼采所看重的。在他看来，只有艺术，而且只有作为酒神悲剧的艺术，才能达到真正的拯救。

三　悲剧的诞生

尼采注意到，希腊人的酒神节与其他地区的酒神节相比表现出不同的特点。其他地区的酒神节大都仅仅表现为一种“癫狂的性放纵”，而只有在希腊人那里，酒神节才表现为艺术的方式，成为一种艺术现象。为什么希腊人的酒神节会有这种截然不同的表现形式？尼采认为，这是因为希腊人的日神及时地与其强大的敌手——酒神和解，日神与酒神的合作促使希腊悲剧这一光辉艺术诞生，从而挽救希腊人于彻底的纵欲以及随之而来的厌世，酒神节对希腊人来说具有特殊的意味，是一种“救世节和神化日”②。

就此而言，悲剧之所以诞生于希腊，是因为希腊人的日神与酒神达成了一种精神上的联盟。日神与酒神作为希腊人创造出的形象，表达的是希腊人对自然内在本质的特殊直觉。如果把自然本身就看作一

① 尼采：《悲剧的诞生》，周国平译，生活·读书·新知三联书店1986年版，第61—62页。

② 同上书，第8页。

个艺术家，那么日神与酒神也意味着自然的两种内在冲动。于是，理解日神与酒神的象征意味，就要从自然的这两种内在冲动出发。

• 自然的二元性冲动及其内在关系

根据尼采的理解，希腊人是把日神与酒神当作自然的二元性冲动来看的，而希腊艺术的发展正与希腊人的这种观念相关：

> 在希腊世界里，按照根源和目标来说，在日神的造型艺术和酒神的非造型的音乐艺术之间存在着极大的对立。两种如此不同的本能彼此共生并存，多半又彼此公开分离，相互不断地激发更有力的新生，以求在这新生中永远保持着对立面的斗争。[①]

尼采认为，日神的造型艺术是“日神的梦艺术家”模仿自然的日神冲动而创造的艺术作品；酒神的非造型的音乐艺术则是“酒神的醉艺术家”模仿自然的酒神冲动的产物。因此，日神艺术与酒神艺术的对立在根源上是自然的日神冲动与酒神冲动这两种不同的自然力量之间的对立。

前文已经论及，在尼采看来，酒神代表着自然的至深本质，它是万物浑然一体的状态，是“原始太一”，而这原始太一并非寂然不动的一或无，由于它是孕育生命的母怀，是自然的原始生命力，出于力的丰盈与满溢，它处于永恒的流变中。生命永不停息地奔流、汹涌，自然的酒神冲动即是这一切皆流、无物永存的生命的永恒流变过程。在此过程中，丰产的自然不断地创造生命形态，又不断地毁灭已有的生命形态。在永恒的成与毁的游戏中，一切一经产生便具有自身界限、范围的个体化生存者被不断地带出又被不断地打碎，打碎意味着重新融入万物合一的混沌之中，因而自然的酒神冲动显现出的是自然这丰产者的过度。日神则是光明之神、造型之神，他创造光辉的、有

① 尼采：《悲剧的诞生》，周国平译，生活·读书·新知三联书店1986年版，第2页。

着柔和轮廓的外观并停留于对此外观的静观之中；他又是个体化原理的守护神，通过对个体化界限的遵守，即通过适度以求达到个体化生存的持驻，所以，自然的日神冲动便是创造形象并停留于形象的冲动、执着于个体化生存的冲动。

可见，自然的二元性冲动是两种完全相反的冲动：酒神冲动追求流变，唯流变为永恒；而日神冲动恰恰寻求持驻的形式，以确定的形象为永恒之物。酒神冲动将一切带入万物一体的混沌中并欢庆回归母怀、统一世界之重建的巨大快乐，而这正意味着个体分解的痛苦，是对日神冲动创造个体、维系个体生存的否定，是对一切个体界限、个体束缚的打破。酒神在此过程中的整个过度正是对日神适度原则的毁灭性冲击，相反，日神冲动创造外观形象的光辉、神化个体化原则、执着于个体化生存，在一定意义上也是对酒神之混沌、一切皆流、无物永存的拒绝。

在尼采这里，自然的酒神和日神的二元性对立，借用希腊人的神话世界来阐明，是两种不同神系之间的对立。酒神和日神不是两位孤立的神灵，按照希尔克和斯特恩的理解，二者都有原型化的倾向，分别是地狱之神与天堂之神的理想形象。① 用尼采的话来说，日神是奥林匹斯世界的代表，整个奥林匹斯世界是日神冲动的成果，酒神则是泰坦诸神的代表。奥林匹斯诸神显现的是生存的光辉、快乐、充满明丽阳光的一面，泰坦诸神则是这明丽阳光背后的黑暗深渊，显现的是生存的残酷与恐怖的一面。二者以迥然不同的目光看待个体的生存。尼采比较了酒神式智慧与生存态度和日神式智慧与生存态度的不同。在前者，人最好是“不要降生，不要存在，成为虚无”，次好的是“立刻就死”；在后者，人“最坏是立即要死，其次坏是迟早要死”。②在前者，人生短暂无常，个人如此有限，个体化是一切灾祸的根源，

① M. S. Silk and J. P. Stern, *Nietzsche on Tragedy*, Cambridge University Press, 1981, p. 180.

② 尼采：《悲剧的诞生》，周国平译，生活·读书·新知三联书店 1986 年版，第 12 页。

因而生存是不值得的，是应被弃绝的；在后者，生存是如此光辉明丽，对人生短暂的悲叹转化为“生存颂歌”，个体的生存是值得追求、值得赞颂的。两个系列的神灵世界分别象征着自然原始的恐怖秩序与个体生存的快乐秩序。在两种秩序之间，也就是在泰坦世界与奥林匹斯世界之间，始终存在着巨大的对立与持续不断的冲突、斗争。

但是这相互斗争、冲突的对立面同时又是彼此需要、彼此依存的。日神不能离开酒神而单独存在，酒神是其存在的根基，在日神世界的光辉外观之下必隐藏着酒神。奥林匹斯诸神的快乐秩序必然是从“原始的泰坦诸神的恐怖秩序”中通过“日神的美的冲动”逐渐过渡并发展而来，“就像玫瑰花从有刺的灌木丛里生长开放一样”[①]，因此，尼采说，被奥林匹斯诸神世界的光辉所昭示的希腊人不得不承认他们与泰坦诸神的“血亲关系”，不断重新苏醒的酒神冲动使他们认识到，日神冲动所达到的持守于个体限度之内的快乐生存都以痛苦、以对自然的酒神认识为根基：首先，酒神的恐怖秩序是日神的快乐秩序产生的必要前提和推动力，快乐来自对痛苦的克服，日神世界照耀着的个体生存实际上是在流逝中寻求片刻的宁静，新神必从与旧神的斗争中诞生；其次，从自然酒神冲动的整体过程即永恒的成与毁的游戏过程来看，毁灭是这一过程的主调，毁灭是创造的必要前提，毁灭是新陈代谢的过程，只有在不断的毁灭中，日神的外观才能始终保持其美丽光辉。

酒神同样需要日神，自然由于生命形态过剩，由于生命力过于丰盈，处于永恒的痛苦和冲突之中，需要日神的外观以得解脱，并经常使用“日神幻想”以达到自己解脱的目的。而由于自然本身的痛苦和冲突是永恒的，通过外观的解脱也就并非一劳永逸，生命最终的解脱根本无法完成，因而需要不断地在外观中寻求片刻的解脱，不断地需要新的外观。酒神需要日神，并且由于这种无终结的需要而不断地推动着日神世界的诞生。

---

① 尼采：《悲剧的诞生》，周国平译，生活·读书·新知三联书店 1986 年版，第 11 页。

尼采曾以拉斐尔的名画《基督的变容》来说明日神与酒神的相互依存关系。拉斐尔用该画上下两部分的鲜明对比来显示外观及其产生的深刻根源：

> 他在《基督的变容》下半幅，用那个痴醉的男孩，那些绝望的搬运工，那些惊慌的信徒，反映了永恒的原始痛苦，世界的唯一基础，在这里，“外观”是永恒冲突这万物之父的反照。但是，从这一外观升起了一个幻觉般的新的外观世界，宛如一阵神淦的芳香。那些囿于第一个外观的人对这新的外观世界视若不见——它闪闪发光地飘浮在最纯净的幸福之中，飘浮在没有痛苦的、远看一片光明的静观之中。①

尼采认为，这幅画作为艺术象征所显现的，正是日神世界与酒神的可怕真理之间的依存关系。在这幅画中，自然的酒神因素与日神因素并置，一方面表明，日神的外观世界以酒神世界为唯一的根基，从自然的“永恒的原始痛苦”中产生；另一方面也显示出，自然受到痛苦的逼迫，企图创造外观世界以解脱痛苦。

概言之，自然的二元性冲动——酒神冲动与日神冲动之间的关系既是对立面的斗争冲突，又有彼此的需要、依存、相互激发，二者在冲突、拉扯、分离的过程中保持着巨大的张力，而不致在斗争中彼此消解。同时，自然的二元性冲动归根结底是一元性冲动，酒神是更本质的冲动，是日神存在的根基。所谓在日神快乐秩序的背后必有隐秘的酒神恐怖秩序，即是说这背后的秩序是更本质的生命基础。但我们也不能由此就静态地把握日神与酒神的关系，不能把酒神冲动看作日神冲动的最终目的，而是说，生成与毁灭都从属于一个永恒流变的过程，这个过程的永不停息反映出自然的酒神冲动也许是更为根本的。

---

① 尼采：《悲剧的诞生》，周国平译，生活·读书·新知三联书店 1986 年版，第 14 页。

自然的酒神冲动和日神冲动作为自然的本能冲动，在自然界中以梦与醉的方式获得直接的满足。这意味着，自然本身就是一个原始的艺术家，梦与醉就是这个原始艺术家的艺术活动方式。更明确地说，梦与醉实际上是自然本身的活动，而与人的因素无关。可见，在尼采的观念中，首要地得到强调的，是形而上的层面，一切都在自然的形而上的力量中有其根源，正因为这种观念，尼采才会有以下说法：梦的形象世界“同个人的智力水平或艺术修养全然无关”；同样，醉的现实“不重视个人的因素，甚至蓄意毁掉个人，用一种神秘的统一感解脱个人”①。自然的形而上的力量在先，而人所做的，就是领悟、感受、回应这种形而上的内容。因此，人本身作为自然冲动的产品，在梦与醉中也把握到自然的冲动。基于对自然的不同状态的领悟，寻求梦与醉也成为人的本能，成为人模仿自然的艺术冲动。而这种模仿的成果、冲动的产物，就是日神的梦之造型艺术和酒神的醉之音乐艺术，即希腊人的雕塑、史诗和希腊人的酒神音乐。从这个意义上说，自然作为原始的艺术家实际上已经给人提供了一种生存的理想或典范：通过模仿自然的艺术冲动，人也成为艺术家，或者说，自然作为原始的艺术家，为人成为艺术家提供了一种终极的理由或根据。正是由于自然是原始的艺术家，人天生就是艺术家，人根本上就只是一种审美的人，自然给予人的最高地位就是作为审美者。此外，在两种艺术形式之间也存在着巨大的对立：雕塑、史诗是创造形象的艺术，通过创造美的外观带来对此外观形象的静观，带来沉浸于美之观照的朴素境界；酒神音乐则是无形象的艺术，是旋律的奔流激荡。

于是，自然的酒神与日神冲动不仅是自然的本能冲动，现在还通过自然的产品——人显现出来，成为人的本能冲动，并体现为人的本能冲动的成果——日神艺术和酒神艺术。日神和酒神的冲突斗争、分离对立以及并生共存和彼此激发，也就在人的本能冲动以及两种不同

① 尼采：《悲剧的诞生》，周国平译，生活·读书·新知三联书店 1986 年版，第 6—7 页。

的艺术形式上发挥作用，二者关系的变化决定着希腊人的本质，也决定着希腊人的艺术发展。

根据日神与酒神之间的相互斗争、彼此激发所经历的不同阶段，尼采提供了一个历史的描述，将古希腊历史分为四大艺术时期，我们姑且称之为前荷马时期、荷马时期、后荷马时期、多立克艺术时期。用尼采的话来说，第一阶段是“青铜时代及其泰坦诸神的战争和严厉的民间哲学”即酒神因素统治时期；第二阶段，日神的美的冲动为克服酒神因素发展出了荷马的艺术世界；第三阶段，酒神的激流冲击日神世界，淹没了荷马的朴素世界；第四阶段，日神抗拒“酒神的原始野性”，产生了刻板威严的多立克艺术和多立克世界观。但是，尼采认为，这第四阶段绝不是艺术冲动的“顶点和目标”，自然艺术冲动的真正目标是“阿提卡悲剧和戏剧酒神颂歌”，它们是酒神冲动和日神冲动的共同目标：“这两种冲动经过长期斗争，终于在一个既是安提戈涅又是卡珊德拉的孩子身上庆祝其神秘的婚盟。”①

• 悲剧的诞生

悲剧是酒神和日神共同的孩子，那么，悲剧的诞生，其间经历了怎样的孕育过程？那最终促成悲剧光辉诞生的二神“婚盟”，显现于何处？——“显现于抒情诗”，尼采如此回答。抒情诗产生于酒神和日神的结合，抒情诗人既是酒神的醉艺术家，同时也是日神的梦艺术家，悲剧和戏剧酒神颂是抒情诗的最高发展形式。

抒情诗又是如何在酒神和日神的共同推动下产生的？尼采向我们描绘了这样一幅图景：

> 我们看到酒神和他的侍女们，看到酩酊醉汉阿尔基洛科斯，如同欧里庇得斯在《酒神侍者》中所描写的那样，正午，阳光普照，他醉卧在阿尔卑斯山的草地上。这时，日神走近了，用月桂

---

① 尼采：《悲剧的诞生》，周国平译，生活·读书·新知三联书店 1986 年版，第 16 页。

枝轻触他。于是，醉卧者身上酒神和音乐的魔力似乎向四周迸发如画的焰火，这就是抒情诗……①

抒情诗人陷入醉境，陷入酒神的迷狂，成为酒神的追随者，浑然自弃，忘却自身作为个体的存在，忘却个体的界限以及为了个体的保存所必需的对适度原则的遵守，犹然回归太一，融入奔流的自然生命之中，亲身感受到自然的原始痛苦和原始冲突，并且，作为酒神的醉艺术家，模仿自然的酒神本质，创作酒神音乐。抒情诗人先是作为音乐艺术家，以音乐模仿自然生命无形象、不可见的永恒奔流，一如它的永恒回响。随后，自弃境界中的抒情诗人受到日神的触动，进入日神的梦境世界。这时，他在迷醉中与之融为一体的自然生成不可见的洪流忽然在他眼前变得可见了，成为美丽光辉的外观梦象，向他闪现。他便又作为日神艺术家，模仿他的梦境，以形象追随音乐，说出“世界心灵”的永恒本质，从而原本借音乐这种不可见的艺术传达出来的自然生命，又在形象世界中得以显现，变得可见。如果说音乐是这自然生命的第一印象，那么，形象作为它的“个别的譬喻或例证”就是它的“第二映象”②。也就是说，抒情诗人所从事的，是将宇宙大化的天籁之声转换为美丽光辉的可见之物。

尼采从他如此描述的抒情诗的创作过程出发，批评被他称为“现代美学家”的如下观点：抒情诗人是“主观”艺术家。抒情诗人似乎总是表达自己的激情、欲望，由此，“现代美学家”将之称为“主观”艺术家。尼采认为这不过是现代美学家被现象所迷惑而生的错觉。受个人激情的欲望鼓动的主体是艺术的敌人，主观艺术家是一种坏的艺术家：

在每个艺术种类和高度上，首先要求克服主观，摆脱“自我”，让个人的一切意愿和欲望保持缄默。没有客观性，没有纯

① 尼采：《悲剧的诞生》，周国平译，生活·读书·新知三联书店 1986 年版，第 18 页。
② 同上。

粹超然的静观，就不能想象有哪怕最起码的真正的艺术创作。[①]

抒情诗人先是作为酒神艺术家，在酒神状态中已然放弃个人的意志愿望乃至忘却个体的生存，与永恒流变的自然生命浑然一体，然后，作为日神艺术家，观照自然生命创造的外观世界，以譬喻或例证诉说自然生命。“抒情诗人的‘自我’就这样从存在的深渊里呼叫”，这一“自我”不是抒情诗人作为个体生存的“自我”，而是“根本上唯一真正存在的、永恒的、立足于万物之基础的自我”[②]，是作为“存在之深渊”的自然生命自身。因此，真正的创造者、真正的主体不是抒情诗人，不是个体生存者，而是个人从中产生又复归于其中的自然原始生命，尼采称之为“世界原始艺术家”，抒情诗人不过是它的产物以及它的中介，借此，“世界原始艺术家”表达自身。

因此，尼采将抒情诗定义为“音乐通过形象和概念的模仿而闪射的光芒”[③]。既然音乐是抒情诗人在自弃状态中与自然生命合一而达到的对自然至深本质的象征，形象和概念则属于梦境的外观世界，那么，音乐和形象、概念的关系就如同酒神和日神的关系。酒神激发了整个日神世界，日神世界则是酒神这本原者的外观。在抒情诗中，音乐是那原始痛苦与冲突的“原始回响”，因而是更本原的部分，形象、概念则是音乐的客观化，是解释音乐的个别譬喻和例证，音乐与形象、概念之间的关系，如同本原与万有之间的关系，如同自在之物与现象之间的关系。正如个别的现象不能穷尽自在之物，作为对自然至深本质之譬喻的形象和概念也不能穷尽音乐的至深内容。

抒情诗是酒神和日神结合的萌芽，悲剧则是这种结合的最高形式。那么，由抒情诗向着悲剧发展的过程中，作为酒神和日神最佳联盟的悲剧，其真正的诞生地在何处？尼采认为：悲剧诞生于悲剧歌队，悲剧最开始只是歌队的合唱，悲剧歌队是悲剧的原始形态。正如

---

① 尼采：《悲剧的诞生》，周国平译，生活·读书·新知三联书店1986年版，第17页。

② 同上书，第18、19页。

③ 同上书，第23页。

抒情诗是从酒神音乐中迸发出形象和概念的譬喻世界，悲剧的整个舞台世界从悲剧歌队中迸发出来，歌队是悲剧的核心和母腹，而最初悲剧仅仅是歌队。

希腊早期的悲剧歌队（或称酒神颂歌队）由装扮成萨提儿的人组成。在希腊的神话传说中，萨提儿是半人半羊的森林之神，是酒神的随从，纵欲好饮，象征自然的性的冲动，是自然强大丰盛的生殖力的标志。可以说，萨提儿是自然强烈的生命冲动的表达，是自然母怀中生生不息的原始生灵，是不朽的神灵身边不死的仆从。半羊的、粗野的萨提儿尚未被日神昭示的界限与适度原则所规导，因而尚未从原始的统一状态中分裂出来，萨提儿与文明人的关系，如同自然与文化的关系。萨提儿是“人的本真形象”，人在本质上也是这自然永恒流变中的原始生灵。作为酒神伴侣的萨提儿因为贴近神灵，洞悉酒神的痛苦和欢乐，洞悉酒神的智慧，是自然酒神真理的宣告者。因此，萨提儿在希腊人眼里，是“某种崇高神圣的东西”，他表明人本来是神的难友。酒神气质的希腊人渴望成为萨提儿，成为酒神的仆从，成为自然生灵。[①]

悲剧中的萨提儿歌队便是具有酒神气质的希腊人的自我反映，是对一种自然现象的艺术模仿。在这种自然现象中，陷入酒神激情的迷醉的希腊人忘记了自己的一切个体界限，并且进入另外的身体，看到自己成为萨提儿：“看到自己被一群精灵所环绕，并且知道自己同它们内在地是一体……他们的公民经历和社会地位均被忘却，他们变成了自己的神灵的超越时间、超越一切社会领域的仆人。”[②] 因此，尼采认为，装扮成萨提儿的酒神歌队是陷入酒神迷狂的酒神信众的幻觉。

从这种观点出发，尼采批评了两种有关悲剧歌队的流行看法。一种观点认为，悲剧歌队代表平民，与舞台上的主角——王公贵族的代表相对抗。如果悲剧歌队是酒神群众的幻觉，希腊人无视自身的公民

① 参见尼采《悲剧的诞生》，周国平译，生活·读书·新知三联书店 1986 年版，第 29 页。

② 同上书，第 32 页。

地位，看到自己成为萨提儿，那么，这种对悲剧歌队的政治解释根本就是错误的。另一种观点的持有者 A. W. 施莱格尔认为，歌队是“理想的观众”，是“观众的典范和精华”。尼采以两个方面的理由拒斥此种看法：第一，悲剧最开始仅仅是歌队，并不存在舞台世界，以此对照，把歌队视为理想的观众就是把歌队认作“无剧的观众”，这是荒谬悖理的；第二，正常的观众都能够清晰地将他所面对的艺术作品当作审美现象而非经验事实，越有鉴赏力的观众越是如此，而悲剧歌队将舞台形象认作真人。尼采认为，只有在一种意义上“理想的观众”说才可以理解：在根本上，观众与歌队之间的对立并不存在，悲剧歌队是酒神群众的幻觉，而悲剧的观众本身就是酒神群众，悲剧歌队是其自身的反映，观众和歌队整个是一个酒神的歌队，从这个意义上来说，歌队是舞台幻境世界的唯一观看者。[①]

在尼采看来，席勒的理解毋宁更接近悲剧歌队的真正本质，尼采将此观点表述为：歌队是“抵御汹涌现实的一堵活城墙”[②]，悲剧通过歌队与现实世界隔绝，以保持悲剧所创造出来的独特的艺术内部世界。萨提儿是希腊人虚构的自然生灵，活动于同日常的社会化的自然现实不同的虚构情境中，在此境界中，萨提儿歌队贴近自然母怀，与自然的酒神洪流相融会。希腊人将自己认作萨提儿，并以此免除了现实的冲击，对他们而言，萨提儿及其世界是真实可信的，并非虚构和凭空想象。用尼采的话来说，这是“宗教所认可的一种现实”[③]，说悲剧产生于萨提儿歌队，即是说悲剧产生于“纯粹宗教根源”，而非出于道德的或是政治的目的。

关键的问题是，从这一宗教根源如何生发出悲剧，合唱又是怎样成为戏剧的?

尼采从处于酒神兴奋的希腊人那里领悟到，魔变是戏剧的原始现

① 参见尼采《悲剧的诞生》，周国平译，生活·读书·新知三联书店 1986 年版，第 30 页。

② 同上。

③ 同上书，第 27 页。

象，是戏剧艺术的前提。前已述及，迷醉的希腊人感到发生了自我变化，看到自己魔变为萨提儿，歌队是全体酒神群众的象征，是对这一魔变的艺术模仿。悲剧歌队将自己认作萨提儿，而在这种变化中，作为萨提儿，他又在其外看到一个新的幻象，看到了酒神，这一形象化的神灵就是“他的状况的日神式的完成”①。

尼采所指的“他的状况”，即是迷醉中的希腊人自我变化的状况。这种自我变化并不意味着在自我之外先有一个与之不同的、有距离的他者，然后个人脱离确定的自我，进入他者，因为归根结底已无单个的独立个体的区分。个体从原本有确定内部空间的界限内站出并进入“另一个天性”，但这种站出与进入的过程中，界限轰然而解，个人的解体和与他者的统一发生于同一过程，解体的个人成为自然生灵，与原始太一合为一体。在这种自我变化的酒神状态中，个人经历了解体与合一的痛苦和欢乐，作为萨提儿洞察了自然的酒神真理、领悟了酒神智慧。如此，作为萨提儿歌队的希腊人看到了神灵，这是一种日神梦境，日神创造形象的冲动发挥作用。但同时，这种日神梦境不同于史诗中的纯粹日神状况，其中观照者与形象之间存在静观的距离，观照者由此距离的保护而免于与形象成为一体，在对形象的纯粹静观中获得解脱。在这里，这一日神梦境向希腊人展现的是他自身在酒神迷醉中自我变化的状况，是他自身的解体与融入太一。同时，由于这种自我变化的状况实际上是自然生命本身的酒神变化，因此，这形象是他在魔变为萨提儿的过程中洞察到的自然酒神本质的可见形象，他看到的是一位神灵，也就是酒神的遭难和行动。所以，这里发生的日神梦境是酒神状态的形象化显现。

这种魔变就是戏剧的原始现象，受难以及解脱了的酒神最初只是歌队的幻象，是“被想象为在场”，而当后来在舞台上直接表现这一幻象时，才有了真正的悲剧。所以，尼采说：

① 尼采：《悲剧的诞生》，周国平译，生活·读书·新知三联书店 1986 年版，第 32 页。

> 我们必须把希腊悲剧理解为不断重新向一个日神的形象世界迸发的酒神歌队。因此，用来衔接悲剧的合唱部分，在一定程度上是孕育全部所谓对白的母腹，也就是孕育全部舞台世界和本来意义上的戏剧的母腹。在接二连三的迸发中，悲剧的这个根源放射出戏剧的幻象。①

悲剧歌队是悲剧的源头，悲剧则是歌队的幻象向舞台的投射，展现为悲剧的情节，悲剧主角的面貌、行动、言说及其整个受难经历。据此，尼采给出一个对戏剧的凝练定义："戏剧是酒神认识和酒神作用的日神式的感性化"②。如同抒情诗人先是作为自然的酒神艺术家，在与自然的痛苦和欢乐的合一中领悟自然的酒神本质，然后作为日神艺术家，将此真理客观化为形象和概念的譬喻世界。迷狂中的萨提儿歌队是悲剧的酒神根基，从这一根基迸发出整个日神世界，只不过先是作为幻象，然后才在真正的舞台上成为真实的、可感知的形象世界，悲剧借此宣告酒神真理。至此，悲剧，作为酒神和日神奇迹般的联盟，才真正诞生了。

四　悲剧与艺术形而上学

前文已述及，悲剧对希腊人而言，是克服厌世的一种方式，因而是一种拯救方式。这种拯救方式既不同于日神艺术的拯救方式，也不同于苏格拉底主义的拯救方式。尼采批评苏格拉底主义所持有的科学的妄念导致一种知识拯救论，理性狂妄的求知信念与求真意志企图通过知识改造存在，其实质是对自然酒神本质的遗忘。科学理性发展到

① 尼采：《悲剧的诞生》，周国平译，生活·读书·新知三联书店1986年版，第32页。
② 同上书，第33页。

自身的极限，必然会导致知识拯救论的破产，知识拯救论的破产又必然导致人们重新直面自然的酒神本质，因而艺术——它曾经被科学精神所毁灭——将取代科学，成为一种更合乎生命本质的拯救方式。

借用尼采后来的概念来说，作为艺术的强力意志与作为知识或科学的强力意志相比，具有迥然不同的特征。在谈及艺术与自然的关联以及艺术的使命时，尼采说："艺术不只是对自然现实的模仿，而且是对自然现实的一种形而上补充，是作为对自然现实的征服而置于其旁的。"① 尼采也将这一"形而上的补充"称为"形而上的美化"，即是说，艺术之于形而上学，是通过一种"美化"的方式来达到一种"补充"，艺术既是对自然现实的显现、揭示，也是通过"形而上的美化"赋予自然现实以价值，置于自然现实之旁，以克服自然现实带给人的恐怖与苦难。至此，在经过前此对自然现实的描述，即对自然形而上力量的探究，以及对希腊人种种拯救方式的探寻之后，尼采的艺术形而上学的观念终于初步成型。而要深入理解这种艺术形而上学，还必须先剖析尼采对悲剧的拯救作用、对希腊人的悲剧精神的深刻理解。

尼采认为日神艺术作为一种拯救方式是不彻底的，因其沉浸于表象与幻觉而不去关注最后的本真实在。如果说艺术的最高目的就是一种"形而上的美化"，那么，在尼采看来，悲剧才是最能实现这一最高目的的艺术形式。所以，需要进一步追问的是，何为"形而上的美化"？悲剧如何以此克服自然现实的可怕真理？同是艺术，悲剧艺术在实现艺术的最高目的上与纯粹日神艺术又有何不同？

• 酒神与日神在悲剧中的联盟

悲剧最初是歌队的合唱，后来由歌队的幻象向舞台投射，才有了整个舞台世界，至此，悲剧由最初的合唱演变为两个风格不同的部分：一是酒神的合唱抒情，二是日神的舞台梦境。悲剧的酒神因素和日神因素共存，既有奔腾恣肆、体现自然合一的音乐，又在音乐之旁

① 尼采：《悲剧的诞生》，周国平译，生活·读书·新知三联书店1986年版，第105页。

安排了光辉灿烂的日神形象世界。那么，两种艺术力量即酒神和日神同时发生作用会产生怎样的审美效果，而音乐与个别化的日神形象构成何种关系？尼采认为这些问题是通达希腊悲剧本质的关键。

为了说明这些问题，尼采大段引用了叔本华的学说。叔本华认为，音乐和现象界是世界同一内在本质的两种完全不同的表现，音乐是意志本身的直接写照，体现的是世界的形而上性质而非物理性质，它提供“先于事物的普遍性”，而现象界是世界的、特殊的、个别的直观表现，是“事物之中的普遍性”，属于现象界的个别形象，给音乐提供直观的个别实例，而音乐这一“意志的普遍语言”可以使个别形象显示出意味深长的含义。借此，尼采断言，“酒神艺术往往对日神的艺术能力施加双重影响：音乐首先引起对酒神普遍性的譬喻性直观，然后又使譬喻性形象显示出最深长的意味”[①]。所以，尼采认为，从音乐当中可以创造神话，尤其是悲剧神话，而神话就是显现酒神本质的个别例证。悲剧神话是直接由音乐激发的直观形象世界，并由于音乐的作用获得了最大的清晰性和明确性，音乐赋予了悲剧神话“最深长的意味”，使之成为酒神普遍性的个别例证，同时，由于这一个别例证最大限度地诉说酒神真理，诉说音乐的象征意味即音乐的酒神内容，它也就使音乐获得了最高的自由。酒神和日神都在二者的结合中达到了各自的最佳效果。

悲剧神话从音乐中产生，向舞台投射，成为日神的形象世界，酒神便开始“说着日神的语言”，不再凭力量，“而是像史诗英雄一样几乎用荷马的语言来说话了”[②]，日神的造型力量使酒神成为可见的形象，显现出形象的清晰和明确。在此，日神形象世界作为歌队幻象向舞台的投射，便成为音乐与酒神式兴奋的人之间插入的中间世界，在二者之间形成有距离的空间，将二者分隔开。如果没有这一中间世界，酒神式兴奋的听众直接感受音乐的普遍性，感受奔流狂放的酒神

① 尼采：《悲剧的诞生》，周国平译，生活·读书·新知三联书店1986年版，第70页。
② 同上书，第35页。

洪流，作为有限的个体，他无法在这种直接的感受中依然保持个体的界限，安然自守，也就是说，酒神音乐危及他的个体持守。但由于在他与音乐之间插入了日神幻景，他就不再只是酒神式的感受者，同时还成为日神世界的观看者。日神外观世界的美丽光辉使他从几近崩溃的状态中恢复，沉浸于静观的快感之中。上演的悲剧神话以悲剧英雄的个别事例使我们沉浸在对这一个别事例的观看中，执着于个体，“日神因素以形象、概念、伦理教训、同情心的激发等巨大能量，把人从秘仪纵欲的自我毁灭中拔出，哄诱他避开酒神过程的普遍性而产生一种幻觉，似乎他看见的是个别的世界形象”①。而过于满溢的酒神激情则在这一形象世界中通过宣泄得以缓和，所以，尼采说悲剧英雄替我们背负起了整个酒神世界，我们则因心系悲剧英雄这一个体形象，从而得免于世界的原始痛苦。

日神形象世界的这种强大作用给人造成这样的错觉，似乎在悲剧的两个部分中，音乐处于为形象服务的位置，似乎它只是激发日神造型世界并推动日神幻景达到最高的生动性、鲜明性的手段，借此促使我们停留于此，更加深入地观看舞台世界。在尼采看来，完备的戏剧与它的音乐之间有着预期的和谐，音乐的旋律线索仿佛将舞台形象简化为与旋律并进的线条图形，音乐以内在的光辉将舞台的日神形象世界照亮，将剧情在前所未有的明晰中展现，并使舞台世界仿佛扩展至于无限，观众便沉浸于对此光辉图景的日神式观看的兴奋之中，似乎在观看世界的至深奥秘。

但是，悲剧的舞台日神幻景与纯粹日神艺术如史诗、雕塑有很大的差别。在纯粹日神艺术中，日神形象世界是个体生存的光辉反照，以美丽的外观达到个体化的神化，产生的效果是对确定的个体形象的静观，欣然玩味形象本身的美，肯定个体生存的永恒持守，在对外观的静观中体验纯粹的快感。而悲剧的日神幻景虽然在音乐的内在照耀下获得更高的清晰性、明确性，并由此带来悲剧观众对形象静观的快

① 尼采：《悲剧的诞生》，周国平译，生活·读书·新知三联书店 1986 年版，第 93 页。

感，但在悲剧的总体效果中，日神形象世界最终崩溃了，没能保持其确定的界限，未能达到“日神艺术的顶点和缩影”，即对个体化世界的辩护，对形象的纯粹静观的快感最终也遭到否定，更大的快感来自形象的毁灭。尼采认为，在悲剧的整体效果中，对确定的个体形象的观看和渴望超越于此观看之上，这两个过程是并存的。他这样描述悲剧观众的复杂心理：

> 他看到眼前的悲剧英雄具有史诗的明朗和美，却又快意于英雄的毁灭。他对剧情的理解入木三分，却又宁愿逃入不可解的事物中去。他觉得英雄的行为是正当的，却又因为这行为毁了当事人而愈发精神昂扬。他为英雄即将遭遇的苦难颤慄，却又在这苦难中预感到一种更高的强烈得多的快乐。他比以往看得更多更深，却又但愿自己目盲。①

为什么会如此？尼采提出这一问题，为什么悲剧观众对舞台上演的悲剧神话既想观看又想超越于观看之上，为什么既有对形象的静观快感又否定这种快感，而从个体形象的毁灭中获得更大的快感？

前已述及，在悲剧的日神阶段，似乎日神因素完全战胜了酒神因素，使后者为它服务，似乎音乐只是以其旋律配合形象的展现，激发形象，使其具有更加明丽的光辉，悲剧只是以音乐为手段展现日神的形象世界。但是，尼采认为，这些都只是错觉，是悲剧的日神效果所达到的假象。悲剧以此假象使音乐更加自由，使音乐的至深内容获得更强有力的表达。尼采再次强调，在悲剧的两个部分中，音乐是世界的心声，是自然真理的直接反映，音乐寻找它本身的具体化的表达，因而整个形象世界进入舞台，音乐是形象的“诞生地”，是悲剧整个舞台世界的深层基础。形象的生成不是为了炫耀其自身，而是音乐的个别化写照，为音乐服务，最终，音乐的强大力量推动形象世界到达

① 尼采：《悲剧的诞生》，周国平译，生活·读书·新知三联书店1986年版，第96页。

其极限：音乐不仅以形象世界的生成更以形象从生成到毁灭的整个过程表明自身。日神形象世界在终场时通过自身的幻灭暴露了它的真正目的：最初，“酒神说着日神的语言”，仿佛停留于个体形象的永恒光辉，但是，最终日神“用酒神的智慧说话”[①]。归根结底，在悲剧的两个部分中，酒神因素更其本原，力量更其强大，日神因素终究是为酒神服务的，悲剧通过形象世界颂扬的不是日神所代表的个体化的长存，而是酒神的凯旋，宣告的是自然的酒神智慧。悲剧神话是音乐创造出来以说明自身的例证，悲剧神话所表达的是音乐的至深内容——自然的酒神真理。

所以，尼采认为，悲剧神话中的英雄——悲剧舞台上的主角——实际上不是确定的个人，而都是酒神的面具。希腊悲剧最初的题材都是酒神的受难，悲剧的唯一主角是酒神。现在，酒神化为悲剧英雄，悲剧英雄就是那被肢解而成为个体化存在的酒神，英雄的受难就是个体化之后酒神的苦难，而悲剧英雄的毁灭即代表个体化的终结、个体化的摒弃、酒神的再生，被肢解的酒神重新成为整体，众生合一的统一世界再次得以建立。

音乐招引形象世界的生成，又引领它们走向毁灭，整个悲剧神话所说明的，正是自然本身永恒奔流，不断创造、毁灭的无限过程，万物由之产生又复归于此。观众在对形象的观看中引发的日神式兴奋最终要被酒神式兴奋所否定。观众渴望超越于对现象的观看之上，以领悟现象背后那无限的本质，而从形象的毁灭中获得更大快感，是因为悲剧通过英雄的毁灭而非其胜利，“提示一种别样的存在和一种更高的快乐”[②]。何种别样的存在，何种更高的快乐？——不再作为与自然分离的个体化生存，而是众生一体。毁灭不是生命的消亡，而是生命的回归，不再热烈地要求个体的持存，而是回归永恒生命之流，做永恒的生者。

---

① 尼采：《悲剧的诞生》，周国平译，生活·读书·新知三联书店1986年版，第95页。

② 同上书，第91页。

• 形而上的美化

悲剧观众在悲剧中直面自然的酒神本质，直面生存本身的可怕深渊，却又在这一自然真理面前，在个体生存的受难、衰亡之中获得极大的快感，这种审美经验主要源于自然现实，也即自然的酒神真理通过悲剧发生了某种重要的转换。我们可以从悲剧观众的审美经验出发，想象悲剧艺术家的创作经验。悲剧艺术家同时是酒神的音乐艺术家和日神的造型艺术家。作为日神艺术家，他创造个体形象；而作为酒神艺术家，他在酒神冲动的推动下毁灭他所创造的形象，并从这毁灭中获得更大的快感。他的这一创造形象并毁灭形象的艺术过程，是对自然的生成与毁灭这一永恒奔流过程的模仿。悲剧艺术家以形象世界的生成和毁灭，将自然本身生成又毁灭的无限过程、自然本身的原始冲突和永无休止的奔流展现出来，同时，这一展现的过程又是一种"形象的譬喻"，即悲剧神话是自然酒神真理的形象化。自然的本质作为审美现象出现，仿佛自然的这一无限生成与毁灭的过程只是一种审美游戏，而在此背后有一个"世界原始艺术家"，为自己准备了这一审美游戏。

悲剧的双重结构就是对自然的奔流过程以及在这一过程中创造的个体现象的二重转换：悲剧的萨提儿歌队代表着自然生灵、事物的生存核心，这些自然生灵不同于转瞬即逝的个体存在；悲剧神话则以悲剧英雄的生存和毁灭显示个体现象的变幻。自然现实在这一双重结构中展现为：在一切现象的背后是永恒的生命，个体化生存的毁灭无损于此永恒生命。由此，悲剧便以酒神和日神的联盟达到这一效果：悲剧既作为对自然现实的展现、洞察，使人直视自然的可怕真理，同时，这一自然真理在悲剧中又作为审美现象出现，在我们面前展现为自然原始生命所进行的不断重新开始的审美游戏。在这一审美游戏中，个体化世界不断被创造出来，又被不断摧毁，而即便是毁灭、破坏，也是此审美游戏的一部分。在审美游戏整体的和谐中，"不谐和音和恐怖的世界形象都神奇地消逝了”[①]，一如音乐中的不谐和音参与音乐的整体和谐，而人——无常和苦难的有限生存者，即可以被想象为这世界永恒的审美游戏中的不谐和音。

所谓悲剧的形而上的美化即体现于此种转换。悲剧参与一般艺术对自然现实的形而上美化目的，而艺术即是通过将自然现实转化为审美现象来达到这一最高目的。当人由于领悟到自然真理、领悟到个体生存的可怕命数而陷入厌世时，“艺术作为救苦救难的仙子降临了。唯她能够把生存荒谬可怕的厌世思想转变为使人借以活下去的表象，这些表象就是崇高和滑稽，前者用艺术来制服可怕，后者用艺术来解脱对于荒谬的厌恶”[②]。悲剧就是将生存的可怕转化为悲剧英雄的受难、毁灭等崇高的审美形象。悲剧以音乐和悲剧神话使我们相信：苦难、毁灭也是永恒生命的审美游戏。

至此，尼采终于显露出他整个论述的隐秘所在：所谓自然的二元性艺术冲动，即酒神冲动和日神冲动，不过是借希腊神灵来譬喻自然，同样，所谓自然原始艺术家，也不过是对自然的譬喻式说法，是以艺术来比附自然，并由此比附赋予自然以价值，而真正的自然本质，即无休止的生成与毁灭，是纯然恐怖的深渊，其本身无所谓价值。

悲剧通过这种转换，便美化了世界。艺术即由这种转换美化了世界，然而，同样是艺术的美化，悲剧艺术和纯粹日神艺术的美化不同。日神艺术美化的是个体化的生存，日神艺术的光辉外观是个体化生存的神化，通过让神来过与人同样的生活，使得我们相信个体化生存的快乐、神圣、永恒。而悲剧美化的并不是我们的个体化生存，悲剧通过英雄的受难、痛苦、可怕的命运将个体生存的真相展现在我们眼前，这里充满了斗争、破坏、冲突、死亡，悲剧让我

① 尼采：《悲剧的诞生》，周国平译，生活·读书·新知三联书店 1986 年版，第 107 页。

② 同上书，第 29 页。这种观点使尼采认为，美这个范畴仅适用于形象艺术，不能用来衡量音乐和悲剧。另外，尼采在此似乎认为喜剧是将荒谬转化为滑稽。

们直接面对生存固有的悲惨境遇，告诉我们所有个体生存的有限性、必死性。悲剧所美化的，是那永恒生命本身。悲剧使人获得这样的信念：第一，自然的永恒生命、万物的始母在一切现象背后奔流不息；第二，永恒生命无比丰盈，过分充实和多产，在永恒的游戏中创造与毁灭，因此，苦难、毁灭也是审美游戏的组成部分；第三，由于这种审美游戏，个体化现象的变化、毁灭便不可避免，但毁灭同时意味着个体回归母怀、复返永恒生命。尼采如此描述从悲剧而来的生存信念：

> 我们应当认识到，存在的一切必须准备着异常痛苦的衰亡，我们被迫正视个体生存的恐怖——但是终究用不着吓瘫，一种形而上的慰藉使我们暂时逃脱世态变迁的纷扰。我们在短促的瞬间真的成为原始生灵本身，感觉到它的不可遏止的生存欲望和生存快乐。现在我们觉得，既然无数竞相生存的生命形态如此过剩，世界意志如此过分多产，斗争、痛苦、现象的毁灭就是不可避免的。……纵使有恐惧和怜悯之情，我们仍是幸运的生者，不是作为个体，而是众生一体，我们与它的生殖欢乐紧密相连。①

通过这一“形而上的美化”，悲剧对希腊人而言便成为最有效的拯救手段。

首先，悲剧达到对生命的最大肯定，当然根本上是对永恒生命的肯定。悲剧肯定永恒生命，包括肯定它的流逝、消亡、冲突、痛苦。尼采后来在《偶像的黄昏》中说，悲剧“肯定生命，哪怕在它最异样最艰难的问题上，生命意志在其最高类型的牺牲中，为自身的不可穷竭而欢欣鼓舞”②。肯定生命，根本而言，就是肯定生命的强大力量、生命的丰盈和满溢，以及生命的冲突奔流。

---

① 尼采：《悲剧的诞生》，周国平译，生活·读书·新知三联书店1986年版，第71页。

② 同上书，第71—72页。

其次，正是出于对永恒生命的肯定，悲剧为这个哪怕是“最坏的”生成世界作出辩护。悲剧使我们如此看待人生和世界：一切有限的个人都不是创造的主体，真正的创造主体是那在一切个体生存背后永存的原始生命、原始太一。它是世界原始艺术家，一切个体以及我们生存于其中的这个世界、一切生成乃至毁灭和破坏，都是它的审美作品，都是它所创造的“艺术喜剧”，是它为自己准备的“永久娱乐”，而对我们来说，“我们的最高尊严就在作为艺术作品的价值之中”[①]。所以，尼采不断地强调人生和世界只有作为审美现象才有存在的理由。如果个体化的生存是可以辩护的，那么，只能从艺术而不能从道德以及认识获得其可辩护性，因为生命本身就是某种非道德的、不可理解的东西。

最后，对“最坏的世界”作出辩护，也就意味着是为人类的灾祸、痛苦作出辩护。尼采在分析埃斯库罗斯的悲剧《普罗米修斯》时说：“悲观悲剧的伦理根据就在于为人类的灾祸辩护，既为人类的罪过辩护，也为因此而蒙受的苦难辩护。”[②] 人类的灾祸、痛苦并不是对人类所犯罪行的惩罚，人类根本上是无罪的，灾祸、痛苦根本上源于“世界心灵”本身的原始冲突，源于那“伟大的作恶者”，即悲剧所信奉的永恒生命，源于它过度的生殖力。对它而言，痛苦是生成的必要前提，它在痛苦的刺激下创造，又通过毁灭制造痛苦来颂扬自身的丰盈。对个体生命而言，如果灾祸、痛苦是永恒生命为摆脱满溢而来的审美游戏，则人类的痛苦、灾祸既是不可避免的，又是永恒生命必需的行为所造成的必然产品，因而是生存的严肃事件。同时，痛苦、灾祸是个体重返永恒生命的必要前提。

将存在的一切，包括存在的苦难、消亡视为永恒生命的审美游戏，个体化生存借之便进入永恒生命之流，成为某种超个体的东西，即便是个体生存者，也是永恒生命游戏的一部分，与过去、未

---

① 尼采：《悲剧的诞生》，周国平译，生活·读书·新知三联书店1986年版，第21页。
② 同上书，第39页。

来紧密相连。对永恒的信仰，也就是对生命的延续性的信仰。即使个人解体，生命本身并未消亡，个人依然作为永恒的生命，参与生命的游戏，个体化生存的短暂、有限，便不再是一个可怕事件，希腊人对永恒生命的信仰使其免除了对死亡的焦虑，生存不再是片刻性的。同时，由于个体生存是永恒生命游戏过程中的必然环节，它便摆脱了偶然性，成为值得珍重的严肃事情。所以，从生存的重负、对生存的厌弃中解救出来并勇敢地承担生存，关键在于获得对不朽的信仰。

前已述及，尼采曾批评失去悲剧精神的奴隶的乐天，认为奴隶只求片刻的生存，而不给予过去和未来比现在更高的尊重，缺乏对严肃事件的责任心，对痛苦有女人气的惧怕，这正是因为奴隶没有对永恒的信仰。现在的时刻只有在与过去和未来的联系中，有限的个体生存只有进入永恒生命之流，才不致成为短暂即逝的往者、幻入虚无的寂灭。日神艺术和悲剧艺术就是通过颂扬永恒来拯救个体于片刻生存的重压。但日神艺术颂扬的是个体生存的永恒，使人相信个体生存的永恒，从而使个人自我肯定、执着于生存；悲剧则是颂扬万物一体的永恒生命，个人借之成为超个体的东西，借进入永恒生命本身而得解脱。由此，人与自然生命之间的关系发生了改变，对人而言，这一永恒生命原本是与人相乖离的力量，是人的可怕命数的根源，是强大、可惧的不可抗力，是纯然可怕的、恐怖的力量。而通过悲剧的转换，永恒生命不仅是人的必死命运的破坏性力量，更是丰盈、有力、强健、永恒的创造者，是人的母怀、人的原始家乡，人是这永恒生命本身的一部分，与它一起永恒地游戏。通过这种关系的变化，人便与命运站在了一起，与命运一起奔流，投入生命有力、强健、不可穷竭的生存游戏，并且“以亲切的爱意努力把世界的永恒痛苦当作自己的痛苦来把握”[①]。

---

① 尼采：《悲剧的诞生》，周国平译，生活·读书·新知三联书店1986年版，第78页。

・悲剧的再生

尽管与温克尔曼等人的希腊乡愁迥然不同，但尼采的希腊乡愁同样是以回到源头寻求对现代性问题的救治为旨归。在这个意义上，《悲剧的诞生》并不是一部仅仅讨论美学问题的著作，也不是对古希腊文化的一项历史研究，而是针对现代西方文化的精神征候，对现代西方理性启蒙主义的一种根本性的批判。尼采对苏格拉底主义的批评，即对理论乐观主义的批评，实际上也是一种“托古论今”，其“醉翁之意”在于对现代性的批评。

尼采曾以希腊化时期的亚历山德理亚文化来比照现代文化：“整个现代世界被困在亚历山德里亚文化的网中，把具备最高知识能力、为科学效劳的理论家视为理想，其原型和始祖便是苏格拉底。”[①] 何谓亚历山德理亚文化？我们可以在尼采《不合时宜的考察》的第四个考察——《瓦格纳在拜洛伊特》中，找到一个形象的说明。尼采在其中提到希腊神话中佛律癸亚国王戈尔迪打上的错综难解的“戈尔迪之结”，传说中是亚历山大大帝用利剑将此结斩开。[②] 尼采以“戈尔迪之结”指称希腊文化的完整性、聚合性，与之相反，亚历山德理亚文化是一种以分裂性为主要特征的文化。以亚历山德理亚文化比照现代文化，就是要突出现代性的主要问题——分裂性问题，现代性的其他种种问题，在一定程度上，都是分裂性问题的衍生物。现代文化的分裂性是指文化的统摄性力量分崩离析，文化的各个方面各自独立，不再构成统一的整体。

那么，希腊文化的完整性如何被亚历山德理亚文化所取代？换句话说，是什么原因导致现代文化的分裂性？从以上引文可以看到，尼采将现代文化分裂性问题的真正病因归结为理性力量的过度扩张。尼采认为，现代以来，理性主义开始占据生活的一切方面，使文化的各

① 尼采：《悲剧的诞生》，周国平译，生活・读书・新知三联书店 1986 年版，第 76—77 页。

② 参见 Nietzsche，*Untimely Meditations*，Trans. R. J. Hollingdale，Cambridge University Press，1997，p. 209。

个方面从宗教的统一控制中挣脱出来，彼此独立，不再是有内在关联的整体。在尼采看来，神话是一切宗教的必要前提，现代文化的理论批判精神却将神话纳入历史的发展轨道，以理性的态度对待神话，视之为历史上曾经有过的事实，神话由之便转化为系统化了的历史，现代人因而失去神话的家园。但神话对一个民族的文化起着至关重要的作用：神话具有规束力，能将文化的各个方面聚合成一个整体，同时，正是由于这种规束力，神话使文化保持健康的天然创造力。失去神话首先意味着失去了文化的凝聚力，一切成为抽象的存在，人成为无家可归的流浪者。其次，失去神话还意味着失去了文化自身的创造力，只能向其他文化寻求滋养，但理论批判精神的侵蚀将一切本可利用的资源转化为“历史和批评”，这注定该民族的文化不能从其他文化中获得实际的滋养，只能停留于对其他文化的饥饿的寻求之中。简言之，断裂和贫困是失去了神话家园的现代文化的必然处境。很明显，尼采在此思考的是西方文化的宗教衰微以及由此带来的困境。所谓理论乐观主义将宗教的神话前提纳入史实，使宗教失去其神话根基，即是指启蒙主义的现代文化对宗教釜底抽薪，以理性的扩张置换信仰，造成宗教在西方现代的衰落，宗教在西方传统中曾经至关重要的整合作用也就随之不再有效了。

启蒙主义的现代性不仅造成文化的分裂，还从根本上弱化生命。从尼采对苏格拉底主义的批评中我们看到，在尼采眼中，苏格拉底主义持有一种理性的妄念，即认为一切都可以通过理性的认识得以掌握，人生的幸福也是通过理性可以操作的，理性可以解决一切问题，包括消除人生的痛苦、灾祸。这实际上是以理性替代了对自然真理、人之可怕命数的领悟，使人遗忘了生存的真正本质，也就是说，理论乐观主义使人失去了对命运的切身感受，逃进由理性架构的避难所中，不去观照生存的恐怖可怕的深渊。生命的悲剧意识使古希腊人出于生命的强力，肯定和承担生命的流逝和毁灭，并以此颂扬生命的强大，与之相反，现代人失去了生命的悲剧体验，现代社会以理性计算的方式规避可能的风险。理论乐观主义最终走向奴隶的乐天，导致对痛苦的惧怕和想方设法的躲避、对舒适享受的满足，生存失去了英雄维度，生命走向衰竭、腐败、退化。此外，理论乐观主义不仅因其对生存本质、人之命数的切身感受的排斥，还因其同时是一种道德主义，从而弱化了生命。在理性的妄念中，德行也是可以通过理性传授的，而道德在尼采看来是对生命的否定、敌视和打击。

理论乐观主义破坏了神话，现代人失去了生存的宗教根基，随之而来的便是世俗化倾向，是生存的庸俗化和瞬间化。现代人缺乏对永恒的信仰，只追求尘世幸福，追求眼前的舒适享乐，满足于瞬间的生活体验。尼采一再批评那种“奴隶的乐天”——奴隶不相信理想的过去和未来，不相信现在、过去和未来在时间中的延续性和总体关联，不懂得为了现在的缘故而尊重过去和未来。尼采对“奴隶的乐天”的批评所针对的，在某种程度上说，是现代性的时间意识所导致的种种问题。现代性注重现在的权利，在现在与过去的关系中，追求现在不同于过去的独特性，拒绝过去对现在造成的负担。这种时间意识的一个极端形式是，以现在的权利拒绝过去和未来，将现在从时间之流中独立出来，视之为与过去和未来断裂的一个个单独的瞬间。注重瞬间体验的生存方式是这种时间意识的体现。对个体生命而言，没有过去便意味着没有了生命的历史，没有未来便意味着没有了生命的理想，瞬间化的生存表明个体生命失去了统一性，是个体生命的分裂。这意味着，在宗教衰微的现代境遇中，失去了永恒信仰的心灵不再能从宗教中获得安宁。

面对文化的“戈尔迪之结”被斩断的现代，尼采认为，现在紧迫需要的是一种反亚历山德理亚文化的力量，将被斩开的结重新打上。寻找文化的整合力，这是所有深切领受到现代性分裂问题的思想家的共同倾向。用哈贝马斯的话来说，现代性问题就是在宗教作为一种文化整合力量衰微之后寻求宗教替代物的问题。[①] 哈贝马斯认为，黑格

① 于尔根·哈贝马斯：《现代性的哲学话语》，曹卫东等译，译林出版社2004年版，第100页。

尔是第一个意识到现代性问题的思想家，他企图通过其思辨哲学来解决现代性的问题。[①] 在黑格尔那里，绝对精神成为这种替代物，世界是绝对精神自我认知、自发运动的统一世界。而尼采，这位理性虚妄的激烈批判者，则将理性弃置一旁，以未来为旨归，回溯古代世界，意欲返回"原始的混沌"，寄望于悲剧在现时代的再生。

在尼采看来，悲剧的消亡正是理论乐观主义所导致的后果。理论乐观主义将悲剧的根基，即作为自然至深本质原始回响的酒神音乐，变成一种"音乐图画"，音乐成为现象世界的简单模拟，由此，音乐失去了它创造神话的能力，悲剧的形而上的慰藉沦落为悲剧冲突的世俗解决。由于悲剧的世界观与理论的世界观之间有着永恒的斗争，只有当理论的世界观走到了它的界限，悲剧的世界观重新苏醒，悲剧才能再生。

因此，悲剧的再生并不仅仅指一种艺术门类的复兴，更是指一种悲剧世界观的重建。尼采曾经如此描绘此种悲剧世界观：

> 我们已经具备一种深沉悲观的世界观的一切要素，以及悲剧的秘仪学说，即：认识到万物根本上浑然一体，个体化是灾祸的始因，艺术是可喜的希望，由个体化魅惑的破除而预感到统一将得以重建。[②]

首先，悲剧世界观的重建意味着要回归到对自然至深本质的酒神式认识。自然本质上是一个永恒奔流的过程，这一过程被看作一个永恒生命，而酒神就是这永恒生命的象征或称名。在此过程中，万物不

---

① 于尔根·哈贝马斯：《现代性的哲学话语》，曹卫东等译，译林出版社 2004 年版，第二章。对现代性问题，哈贝马斯自己的解决方案仍然诉诸启蒙运动以来的理性，他将现代性看作一项"未完成的谋划"，认为现代性问题不是因为理性贯彻得太多，而是理性化不够，所以，他要将理性进行到底，要更健全地贯彻理性于交往活动之中。亦可参见 Habermas "Modernity—An Incomplete Project", In *Interpretive Social Science: a Second Look*, Edit. by Paul Rabinow & William M. Sullivan, University of California Press, 1979。

② 尼采：《悲剧的诞生》，周国平译，生活·读书·新知三联书店 1986 年版，第 42 页。

断地生成、毁灭——生成意味着个体存在的界限的获得，毁灭则不仅是个体的死亡，更是个体界限的破除，意味着个体消解并重归永恒生命之流。对个体生命而言，悲剧的世界观就是对个体命数的深切感受、对生存的恐怖深渊的直面。现代以来，自然的酒神本质被科学的乐观主义精神所掩盖，理性的妄念取代了悲剧的世界观。但同时，理性的妄念最终推动理性文化奔向自身的界限，理论的世界观必定由于面对自身的界限而突变为悲剧的世界观，个体重新一无护佑地直视自然的酒神本质。

其次，这种酒神智慧还意味着一种“无限深刻和严肃的伦理观和艺术观”[①]，既洞察到自然的至深本质、自然恐怖可怕的深渊，同时又以艺术来达到对自然生成与毁灭的永恒奔流的整体观照，以此超越对自然本质的悲剧认识。所以，悲剧世界观的重建还意味着悲剧艺术精神的再生。在尼采看来，艺术的最高使命是“使眼睛不去注视黑夜的恐怖，用外观的灵药拯救主体于意志冲动的痉挛”[②]，如此，艺术能够超越对世界的悲观理解。艺术既将自然永恒的生成与毁灭的本质展示出来，同时又美化这一本质，从而达到对此本质的最大肯定。艺术使我们信赖永恒生命，也就是说，将自然看作一个原始艺术家，一切生成与毁灭，是永恒生命为了摆脱生命过剩的痛苦，出于自身的必需而进行的审美游戏，个体世界的价值即在于成为这一审美游戏的作品，而个体世界的毁灭同时意味着个体重归万物合一的永恒生命之流，流逝、毁灭、痛苦是一切生命的前提。艺术通过以审美的眼光看待自然生成与毁灭的永恒奔流，达到对自然生命的最大肯定，包括肯定生命的流逝、毁灭、痛苦，从而超越悲剧的认识。

具体而言，悲剧艺术精神的再生，就是悲剧音乐以及音乐创造神话的能力的再生。悲剧音乐是悲剧的酒神根基，是自然酒神本质的直接反映。音乐的酒神内容追求形象化的再现，它从自身产生酒神普遍

---

① 尼采：《悲剧的诞生》，周国平译，生活·读书·新知三联书店 1986 年版，第 86 页。

② 同上书，第 84 页。

本质的譬喻性的个别事例，悲剧神话就是这一个别事例。所以，悲剧神话从酒神音乐中产生，是酒神本质的形象化，悲剧神话以个体的受难和毁灭所指向的，是一切个体现象背后的原始生命永恒奔流的过程，悲剧神话以形象世界的生成和毁灭象征自然原始艺术家永不止息的审美游戏。由此，悲剧便以悲剧音乐和悲剧神话实现“形而上的美化”，即实现艺术的最高目的。

现代文化破坏了这种悲剧的艺术精神，现时代是一个与艺术精神相抵牾的时代，现代文化与真正的艺术精神相隔绝。而与现代文化相适应的艺术形式，在尼采看来，是歌剧。歌剧虽被看作一个艺术品种，但实际上与艺术相去甚远。首先，歌剧产生于完全非审美的需要——对牧歌生活的向往，尼采称之为“歌剧的牧歌倾向”[①]。这种牧歌倾向源自对人本身的乐观主义看法，认为原始时代的人类既与自然相和谐，又达到了人类的理想，是自然与理想相协调的美好生灵，并且是天生的艺术家，随时准备歌唱。因此，尼采将歌剧视为理论乐观主义精神的产物。其次，歌剧所使用的抒情调和吟诵调完全违背了音乐的酒神精神，破坏了音乐创造神话的能力。音乐与歌词的关系完全背离了音乐的酒神本质以及语言、形象作为酒神真理象征的意味，因而也就背离了真正的酒神与日神的艺术冲动，音乐沦为现象世界的模拟，同时，现象的意义也被贬低，其必然的结果是，艺术失去了它的最高使命，沦落为娱乐倾向。

现代文化便以歌剧这种完全非艺术的倾向取代了真正的艺术精神。但是，尼采断言，真正的艺术精神正在德国音乐中重新兴起。德国哲学和德国音乐的新发展，具体来说是康德、叔本华的哲学和从巴赫、贝多芬到瓦格纳的音乐，正代表了德国文化悲剧精神的复归，[②]

① 尼采：《悲剧的诞生》，周国平译，生活·读书·新知三联书店 1986 年版，第 83 页。

② 在《自我批判的尝试》中，尼采后悔当时对德国哲学和德国音乐寄予的希望，认为它们事实上毫无希望，并将之归为浪漫主义。同时，他还为当时借用叔本华和康德来谈论问题感到遗憾。这些反思归根结底仍出自他对现代性问题的批评。参见尼采《自我批判的尝试》，周国平译，载《悲剧的诞生》，生活·读书·新知三联书店 1986 年版，第 277 页。

它们指向希腊民族在悲剧时代曾经有过的生活方式，其中德国哲学标志着悲剧认识的重建，德国音乐则表明真正的艺术的复归。音乐精神的复生也将是悲剧神话的复生。借此，德国文化重新找到并返回它的神话家园，悲剧世界观得以重建，悲剧再生。

尼采在现代文化的细微变化中看到了悲剧再生的迹象，由此，他还深思这一问题：对一个民族而言，悲剧的这种再生意味着什么？尼采对这一问题的思索再次表明，他绝不仅仅是在谈论一个纯粹美学的问题，而是在寻求对现代文化的救治方案，是要对民族生活方式进行全盘谋划，因而主要是一个文化政治的问题。在尼采看来，“艺术与民族、神话与风俗、悲剧与国家”[①] 在根本上是联生共存的。对自然至深本质的悲剧认识以及用以超越此种认识的悲剧艺术精神，同时也意味着一种悲剧政治，换句话说，悲剧的再生同时也是一种悲剧政治的复兴。

尼采认为，必须回到悲剧时代的希腊生活方式才能回答这一问题。希腊人处于酒神冲动和日神冲动的强烈作用之下，这两种冲动可能导向两种不同的道路。其中，酒神冲动，即一切皆流、无物永存的永恒流变，否定一切个体的存在，打破一切个体界限，不断将个体形式化入无形。这种对个体束缚的摆脱，一方面导致政治本能的削弱，另一方面个体为了克服对人世生存的厌弃，很可能走向印度佛教式的“坐禅忘机”。日神冲动则创造并停留于个体形象，维护个体化原理，肯定个体界限的保存，追求持驻的形式，城邦和家乡意识或者说政治本能便以日神冲动对个体化原理的肯定为前提。日神冲动的危险在于：对界限、范围、疆域的追求，对现世个体生存的执着，可能沦为极端的世俗化，导向罗马式的政治扩张，追求世界霸权。然而，希腊人并没有选择这两条道路，而是找到了第三种方式，在印度佛教的坐禅忘机和罗马的极端政治世俗化之间保持平衡，既有酒神的激情，又

① 尼采：《悲剧的诞生》，周国平译，生活·读书·新知三联书店1986年版，第101页。

保持“最单纯的政治情感，最自然的家乡本能，原始的男子战斗乐趣”[①]。这一希腊方式之所以可能，其原因正在于希腊人的悲剧。作为酒神冲动和日神冲动的完美结合，悲剧一方面以一种强大的统一感消泯个体的界限，另一方面又以日神的外观力量保护个体化的存在世界。悲剧对希腊人而言，成为一种调节力量，使其在完全否定个体存在的界限和对界限的过分执着之间保持恰当的平衡。

有一种观点将尼采思想与纳粹政治联系起来，认为二者有内在相似之处。如果我们反观尼采对希腊方式的尊崇，细察他标举酒神精神与日神精神的不同政治意味，就可以看到，尼采完全反对罗马式的谋求世界霸权的政治扩张道路。从这一点可以断言，尼采从悲剧精神出发的政治谋划与纳粹思想迥然相异。

就现代性问题而言，对生活本质的此种理解，实际上是一种对现代性所导致的分裂问题的救治方案。在尼采这里，是悲剧而不是理性，成为宗教的替代物，悲剧作为文化整合力量，力图恢复文化的统一性。悲剧是对自然本质的认识，也是艺术精神，同时又是一种政治理念，文化的一切都因悲剧联结起来，从而文化的整合成为可能。对尼采的这一方案，哈贝马斯曾主要在两个方面提出批评。首先，他认为，尼采对现代文化的整合，是以抛弃现代性的成就——个体的解放为代价的，由悲剧而来的统一感以忘我、以个体界限的打破为前提，在尼采这里，个体化原理的崩溃成为摆脱现代性之路。[②] 但是，反观尼采对悲剧的酒神与日神双重因素的强调，就可以看到，哈贝马斯的这一批评是有问题的。根据尼采的说法，个体化生存和个体的崩溃都是永恒生命奔流过程中的必要环节，个体化生命以获得统一感来克服厌世，而进入永恒生命之流恰恰是为了使个体生存本身获得可辩护的理由，其真正的目的是执着于个体化生存本身。其次，哈贝马斯认为，尼采救治现代性问题的方案企图将理性完全弃置一旁，但在根本

① 尼采：《悲剧的诞生》，周国平译，生活·读书·新知三联书店1986年版，第90页。

② 于尔根·哈贝马斯：《现代性的哲学话语》，曹卫东等译，译林出版社2004年版，第110页。

上又不能排除理性的影响，因为他的重估价值活动本身就是一种运用理性的行为。[①] 然而这一批评似乎同样未中鹄的，尼采以艺术形而上学的方式来救治现代性问题，这与哈贝马斯的启蒙立场下的理性主义有所不同。归根结底，尼采重估价值是从艺术形而上学的立场出发，而非启蒙理性的立场。

生命只有通过艺术才能得救，这是《悲剧的诞生》不断强调的观点，部分地出于这一理由，尼采把艺术作为人所固有的形而上活动。所谓艺术形而上学，在《悲剧的诞生》语境中，即是着意于艺术的形而上的美化。艺术将自然现实转化为审美现象，由此赋予自然现实以价值，艺术本质上是一种赋予价值的活动，人通过艺术赋予自然现实以价值，又由此赋予自身的生存以价值。在尼采对悲剧的论述中贯穿着这一核心观点：自然现实本身无所谓价值，它是生命的永恒奔流，在此奔流中无物永存，对个体的生者来说，自然至深本质全然是恐怖、可怕的。艺术则将这一永恒奔流的过程当作一个整体来把握，将之转化为一个原始艺术家的审美游戏，个体世界是这审美游戏中的瞬间作品。由此，艺术便赋予自然现实以及个体世界以审美价值，并通过这一赋予价值的活动来为现世辩护，个体生存的价值也由之得到辩护。这就是《悲剧的诞生》中一再出现的命题：只有作为一种审美现象，人的生存和世界才有充足的理由。需要强调的是，在此，价值的赋予者似乎是人，但是，由于人是处于自然总体生命之中的个体存在者，人的一切行为在根本上受到自然力量的推动贯彻，因此，更确切的说法是，自然通过人来赋予价值，自然借人之手来达到自身的目的。这就如同日神艺术力量和酒神艺术力量首先是自然本身的力量、梦与醉首先是自然本身的状态，其次才显现于人。

赋予自然至深本质以价值，还可能有其他方式，如理性的方式和道德的方式。在前一种方式，自然本质被认为是符合因果联系和逻辑

① 于尔根·哈贝马斯：《现代性的哲学话语》，曹卫东等译，译林出版社 2004 年版，第 112 页。

辩证法的东西，因而是可以通过理性通达的，理性可以掌握自然并给存在造福；后一种方式则在自然中区分善恶，高举善、德行等作为最高的价值，而灾难、不幸则被视为对罪的惩罚。在尼采看来，前者的典型形式是科学，后者的典型形式则是基督教。可以说，人类迄今标举的三种价值——真、善、美，是人类分别通过理性、道德、艺术赋予自然本质的三种不同的价值。

《悲剧的诞生》所做的，就是对这三种价值的重新估量。在尼采后来的反思中，这部著作恰恰被他视为“第一个一切价值的重估”[①]，其任务一是“以艺术家的眼光考察科学，又用人生的眼光考察艺术”，二是用人生的眼光考量道德。价值重估的结果是：尼采只承认一种价值具有形而上的意味，即审美的价值，只承认一位可作为人的终极关怀的“神”，即艺术家之神。[②] 尼采的这种说法，并不是意指形而上的力量是艺术的力量，而是说，由于艺术与形而上的关联更为紧密，从艺术的角度来理解、领悟形而上学是更为切近的途径。

这就是以“人生的眼光”考察艺术的结果。以人生的眼光来看，艺术是对生命的最大肯定。艺术肯定生命的永恒流变，将生命的奔流视作生命在强力的逼迫之下的必然行为。同时，肯定生命的流变也就是肯定流逝、毁灭、痛苦，因为流逝、毁灭、痛苦是生成、创造的前提，是生命不可穷尽的担保。可见，艺术是对永恒的大生命、对总体生命的肯定。就个体而言，艺术担保个体生命的意义，使人执着于生存。艺术激发生命的本能，成为求强力的生命意志本身，强力意志也就作为艺术而出场。作为艺术的强力意志是高涨的生命力量的表征，出自生命本身的充实、丰盈、健康。

与此相反，以人生的眼光考察理性和道德，尼采认为，二者都是对生命的否定，都是求毁灭的意志，是生命衰退、匮乏、羸弱的征象。乐观主义的科学精神是生命弱化的表现，生命的衰败、垂暮使其

---

① 尼采：《偶像的黄昏》，周国平译，光明日报出版社 1996 年版，第 101 页。

② 尼采：《自我批判的尝试》，周国平译，载《悲剧的诞生》，生活·读书·新知三联书店 1986 年版，第 272、275 页。

缺乏直面可疑可怕事物的力量，因而以理性掩盖、忘却自然的真正本质，以逻辑和推理制造稳定感，以乐观主义的辩证法提供对事物的明确解释。在这个意义上，尼采认为，科学精神也许只是出自怯懦和虚伪，是对世界的悲观主义理解的惧怕和逃避。理性是生命弱化的结果，同时，完全违背生命本质的乐观主义又反过来加强了这种弱化。同样，道德也是生命蜕化的表征。在尼采看来，基督教，尤其是现代以来的基督教，是现代道德主义的典型，这种道德主义根本上是与生命意志相背离的。基督教以道德的眼光看待生命，只承认道德的价值。基督教区分出善与恶，区分出彼岸的天堂世界和此岸的尘世世界，以所谓天国的幸福来否定人世生存的价值，以善的名义否定一切此岸的、感性的生存价值，包括否定艺术的价值。而在尼采看来，在生命之外寻求理想，在生命之外设定目标、意义，本质上是对虚无的信仰，是求虚无、求毁灭的意志，生命成为实际上无权的、不应当存在的东西。而一个在生命之外对生命的规定，是生命的外在立法，作为外在的依靠和命令，是生命对外在强制的服从，因而是生命弱化的表现。

艺术是对生命最大的肯定，是生命强力的表现，借由这一观点，尼采不仅仅使审美价值成为最高的价值，同时还特别强调形而上意义上的艺术精神与浪漫主义之间的区分。在后来对《悲剧的诞生》的反思中，尼采曾坦言，在写作《悲剧的诞生》时，他还没能把真正的艺术精神与浪漫主义区分开来，所以他申言，不能将他所标举的酒神精神与浪漫主义混为一谈。概言之，浪漫主义苦于生命的贫乏，因而求助于浪漫的激情，为的是靠浪漫的激情平复痛苦，求得灵魂的安宁、平静，或通过激情来摆脱涣散、虚弱之感，其根本前提是生命的疲弱以及对痛苦的极度敏感和极度厌倦。尼采所提倡的悲剧精神则出自生命之过剩的痛苦，挥霍无限丰盈、无限充实的生命自身，这是对旺盛的生命意志的领悟与认肯。

标举审美价值为唯一的最高价值，并将真正的艺术与浪漫主义区分开来，由此，尼采便强调绝不能以道德、理性的标准来评判艺术，也不可对艺术进行浪漫主义的解释，艺术要求自身的独立性和纯洁性。正是在这一点上，尼采反对亚里士多德和叔本华对悲剧的解释。亚里士多德从激发和净化恐惧和怜悯的情感来理解悲剧，叔本华则把悲剧看作放弃个人意志、听天由命的手段。尼采认为，这都是对悲剧的非审美的理解。依照这种理解，悲剧就全然成为否定生命的、衰败的东西。尼采把自己当作第一个能真正理解悲剧和悲剧艺术家心理的哲学家。在他看来，悲剧不是为了摆脱恐惧和怜悯，是为了超越、控制恐惧和怜悯，而悲剧艺术家对恐怖可怕事物的热爱，是生命强力的象征，他对毁灭、痛苦的传达，完全是由于勇敢，由于无所畏惧。

由此可见，在尼采那里，形而上意义上的艺术精神是贯穿统摄民族文化各个方面的总体力量，就人类的生存而言，也是实现强健生命的真正良药。面对文化涣散、生命疲弱的现代，要恢复文化的完整和生存的强健，就是要张扬此种艺术精神，呼唤悲剧的再生，使之成为宗教的替代物，行使宗教曾经对民族的文化和人类的生存所发挥过的作用。如此，通过对悲剧艺术与悲剧精神的独特理解，针对宗教衰落之后的现代性问题，尼采的艺术形而上学构建了一个以艺术为核心的拯救方案、一个新的审美神话。

第二章　颓废与浪漫主义

一　“何谓浪漫主义”

发端于18世纪末的浪漫主义运动是一个极为复杂的现象。就地域而言，有不同国家的浪漫主义，如德国浪漫主义、法国浪漫主义；就时间而言，早期浪漫主义与晚期浪漫主义的主要面貌有所不同；就浪漫主义涉及的领域而言，更是纷繁复杂，浪漫主义几乎体现在文化的各个方面，如文学、艺术、哲学、政治、神学、历史等。在“浪漫主义”这一统一的名称之下，似乎并没有统一的主张、观念乃至特性，正因为这种复杂性，很难对浪漫主义作出一个总结性的概括或界定。即使对同一时期同一地域的浪漫主义，如德国早期浪漫派，在研究者中也有多种不同的理解。海涅认为德国早期浪漫派试图复活中世纪基督教艺术，到基督教的中世纪寻找对德国民族性问题的解答。卡罗则反对这种看法，认为海涅没有注意到德国早期浪漫派内部的差别，例如施莱格尔、荷尔德林就不是将中世纪，而是将古希腊视为文化的典范。[①] 也正因为浪漫主义一词包含着如此多样甚至相互冲突的内容，一些研究者甚至主张取消“浪漫主义”这一术语。[②]

尼采提出回归古典，这在很大程度上与他对浪漫主义以及一般而言的古典主义的理解和批评相关。尼采试图在这两者之外确立一种“古典”概念，这一概念既不同于浪漫主义，也不同于一般的“古典”的理解。那么，在浪漫主义的复杂情形下，尼采是如何理解浪漫主义的，他对浪漫主义的批评主要针对的是什么？

在探讨尼采对浪漫主义的批评之前，必须注意到尼采与浪漫主义有着千丝万缕的联系，尼采早期曾经受到浪漫主义十分重要的影响。尼采早期与瓦格纳交往密切，并对叔本华哲学推崇备至，这使他不可避免地具有某种浪漫主义倾向，卡罗就认为瓦格纳和叔本华是浪漫主义传统的继承者，而正是通过瓦格纳和叔本华，尼采与德国早期浪漫派传统发生了关联。[③] 一些研究者注意到，尼采的很多观念在德国早期浪漫派那里有其根源。例如，哈贝马斯认为，浪漫主义的狄奥尼索斯概念是尼采的狄奥尼索斯形象的先驱，尼采通过艺术来获得对文化的整合性力量的企图，在根本上与浪漫主义对新神话的诉求是一致的。[④] 恩斯特·贝勒尔认为尼采的狄奥尼索斯形象与施莱格尔相关，但他也看到了施莱格尔与尼采在对狄奥尼索斯形象的理解上有很大的不同。贝尔默也注意到，在《悲剧的诞生》提出狄奥尼索斯概念以及狄奥尼索斯—阿波罗的对立之前，尤其是在德国早期浪漫派那里，早

① 参见 Adrian Del Caro，*Nietzsche Contra Nietzsche*：*Creativity and the Anti-Romantic*，Louisiana State University Press，1989，p. 13。

② 参见 Michael Löwy & Robert Sayre，*Romanticism against the Tide of Modernity*，Tran. Catherine Porter，Duke University Press，2001，pp. 1—2。

③ 参见 Adrian Del Caro，*Nietzsche Contra Nietzsche*：*Creativity and the Anti-Romantic*，Louisiana State University Press，1989，p. 288。

④ 参见于尔根·哈贝马斯《现代性的哲学话语》，曹卫东等译，译林出版社 2004 年版，第 106 页以下。

已出现相关的观念。[①] 卡罗认为，尽管尼采与早期德国浪漫派在对许多问题的诊断和解决的方法上有很大差别，但所关注的问题本身很相似，如对理性的批评，对艺术和创造性的强调。此外，尼采对神话在文化中的作用的强调与施莱格尔、诺瓦利斯等有关新神话的观念有着相似之处。[②] 由于这些影响，尼采早期呈现出某些浪漫主义的特征。尼采后来回顾《悲剧的诞生》时，在肯定这部早期著作的基本思想的同时，也承认其中有着浪漫主义的痕迹，如对德国现代文化、对叔本华哲学和瓦格纳的音乐复兴酒神精神的期望，艺术的“形而上的慰藉”中所可能包含的彼岸世界残余，等等。[③]

尼采后来激烈批评浪漫主义，并以反浪漫主义者自居，认为早期的浪漫主义倾向是他所患的一种疾病，而摆脱浪漫主义被他视为从疾病中“痊愈”，在《人性的，太人性的》前言中，尼采把该书称作他的“反浪漫主义的自我治疗”，是“仍然健康的本能”起来反对“浪漫主义最危险的形式”[④]，而在《快乐的科学》第二版序言中，尼采把这种自我精神治疗获得的成果称为“痊愈之陶醉”[⑤]。从尼采的这些说法大致可以看出，浪漫主义在尼采看来主要是一个与“病理学”相关的问题，而他对浪漫主义的反对，正如他自己所说，主要着眼于“病理学”的角度。尼采对浪漫主义的分析并无意为浪漫主义作出某种学理上的界定、厘清，事实上我们很难找到尼采对浪漫主义的观念或主

---

① 有关恩斯特·贝勒尔的观点，可参见 Adrian Del Caro，*Nietzsche Contra Nietzsche*：*Creativity and the Anti-Romantic*，Louisiana State University Press，1989，pp. 7—8. Azade Seyhan，*Representation and its Discontents*：*the Critical Legacy of German Romanticism*，University of California Press，1992，p. 137。贝尔默的观点参见 Max L. Baeumer，“Nietzsche and the Tradition of the Dionysian”，In *Studies in Nietzsche and the Classical Tradition*，Edit. James C. O' Flaherty，Timothy F. Sellner，and Robert M. Helm，The University of North Carolina Press，1976。

② 参见 Adrian Del Caro，*Nietzsche Contra Nietzsche*：*Creativity and the Anti-Romantic*，Louisiana State University Press，1989，pp. 125—126。

③ 参见尼采《自我批判的尝试》，周国平译，载《悲剧的诞生》，生活·读书·新知三联书店 1986 年版，第 278—279 页。

④ Nietzsche，*Human*，*All too Human*，Tran. R. J. Hollingdale，Cambridge University Press，1986，p. 210.

⑤ Nietzsche，*The Gay Science*，Tran. W. Kaufmann，Vintage Books，1974，p. 32.

张的细致分析，他的真正用意在于给浪漫主义作出“生理学”或者“心理学”的诊断，看看浪漫主义作为一种疾病，其症结何在。对尼采的这种说法，应始终把握以下一点：在尼采那里，所谓“病理学”，其对象是“生命”，病理学的诊断是要确定生命的某种状态，洞悉生命的某种趋势、动向。但“生命”一词在尼采的语汇中并不单指人的生命，而总是关涉生命整体，即自然、世界，这也就是《悲剧的诞生》中酒神所代表的作为生成过程的“自然原始生命”，同时也是尼采后期的重要概念——“强力意志”所意指之物。所以，生命在尼采那里首先是一个形而上的概念，“病理学”也并不隶属于现代医学、自然科学，而是具有形而上的意味。从“病理学”出发对浪漫主义作出诊断，也就始终是着眼于生命、着眼于强力意志，对浪漫主义作出某种评判。

在《快乐的科学》第 4 部分第 370 节中①，尼采以“何谓浪漫主义”这一问题为标题，探讨浪漫主义的根源和本质，对浪漫主义所代表的生命趋向作出诊断。尼采认为，一切艺术、哲学都是为生命服务的，作为生命的治疗和援助，它们以痛苦和痛苦者为前提。但是，有两种不同的痛苦者，一种是“苦于生命的过剩的痛苦者”，一种是“苦于生命的贫乏的痛苦者”。前者出于充实、丰盈的生命力量，需要酒神艺术和对世界的悲剧认识；后者由于生命的疲弱，需要某种艺术和哲学，这种艺术和哲学或者作为生命的清静剂来平复痛苦，以获得灵魂的安宁，或者作为某种巨大的刺激使生命摆脱疲惫、涣散、虚弱之感。在尼采看来，浪漫主义者就是这种苦于生命贫乏的痛苦者，艺术和认识中的浪漫主义就是顺应浪漫主义者的上述双重需要而产生的。

尼采进一步从艺术创造中“创造性的力量是什么”这一问题，来分析浪漫主义的根源。对应于以上两种不同的痛苦，创造性的力量可以是“过剩”，也可以是“饥饿”，尼采把这两种不同的创造力作为评

① 参见尼采《快乐的科学》，周国平译，载《悲剧的诞生》，生活·读书·新知三联书店 1986 年版，第 253—255 页。这一节文字尼采经过修改后还用在《尼采反对瓦格纳》中，见 *The Portable Nietzsche*，Trans. W. Kaufmann，Viking Press，1982，pp. 679—671。

判创造价值的尺度，但这一尺度又总是与另一判断的尺度相纠结，这另一尺度着眼于推动着创造的动机：

> 创造的动机究竟是对凝固化、永久化的渴望，对存在的渴望，抑或是对破坏、变化、更新、未来、生成的渴望。①

将以上两种区分的尺度结合在一起，尼采便给浪漫主义定了性：浪漫主义乃是出于饥饿的求存在的意志，它正好是那种出自生命丰满的、作为求存在的意志的古典类型的对立面。可见，尼采首先是在生命的过剩与饥饿的区分中确定浪漫主义的本质的，由此也可以看出，在尼采那里，浪漫主义不能确立自身的本质，而必须从与它相对立的他者之处获得某种规定性，也就是必须从古典类型那里获得规定。正如饥饿作为一种匮乏，始终只是对丰满的生命力量的否定。

所谓生命的丰满、过剩等这些说法，必须放在尼采的强力意志概念之中才能得到恰当的理解。不过，我们暂且不去对强力意志概念作出细致的分析，而只是指出这一理解：生命的丰满，其实质就是生命的提高、增长、上升。实际上，这也就是自然的生成过程的另一种说法：在第一章中，我们曾经把丰产的酒神自然的生成过程解释为“过度”，即对界限的创造、逾越、重新创造的绵延不绝的过程，生命的丰满也就是这种对界限的创造、跨越、再创造中的上升趋势。与之相反，生命的饥饿、匮乏，也就是生命的下降、衰退、缩减的趋势，生命无能冲破阻碍、跨越界限并创造新的界限。② 按照以上对生命之丰满的理解，源自丰满的求存在的创造在尼采看来是对事物的美化、理想化。这种创造总是把自身的丰满赋予事物，使事物体现着自身提高了的形象，反映自身的丰满，如此便同时提升着事物，将之带入更具

---

① 尼采：《快乐的科学》，周国平译，载《悲剧的诞生》，生活·读书·新知三联书店1986年版，第254页。

② 与“生命”概念一致，“过剩”“饥饿”等词语在尼采这里也是在形而上的层面上使用的，因此，尼采按照过剩还是饥饿对创造的区分，与通常按照基本的生命欲求满足与否，按照精力是否过剩，而从生物角度对审美创造的发生的理解完全不同。

光辉的外观之中。这种求存在的意志是对生成的创造物的肯定、赞美，因而也是对作为生成的生命本身的肯定。相反，对衰落的生命而言，由于无能提高、上升，则一切提高、上升都成为对其自身生存的否定，作为生成的自然使之受到折磨，感到痛苦，因而衰落的生命反对生命的提高，而企图将自身衰弱的生命固定化、永久化，变成“有约束力的法则和强制”，使事物也成为这种衰弱、匮乏的表现。在这种求存在的意志中，匮乏的生命企图将衰败的生命固定下来，成为对生命本身的反对。按照尼采的说法，这是“苦难深重者、挣扎者、受刑者”的“施虐意志”，以自身的衰败“报复”万物，[①] 阻断生命向上的趋势，将事物拉向衰颓的深渊。因此，作为生命之丰满的求存在的意志，古典类型是上升的、强健的生命的创造，是对生存的“感激和爱”，是“对所经历的幸福表示感谢”；而作为生命之匮乏的求存在的意志，浪漫主义是虚弱的生命“对现实的不满”，是对生命的憎恨、否定。

尼采关于古典—浪漫的对比很可能受到了席勒和歌德的启发。席勒和歌德就曾把古典与浪漫的对立看作健康与病态的对立。然而，尽管尼采可能采用了席勒和歌德的看法，但他实际上已经在不同于他们的意义上理解古典主义和浪漫主义的对立。虽然在这里尼采似乎主要是把浪漫主义和古典主义作为艺术和审美的问题来处理，但在根本上，尼采是从强力意志的生命概念出发，对古典主义和浪漫主义作出区分，艺术和审美也始终是在强力意志的涵盖之下。由此，尼采才得出对浪漫主义的以下诊断：浪漫主义代表着生命的下降、衰颓的趋势，这种趋势根本上违背了生命的实质，因此是生命对生命自身的反对与憎恨、贬低与诟病。尼采对浪漫主义的其他批评根本上也都着眼于这一“病理学”上的诊断。例如，尼采认为浪漫主义抛弃、破坏法则，是缺乏规则的现代心灵的体现。从以上的诊断来看，浪漫主义对

① 尼采：《快乐的科学》，周国平译，载《悲剧的诞生》，生活·读书·新知三联书店1986年版，第255页。

法则的拒斥，实际上是因为无能于法则。由于力量的衰退、意志的涣散，浪漫主义者缺乏控制、约束的力量，也就是缺乏创造、赋形的力量。此外，浪漫主义对过往文化的倾慕之情在尼采看来是一种对所谓“异国情调”的追寻，而这种对遥远时空的新奇事物的崇尚也仍然是出于对自身、对现实的不满，是出于匮乏而向外搜寻、索取，渴求另一种不同的世界。

浪漫主义是生命的下降、衰颓的趋势，是生命对自身的反对，因而是生命本身所患的一种疾病，而这种疾病就是——颓废。在尼采看来，作为生命本身罹患的一种疾病，颓废的根本特性，其首要的表现就是生命的涣散、整体控制力的瓦解，即无能掌握、控制生命内部各种冲突、斗争的力量。[①]

但是，颓废作为生命下降的趋势，却是上升着的生命的必然伴随现象，它是生成过程的必然结果，所以，尼采说：

> 垃圾、衰败、废品并不是什么本身要受谴责的东西：它们乃是生命、生命增长的一个必然结果。[②]

因此，虽然尼采也常常把颓废当作现代精神的特性，但在他看来，颓废并不是某个时代、某个类型的人类或种族的独特标志，而是属于一切时代、一切阶段：

---

① 尼采从风格上描述了颓废的基本表现：“各种文学颓废的标志是什么？就是生命不复处于整体之中。词不可一世，脱离了句子，句子扩张而遮蔽了段落的意义，段落又以牺牲整体为代价而获得生命——于是整体不再成其为整体。然而，这是每种颓废风格的象征，永远是原子的混乱无序，意志的涣散……”参见尼采《瓦格纳事件》，周国平译，载《悲剧的诞生》，生活·读书·新知三联书店 1986 年版，第 297 页。关于这段文字，马泰·卡林内斯库指出，实际上来自保罗·布尔热的《当代心理学论文集》，可见法国的颓废现象和对颓废问题的思考对尼采产生过一定影响。参见马泰·卡林内斯库《现代性的五副面孔》，顾爱彬、李瑞华译，商务印书馆 2002 年版，第 201、202 页。这一事实也有助于我们理解，为什么尼采说瓦格纳、叔本华等这些颓废者在法国更受欢迎。参见尼采《尼采反对瓦格纳》，陈燕茹、赵秀芬译，山东画报出版社 2002 年版，第 89 页以下。

② 尼采：《权力意志》，孙周兴译，商务印书馆 2007 年版，第 978 页。

> 人类其实不是一个整体：它是一个由种种上升和下降的生命过程组成的无法分解的多样性……颓废也属于人类的所有时代：到处都有渣滓和衰败材料，这就是生命过程本身，没落产物和残渣产物的排泄。[①]

由于颓废是生命增长的必然结果，因此甚至繁盛、进展的时代中颓废更加不可避免：

> 事实上，任何一种伟大的增长都会带来一种巨大的分裂和消亡：痛苦、没落的征兆属于大步前进的时代。[②]

既然是生命增长的必然现象，那么，颓废就是不可消除的。但这并不是说，我们应该顺应颓废，与颓废和睦相处。我们所应做的，是认清颓废，警惕其危险，并确保生命的健康部分不受颓废的感染。尼采区分了真正的健康和彻底的颓废的不同，并揭示出颓废的另一个重要的特性。健康不是与疾病截然相反的状态，健康不在于没有疾病，而在于意识到疾病的危害，抵制疾病，与疾病作战并克服疾病。彻底的颓废却是不把疾病当作疾病，反而把疾病、衰颓本身当作崇高之物，装扮、掩饰颓废，使之显得像是上升的生命趋向。所以，颓废在尼采看来还是一种欺骗和作假，是把生命的下降当作目标来期盼、推动、促进。颓废不仅仅是生命下降的趋势，在根本上，颓废是主动意愿下降、衰落，意愿疾病，因而颓废是对毁灭、虚无的渴望，是求没落的意志。而作为求虚无、求没落的意志，颓废是强力意志的特殊形式，下降的生命企图成为统治的力量，主宰、控制生命的进程。

或许是在这个意义上，尼采将自己与瓦格纳、与浪漫主义区分开来。在《瓦格纳事件》中，尼采说自己和瓦格纳都是颓废者，但瓦格纳错以颓废为健康，顺应颓废，意愿颓废；尼采则与颓废作斗争，并

① 尼采：《权力意志》，孙周兴译，商务印书馆 2007 年版，第 772 页。

② 同上书，第 534—535 页。

力图从这种生命的疾病中痊愈。

尼采对浪漫主义的“病理学”诊断，与他对叔本华和瓦格纳的理解密不可分，他把叔本华和瓦格纳作为浪漫主义的典型病例：叔本华是认识上的浪漫主义，而瓦格纳是艺术上的浪漫主义。所以，尼采对浪漫主义和颓废的批评，只有放置在他对叔本华和瓦格纳的批评的语境中才能得到更为深入的把握。

二 瓦格纳：忠诚还是拯救

瓦格纳在尼采的精神成长中起了不可估量的作用，尼采的青年时代与他同瓦格纳的交往密切相关，这对他们双方而言都是不可抹去的深刻记忆，也是影响深远的思想体验。尼采早期的思想成果与瓦格纳不无联系，正如与叔本华不无联系一样。尼采的第一部公开出版的著作《悲剧的诞生》就是献给瓦格纳的，而且书中有相当一部分内容评述瓦格纳的音乐。不管在精神实质上尼采多大程度上是独立的，至少表面上看来，尼采的青年时代俨然是一个“瓦格纳之徒”，他也确实曾以“瓦格纳之徒”自居。[①] 的确，瓦格纳无疑是他那个时代乃至整个西方音乐史上最具影响力的音乐家之一，他引发了音乐和戏剧创造上的一系列重大变革。他的歌剧——他自己称其为“音乐戏剧”——在内容上多取材于民间神话和英雄传说，在音乐的形式上则创造出能够造成宏伟气势的“主导动机”，使音乐成为激情的表达。瓦格纳通过他的音乐创作实践和大量理论著作，致力于探索所谓“总体艺术作品”，力图使各种艺术门类不再相互分离隔绝，而是彼此形成整体。所有这些，对青年尼采具有相当的吸引力，与尼采有关酒神的观念、

① Nietzsche, *Ecce Homo*, Tran. W. Kaufmann, In *On the Genealogy of Morals*, Vintage Books, 1967, p. 249.

高贵生存的理想，以及对文化完整性的追求相契合。在早期尼采看来，瓦格纳代表着高贵文化的理想，是悲剧精神在现代的复兴，瓦格纳的音乐是德国文化中酒神力量的苏醒和表达。但是，当尼采后来不遗余力地批判浪漫主义时，瓦格纳是其抨击的主要靶子之一，尼采将其视为艺术上的浪漫主义，甚至可以说，正是对瓦格纳，当然还有对叔本华和基督教的深入洞察，使得尼采将浪漫主义作为对现代文化精神的总结，并对之进行批判。比照尼采早期对瓦格纳的高度赞誉，尼采后来对瓦格纳的严厉批评以及他与瓦格纳的决裂就让人颇为费解，何以尼采对瓦格纳的评价前后有天壤之别，尼采在何种意义上赞赏瓦格纳，又在何种意义上批评瓦格纳？

按照尼采自己的解释，他前期对瓦格纳的理解实际上与瓦格纳本身关系不大，[①] 他自始至终说的是他自己的思想，是从他自身的思想出发来看待瓦格纳的。尼采赞美或批评瓦格纳均出自同一个原因：赞美瓦格纳，是因为尼采曾认为瓦格纳和他自己的思想是一致的，瓦格纳和他从事共同的事业，追求共同的目标，即对抗现代文化，在现代世界建立一种全新的文化；而批评瓦格纳并与之决裂，则是出自一种巨大的失望，他认为在早期他误解了瓦格纳，瓦格纳实际上是现代文化最集中的体现。

如此，深入考察尼采对瓦格纳的态度，同时也可以成为追索尼采本人思想脉络的重要途径。《瓦格纳在拜洛伊特》《瓦格纳事件》《尼采反对瓦格纳》是尼采集中处理瓦格纳问题的三个重要文本，其中，《瓦格纳在拜洛伊特》是尼采对瓦格纳的正面称赞，而《瓦格纳事件》《尼采反对瓦格纳》集中体现了尼采对瓦格纳的批评。我们可以这三个文本为主要依据，从赞赏与批评的鲜明差别中透视尼采的思想主张。

《瓦格纳在拜洛伊特》是《不合时宜的考察》中的第四个考察。虽然它是对瓦格纳的正面评价，但实际上尼采在写这篇文章时，他与

① 参见 Nietzsche，*Ecce Homo*，Tran. W. Kaufmann，In *On the Genealogy of Morals*，Vintage Books，1967，p. 274。

瓦格纳之间已经存在分歧，并且开始有公开的争吵，尼采甚至不想出版这第四个“不合时宜的考察”①。《瓦格纳在拜洛伊特》一文常常不加说明地引用瓦格纳的文字，基本的用意却是要以瓦格纳来反对瓦格纳自身。可以说，早在尼采对瓦格纳公开赞扬的时候，他已经开始对瓦格纳有所批评。这可以部分地说明，尼采对瓦格纳的态度的转变是他长久思考的必然结果，与私人恩怨无关，尼采与瓦格纳的决裂完全是一个文化上的事件，有着更高的精神旨趣。同时，从中也似乎可以在一定程度上印证上述尼采的自我解释，即认为自己早期借瓦格纳的形象说出的不是瓦格纳，而是他自己。也正因如此，这三个文本在表面上的鲜明差别中却贯穿着思想上的某种一致性，在前期称赞瓦格纳的地方恰恰构成后来对瓦格纳的批评。

在《瓦格纳在拜洛伊特》和《瓦格纳事件》中，尼采对瓦格纳的艺术作品的主题进行了简要概括，前后得出不同的结论。《瓦格纳在拜洛伊特》认为瓦格纳的主题是“忠诚”，《瓦格纳事件》则认为瓦格纳只深入思考“拯救”问题。以这两种对瓦格纳主题的不同概括为不同的出发点，相应地，尼采对瓦格纳戏剧的解释也前后截然不同。因此，从忠诚和拯救这两个不同的主题入手，可以考察它们的对立在尼采那里所具有的内在寓意，以及尼采在对瓦格纳的评价中所体现出来的思想主张。

• 忠诚

在《瓦格纳在拜洛伊特》中，尼采认为，忠诚的问题是瓦格纳思考、创造的核心。瓦格纳在他的作品中创造了一系列有关忠诚的形象：《罗恩格林》中爱尔莎忠诚于罗恩格林，《汤豪赛》中伊丽莎白忠诚于汤豪赛，《漂泊的荷兰人》中森塔忠诚于荷兰人，《尼伯龙根的指环》中齐格弗里德忠诚于浮旦，等等。瓦格纳之所以孜孜以求忠诚问

---

① 参见 Nietzsche，*Untimely Meditations*，Tran. R. J. Hollingdale，Cambridge University Press，1997，“Introduction”。

题，之所以每每通过他的作品传达各种可能的忠诚形象，在尼采看来，正是因为瓦格纳在自身天性之内体验到有关忠诚的问题，忠诚是他的内在本能中所发生的事件。

《瓦格纳在拜洛伊特》把忠诚看作瓦格纳思考的核心问题，是他的内在天性经历的中心事件，这实际上可以视为尼采自己对忠诚问题的深入探讨。以忠诚问题为中心，《瓦格纳在拜洛伊特》追踪两个主要线索：第一，瓦格纳天性中的戏剧性因素的破壳而出、生长成熟，或者说瓦格纳作为“酒神颂戏剧家”的生成过程；第二，瓦格纳思考的问题——音乐在现代兴起意味着什么。前者可以看作尼采对什么是忠诚这一问题的思考，后者则回答在现代文化的境况之下，如何能保持忠诚。

根据第一个线索可以推测出，忠诚问题关乎酒神颂戏剧家的自我成全，关乎酒神颂戏剧家之成其自身。尼采首先描述瓦格纳生活中的“前戏剧阶段”。在瓦格纳的少年时代，他还没有成为一个艺术家，用尼采的话来说，他还没有成为他自身，他的种种特性还没有显示出一个艺术家的征兆。这是因为，艺术家天生的高度模仿力使他比常人更容易受到现代生活的侵扰，这使他过于早熟，他在少年时代却更像成人。而艺术家的成熟是返璞归真，是在其成年时反而成为孩童。当瓦格纳的戏剧性因素开始凸显成型，当他作为戏剧家开始逐渐向自身转变时，他的天性简化成为“两种本能或领域”。一种本能是他的“主导激情”，是奔腾冲撞、四处寻求出路、渴求强力的激烈意志，是潜藏的暗流，这是瓦格纳天性中“阴暗的、狂暴不羁的部分”，这种本能如果没有得到好的引导，没有向着正确的方向发展，将会导致灾祸。另一种本能是“完全纯洁、自由的力量”，是瓦格纳天性中“创造的、清白的、更其光辉的部分”，唯有这一力量可以给前一种本能指明道路，使其通向“善和仁爱”[1]。而瓦格纳在其天性中所体验到的

---

① 参见 Nietzsche，*Untimely Meditations*，Tran. R. J. Hollingdale，Cambridge University Press，1997，pp. 201—203。

忠诚，就是他的纯洁的、光明的本能对汹涌泛滥的狂暴本能的忠诚。前者守护着后者，为其开山引道，保驾护航，使其免于无尽的放纵与过度。瓦格纳天性中的一部分对另一部分的忠诚使瓦格纳作为戏剧家成其自身。

尽管在对瓦格纳的这一分析中，尼采完全没有使用酒神、日神这两个《悲剧的诞生》中的中心概念，但尼采对瓦格纳天性中两种本能力量的区分，显然与他对自然的酒神冲动与日神冲动的区分有内在关联。我们可以在这两者之间找到某种对应关系。在尼采对希腊悲剧的分析中我们看到，酒神和日神是自然的两种本能冲动，同时也是两种相反的艺术力量，这两种艺术力量的结合孕育分娩了希腊悲剧。关于这一点，尼采特别强调，自然的酒神冲动在其他地方都表现为狂暴野蛮的性放纵，只有在希腊人这里成为艺术现象，创造出光辉的希腊悲剧，这正是因为日神力量在酒神冲动泛滥之处发生作用，是日神力量与酒神力量之间达成和解。人的艺术力量来自自然本源的艺术力量，一切人间的艺术都是自然艺术力量的显现。瓦格纳这一人间艺术家，其天性简化为两种本能，这恰恰可以看作从自然禀赋而来的两种艺术力量。正如悲剧诞生于日神力量对酒神力量的约束性显现，瓦格纳天性中的一种本能对另一种本能的忠诚就是他作为酒神颂戏剧家的自我实现。我们大致可以认为，忠诚不仅是在瓦格纳这一人间艺术家天性内发生的事件，它还是而且首先是自然两种艺术力量之间发生的事件：忠诚首先是日神对酒神的忠诚，正是这一忠诚产生出阿提卡悲剧或说酒神颂戏剧。就此而言，忠诚绝不仅仅是一个伦理概念，由于酒神和日神是尼采对自然的总体把握，具有形而上的意味，因而也必须在形而上的层面理解忠诚。

现在我们还只是获得了对忠诚最浅表问题的回答，即谁忠诚于谁的问题，而对忠诚的内涵、忠诚究竟是什么样的事件还并不明了。既然忠诚涉及酒神颂戏剧家的自我成全，那么，我们可以在对尼采有关酒神颂戏剧家的描述中进一步思考尼采所说的忠诚的内涵。《瓦格纳在拜洛伊特》中有两处关于酒神颂戏剧家的详细描述。在一处描述中，尼采提到在酒神颂戏剧家的灵魂中有一种"真正的奇迹"，这是一种"交错"[①] 的感受。一方面，当酒神颂戏剧家异常清醒地面对世界时，他感到惊愕异常，从而企图用"纵情的嘲弄"来对待这种因对世界的洞察而导致的印象，企图远离、向上超出这一世界。但另一方面，他又渴望接近这一世界，渴望从高处向下降临于大地，渴望在对世界的爱中达到自弃。这种交错的感受中既包含对世界的"可怕的理解""放肆的洞察"，也有"慈爱的亲近""欢快的自弃"。[②] 正是从其对世界的交错感受中，酒神颂戏剧家创造出了悲剧作品。有关"交错"的描述，在尼采那里曾多次出现，例如，他认为，在瓦格纳的发展过程中，两种本能力量之间发生着变化，两种力量越来越紧密地交错。之前，纯洁、光明的那部分本能对狂暴的本能的服务是俯就，现在，前者出于对后者的"爱"，为后者的服务成为一种必然的行为，当达到完全的融合，光明的本能就寓于狂暴本能之中，而狂暴本能并不停息它的奔流汹涌，但朝着光明本能所昭示的方向。另外，在《悲剧的诞生》中，我们也看到种种交错：陷入酒神迷狂中的人痛苦与狂喜的交错，悲剧观众既想观看又希望超然于观看之上的交错，悲剧艺术家同时作为音乐家与造型艺术家的交错，音乐与言辞、与形象世界的交错，可见世界与不可见世界的交错，生成之流中创造与毁灭的交错。在尼采那里，所有交错最终都可以归结为日神与酒神的交错。因此，我们也必须在日神与酒神的交错中来解释尼采所说的酒神颂戏剧家感受中的交错：对世界的惊诧错愕来自艺术家作为日神领域中有界限、有尺度的个体生者对自然酒神本质的深切领悟；对世界的爱则是他意识到他与本质上作为酒神的自然的亲缘关系，他从万物一体、生成流变的自然中产生，对自然的爱是对母怀的爱、对原生地的爱，而

---

① 交错（Kreuzung），R. J. Hollingdale 译为 hybrid，John Sallis 译为 crossing。前者侧重混合、杂交之意，后者则侧重"交叉""交错"。就语境而言，似乎后一种译法更为恰当。John Sallis 的译法见 John Sallis，*Crossings*：*Nietzsche and the Space of Tragedy*，The University of Chicago Press，1991。

② 尼采：《瓦格纳在拜洛伊特》，周国平译，载《悲剧的诞生》，生活·读书·新知三联书店 1986 年版，第 142 页。

对世界的爱的感受可以看作对前一种感受的克服。

日神与酒神的交错，是自然本身的两种力量的交错。当酒神颂戏剧家在对自然的交错感受中最终作为一个“爱者”接近自然时，自然本身的交错由于酒神颂戏剧家的创造行为而变得可见：

> 迄今不可见的、内在的东西，在视觉领域里得救，并且变成现象；迄今仅仅可见的东西逃入幽暗的音响之海。所以，当自然试图掩饰自己的时候，她暴露了她的矛盾的实质。①

使自然显露其双重实质，在尼采看来就是酒神颂戏剧家的特色，因此，在另一处描述中，尼采通过对瓦格纳的分析描述了酒神颂戏剧家的这一本质：

> 我们最真切地感到，在瓦格纳身上，世界的一切可见之物都想深化和内化为可闻之声，并且寻找着它们失落的灵魂；同样地，在瓦格纳身上，世界的一切可闻之声也想显现为可见之物，仿佛想获得躯体。他的艺术总是引他走一条双向的路，从一个听觉剧世界到一个与之有神秘亲缘关系的视觉剧世界，或者相反。他（我们的观察者和他一起）不断地受到驱迫，要把可见的动荡移回到心灵和原始生命中去，又要看见内心最隐秘的活动，给它们安上外观和躯体。这一切正是酒神颂戏剧家的特色……②

尼采还补充说，酒神颂戏剧家这一概念同时包含演员、诗人和音乐家。很明显，尼采有关酒神颂戏剧家的观念，与他在《悲剧的诞生》中阐发的思想一脉相承。在此，尼采认为酒神颂戏剧家是在交错的感受中创作了悲剧，而在《悲剧的诞生》中，尼采认为，酒神颂戏剧家同时作为酒神艺术家和日神艺术家，以音乐和形象世界对自然进

① 尼采：《瓦格纳在拜洛伊特》，周国平译，载《悲剧的诞生》，生活·读书·新知三联书店1986年版，第142页。

② 同上书，第138—139页。

行双重的模仿，作为对自然双重模仿的结果，悲剧使自然的本质得以显现。可见世界与不可见世界的关系，也就是音乐与形象世界的关系，在根本上是自然的日神力量与酒神力量的关系。

总结以上分析，关于酒神颂戏剧家我们可以得出几点信息：第一，从其作为艺术家的先天禀赋来看，酒神颂戏剧家天性中的两种力量秉承自然，是自然的两种力量涵盖于人，而这两种力量是其成为酒神颂戏剧家的先决条件。第二，从其对自然的感受来看，酒神颂戏剧家灵魂中的“交错”感受归根结底是日神与酒神的交错，在这种交错中更为根本的情感是爱。爱可以看作对自然的错愕感受的克服，戏剧家的创作可以看作对自然恐怖真理的克服。第三，从其创作过程来看，对自然怀有交错感受的时刻是其创作力迸发的时刻，他的创作是对自然的日神状态与酒神本质的模仿，由于日神以酒神为根基，这种模仿归根结底是对自然的酒神本质的模仿。第四，从其创作的成果来看，悲剧是音乐和形象世界的交错，是可见世界与不可见世界的交错。在这种交错中，自然本身日神力量与酒神力量的交错得以显现。

从这些信息我们来理解尼采意义上的忠诚，或者可以得出以下关键的方面。第一，日神对酒神忠诚，就是要保持两种力量应有的交错，而不是各行其是地发展。这在作为个体存在的艺术家方面，就是保持天性的完整，使其成为自身之所是；在自然方面，就是保持自然本身的完整，是自然的自我成全。第二，日神忠诚于酒神的方式，或者说保持交错的方式是：一方面，日神在形象世界中显现酒神的真理，使酒神这不可见的洪流变得可见，这种显现是在美丽的外观中的显现，因而成为对酒神真理的一种克服。使酒神洪流在一定的形象中显现，就是对酒神汹涌奔腾之力的规范和定型，使酒神力量按照一定的方式运行。另一方面，对酒神的定型不是对酒神的僵化，不是让酒神奔流、生成的过程停止，归根结底，日神以酒神为根本，日神必须回到酒神中以获取它存在的深度，可见的个体化形象世界的真正诞生地在酒神的不可见的流变之中。如果日神是光明之神，代表的是天空，是向上的高度，酒神则是大地，或者更确切地说，是深渊，是向下的深度。如同大树必须首先深深扎根于地底，然后才能获得生长的高度，深度更为根本，酒神是日神的根本，日神从酒神生长而来。而日神对酒神的忠诚，就是遵从这一根本，并向上寻找生长的方向，使从地底而来的生命脉流成为有形的可见之物。第三，在尼采那里，酒神是生成的代名词，而日神是个体化的存在世界，那么，日神对酒神的忠诚，根本上是存在对生成的忠诚，保持日神与酒神的交错，在根本上也就是保持存在与生成的合一。

在此需要提及一点，从酒神与日神的关系来思考尼采有关忠诚问题的论述，我们大致可以触摸到尼采有关艺术“伟大风格”的思想的雏形。而伟大风格的理想对尼采的艺术形而上学思想、对他有关古典的观念至关重要。[①]

忠诚是保持交错、保持自然力量的完整，但在交错、融合中存在分离的可能性，在保持忠诚的过程中有不忠的诱惑——每一种力量都想从其他力量中挣脱出来，获得单独的满足。这种彼此隔绝朝着不同的方向自行发展所带来的危险是：不同的力量之间冲突争夺，彼此分裂，破坏整体。这既威胁着作为个体存在的艺术家的自我保全，也威胁着自然的完整。就艺术家个人而言，他的发展过程同时也是与不忠诚的可能性斗争的过程，即抗拒与成为自身之所是背道而驰的发展倾向；就自然而言，在自然力量已然分裂涣散的现代，需要迫切思考的首要问题就是如何恢复自然的完整。

《瓦格纳在拜洛伊特》的第二个线索就是寻求对这一问题的回答。在这一线索中，尼采通过瓦格纳思索以下问题：音乐在现代兴起意味着什么？现代是缺乏艺术精神的时代，现代文化是非艺术的文化。艺术在现代沦落为满足上流社会的所谓有教养之士虚假需要的工具，现代艺术或者是麻醉，或者是刺激，其根本目的在于使人回避自己，摆脱生存的无聊和贫乏。在这样的时代，却出现了一系列伟大的音乐

① 可参见本书第四章。

家，出现了真正的音乐，这是偶然的事件还是出自必然？真正的音乐在这样的时代出现预示着什么？

尼采认为，瓦格纳从两个方面回答了这些问题。第一个回答与语言在现代的衰落相关。在尼采看来，原初的语言表达情感，它使人在“最简单的生命需求”上可以向他者传达自身，并因此使人与人之间互相沟通、理解。对尼采的这一说法，我们不能只从心理学和一般的人际交往的意义上来理解，“情感”在尼采那里绝不仅仅具有现代心理学上的含义，单单指称人的几种心理过程之一种，而是具有形而上的意味。按照海德格尔的解释，在尼采的概念中，感情往往直接指涉意愿、强力意志，[①] 而强力意志概言之是对生命整体的基本规定，强力意志、世界、生命等词语在尼采那里表示的是同一个东西，也就是尼采以酒神所命名之物。语言表达情感，换言之，语言就是自然最本质的生命冲动的表达，是自然的酒神力量的自我显现方式。原初的语言就是自然本身的语言，一切人类的语言都在其中有隐秘的根源。通过这种语言，人可以“朴素地说话”，传达人的“正确情感”[②]。尼采提出“正确情感”这一概念，实质上就是要强调情感的形而上根源。人的情感是源生于自然的情感，是自然大生命的力量贯穿于人。原初语言之所以使人可以传达自身，彼此理解，是因为这种语言传达的是一切个体生命所共有的特性。人在自然的生命中联生共存，因而也在自然生命的语言上联生共存。

但现代语言在尼采看来不再是原初的语言，而是衰落的语言、病态的语言。因为现代语言失去了它本来的特性和职责，不再能表达情感，而是以概念和词表现理性的思想，人成了理论家，用概念说话。

---

① 参见马丁·海德格尔《尼采》，孙周兴译，商务印书馆 2002 年版，第一章第 8 节。强力意志思想是尼采后期形成的重要思想，把感情看作强力意志，或者确切地说是以感情来作为对强力意志的说明，其明显的证据也是在尼采的后期文本中出现的。但尼采强力意志思想与他早期以酒神所阐发的思想关系密切，而“感情”与作为生命冲动本身的酒神的联系，在《瓦格纳在拜洛伊特》中也可以找到佐证。

② Nietzsche, *Untimely Meditations*, Tran. R. J. Hollingdale, Cambridge University Press, 1997, p. 215.

尼采的这一判断所指向的，是现代性对语言的形而上根基的破坏。理性主义在人生存的一切领域的扩张也导致了语言的堕落，语言远离了自然，不再是自然生命冲动的表达，而沦落为理性的工具。概念化的语言使人成了“词的奴隶”，无法传达自然的生命冲动，同时，由于生存根基的抽离，如今支配人的是“不正确的情感”，即远离了自然、远离了原初生命冲动的情感。这样一来，现代语言不能使人很好地自我传达，同时，不正确的情感使人失去了自然的生命冲动，因而也失去了在自然中的联生共存，由此导致的必然结果，就是人与人之间的隔绝、疏离、互不理解。现在，人类在自然生命意义上的情感的一致性已经失去，但词和概念的语言又要求某种普遍性，人类便开始遭受“约定俗成”的痛苦。①

在衰落的语言左右着人的生存的现代，音乐的兴起意味着原初语言的回归。根据上述解释，原初语言是情感的表达，因而是自然生命表达自身的语言。从《悲剧的诞生》和《瓦格纳在拜洛伊特》中，我们大致可以总结出尼采对音乐的几个论断：音乐是酒神艺术；音乐是世界的直接再现；真正的音乐能够清晰地表达激情。② 这三个论断说的是一回事，即音乐是自然酒神冲动自我倾诉的语言，像原初语言一样，音乐表达作为自然生命本身的情感，原初语言与音乐根本上具有亲缘性，都是自然表达自身的方式。也正是在这个意义上，尼采说，在现代兴起的音乐是“向自然的复归”，同时，由于创造这种音乐的艺术家心中怀着对自然的爱，通过音乐自我倾诉的自然是沉浸于爱中的自然，从而这音乐不仅仅是“向自然的复归”，它还是“自然的净

① 参见尼采《瓦格纳在拜洛伊特》，周国平译，载《悲剧的诞生》，生活·读书·新知三联书店 1986 年版，第 129 页。

② 尼采对音乐的第三个论断见于《瓦格纳在拜洛伊特》第 9 节对瓦格纳音乐的评价。尼采提出西方音乐发展的一个线路：先是伦理音乐，然后，贝多芬开始以音乐表达激情，但基本上仍受伦理音乐的旧模式的限制，到了瓦格纳，音乐才真正能够清晰准确地表达激情。与感情这一概念一样，激情在尼采那里也是对强力意志的一种说明。

化和改造”[①]。就这种音乐对人的影响而言，如同原初语言是人的正确情感的传达，在音乐中奏响的也是正确的情感，即出于自然生命的情感。正如原初语言使人与人彼此理解，音乐恢复了人类在情感上的一致性，消除了人为的隔绝、疏离，使人类摆脱“约定俗成”的痛苦。归根结底，音乐在现代的兴起，首先意味着自然酒神力量的复苏，是要通过音乐恢复生存的自然酒神根基，将生存置回一个总体性的统摄力量中去。

对该问题的第二个回答关涉文化形态的建立，是要从作为根基的总体性统摄力量出发，重新创造出人类生存的可见形式。在尼采看来，由于缺乏自然根基，现代人的生存形式是假象，是虚伪的自我掩饰，而音乐的兴起是要从音乐这一不可见的听觉世界中生发出全新的视觉形态：

> 音乐借这些心灵来期望自己匀称的姐妹——体操，如同期望自己在视觉领域的必然形态。在这寻求和期望中，她成为审判现代整个骗人的视觉世界和假象世界的法官。[②]

尼采用“体操”指称从音乐中产生的视觉形态，或者说音乐在可见世界中的形象化显现，这可以看作尼采对以自然为根基的全新文化形态的总体概括。体操是可见的形象，但非静止的、固定化的，而是在运动中的可见形象；它有一定的节奏，因而可以与音乐的韵律相合；体操有秩序、规范，有章法、技巧，在对运动的把握中见出总体的和谐；体操轻盈、灵巧，类似于舞蹈，而作为健身术它又蕴含着高度的力感，并且是一种对人的训育。从这些特性可以见出体操与音乐的紧密关联：体操是按照音乐的精神建立的形态，体操是音乐精神的视觉再现。

---

① 尼采：《瓦格纳在拜洛伊特》，周国平译，载《悲剧的诞生》，生活·读书·新知三联书店1986年版，第130页。

② 同上书，第131页。

从音乐中创造新的文化形态，使新的文化形态成为音乐在视觉世界中的可见形式。这一论断表明，首先，音乐恢复生存的自然根基，而按照音乐的精神建立形象世界，指的是一切文化形态必须从这一共同的根基中产生，文化的各个单独的形式在根本上是连成整体的。其次，音乐在现代的兴起绝不仅仅是狭义的艺术内部的事件，还涉及国家、社会、政治、教育、风俗等，涉及对世界的改变。用尼采的话来说，以音乐为基础并从音乐中创生的戏剧要产生强大的效果，必定同时使文化的其他一切领域发生变革，在艺术中"变得强大的爱和正义"，也必定伸展到其他各个领域。①

尼采认为瓦格纳看到了音乐与人生之间的关系，在这个意义上，瓦格纳是世界的简化者，因为他在不同的领域之间看到了联系，把世界视为不可分割的整体，力图恢复自然的完整。

从以上对忠诚概念的分析可以看出，在尼采眼中，瓦格纳对音乐问题的两个回答根本上仍是对忠诚问题的思考。音乐的兴起是原初语言的回归，这表明自然酒神力量在现代的回归，意味着忠诚的行为有所着落。而一切文化形态必须从音乐中产生，则表明日神的形象世界服从于酒神的不可见世界。在音乐中，自然的两种力量得以恢复，并在忠诚行为中最终实现了二者的完整。依照尼采的解释，酒神力量与日神力量的恢复，实现自然的完整，在根本上指示着希腊精神的复归。可见，当尼采认为瓦格纳深入思索忠诚问题时，他是或者说他期望把瓦格纳当作希腊精神的体现，瓦格纳在其自身之内体现忠诚，自我成全为酒神颂戏剧家，同时，在分裂的时代，他代表着酒神音乐的复兴，使分散的力量归属于统一的力量，使自然恢复完整。

• 拯救

瓦格纳作品中的全部艺术形象在《瓦格纳在拜洛伊特》中都被

① 参见尼采《瓦格纳在拜洛伊特》，周国平译，载《悲剧的诞生》，生活·读书·新知三联书店 1986 年版，第 123 页。

尼采看作对忠诚的阐释，但同样是这些艺术形象，在《瓦格纳事件》中却都有了完全不同的解释，尼采认为它们表达的真正主题是拯救：罗恩格林拯救爱尔莎，伊丽莎白拯救汤豪赛，森塔拯救荷兰人，齐格弗里德拯救浮旦。在尼采看来，瓦格纳歌剧中的任何角色都有被拯救的需要。瓦格纳歌剧中的形象似乎可以支持尼采的这种解释，因为他们似乎都需要一个他者来为自身摆脱险境，例如，《罗恩格林》中爱尔莎期待着罗恩格林这个神秘者的突然降临帮她摆脱困境，《漂泊的荷兰人》中那个受着永恒漂泊之苦的荷兰人只有通过森塔的拯救才能终止漂泊，在《尼伯龙根的指环》中浮旦只有等待齐格弗里德来为他完成他自身无法完成的事业，并由此使他获得拯救。

尼采还认为，瓦格纳的作品甚至也体现了瓦格纳自己的得救，《尼伯龙根的指环》所展示的就是瓦格纳自己被拯救的过程。[①] 瓦格纳曾经是革命的坚决拥护者，认为世上的不幸、灾祸来自“旧的契约”，只有通过向“旧的契约”开战，也就是通过革命才可以摧毁原有的旧世界，消除世界的灾祸，创造新世界。齐格弗里德就是这样一个向原有的传统、习俗，即“旧的契约”开战的革命家形象。简言之，革命就是向“旧约”宣战，齐格弗里德对浮旦的拯救就来自与“旧约”的战斗。尼采在这里使用“旧约”一词，似乎暗指犹太教的经典，如此，尼采对作为革命家的瓦格纳的概括，在某种程度上或许类似于对犹太教向基督教的变化的描述。所谓革命是与“旧约”开战，似乎可以理解为基督教以“新约”取代“旧约”。新约与旧约最主要的差别，简言之，旧约中没有耶稣，而在新约中耶稣作为救世主弥赛亚开始出现。据此我们大概可以说，相信革命相当于相信基督教的拯救，相信神圣上帝对人类的爱可以拯救人类，可以创造一个没有灾祸、不幸、

① 参见尼采《瓦格纳事件》，周国平译，载《悲剧的诞生》，生活·读书·新知三联书店 1986 年版，第 4 节。

苦难的新世界，而革命就相当于拯救的实现。[①] 从这一类似中，我们可以理解，为什么社会主义乌托邦在尼采那里实际上就是基督教彼岸世界的替代物，只不过是把基督教的彼岸得救的希望移回此世。革命家瓦格纳就持有这一关于未来美好世界的乐观主义世界观，《尼伯龙根的指环》原本是这乐观主义世界观的宣言。但是，瓦格纳突然面对叔本华的悲观主义哲学，这使他意识到革命世界观的浅薄，由此开始对自己的乐观主义感到羞愧，对没有灾祸的新世界的期望成为他的一种过错。他开始信奉叔本华的哲学，相信美好未来的乐观主义革命家由此放弃了对世界的乐观主义看法，不再相信革命、相信可以实现的没有灾祸的新世界，《尼伯龙根的指环》转而宣讲世界的虚无，承认现世本质上的苦弱、灾祸。悲观主义哲学家叔本华使得瓦格纳在悲观主义世界观中找到了新的归宿。而尼采不无讥讽地把瓦格纳的这种转变称为瓦格纳的得救。

我们可以认为，尼采通过《尼伯龙根的指环》对瓦格纳的剖析，意在揭示瓦格纳思想中基督教观念和叔本华哲学的双重交织。叔本华哲学和基督教都承认生命的苦弱：在叔本华，苦弱是生命的本质；在基督教，苦弱是生命之罪的证明。因此，无论在叔本华还是在基督教，生命都有被拯救的需要。但在拯救的后果，也即能否实现最后的拯救上，二者存在差别：基督教相信最后的拯救能够实现，但在叔本华看来，如前所述，这是一种浅薄的乐观主义，生命的最终拯救、生

---

① 在《瓦格纳在拜洛伊特》中，尼采也提到，瓦格纳在其发展的过渡阶段曾经是一个革命家，他期待未来时代的到来，期待着人民在未来时代出现，但这一未来时代并不是没有灾祸的黄金时代，而是更接近自然的时代，更真诚、更坦白的时代，具有优秀的文化形态，简言之是有悲剧信念的时代，人民则是自然本身的力量的表达者。革命就是要摧毁一切伪善的文化形态。另外，在《论道德的谱系》中，尼采曾说他在旧约中“找到了人民”。可见，尼采在《瓦格纳在拜洛伊特》中说瓦格纳是革命家，其意义与《瓦格纳事件》相反，用我们上述说法，可以说，不是从旧约到新约，而是要从新约返回到旧约。从中也可以看出，在尼采那里，体现在新约中的基督教是基督教本身的一种沦落。而原初的基督教，在尼采看来，甚至与希腊有相似的精神旨趣。参见尼采《瓦格纳在拜洛伊特》，周国平译，载《悲剧的诞生》，生活・读书・新知三联书店 1986 年版，第 8、11 节；以及尼采《论道德的谱系》，周红译，生活・读书・新知三联书店 1992 年版，第 120 页。

命从苦弱中的最终摆脱是不可能的。尽管二者在能否实现拯救上存在差别，但如果考虑到基督教的拯救是在来世、在彼岸世界，因而基督教并不认可现世的希望，那么，叔本华与基督教在对现世的否定上、在对生命的基本看法上并不冲突，基督教根本上也是对虚无的渴望。瓦格纳受叔本华影响，放弃革命的信念，尼采称为一种“拯救”，乃在以下意义上而言：瓦格纳彻底认同人自身的虚弱、生命本质上的虚无，放弃任何有关现世的通过人自身的力量获得拯救的可能性的信念，而一方面有拯救的需要，另一方面否认人在现世自我拯救的可能性，这两方面的合谋正好可能开放出朝向神圣上帝的道路。因此，瓦格纳思想中存在叔本华和基督教的双重影响，但在基本的精神取向上更趋近基督教，在一定意义上瓦格纳甚至是在叔本华那里找到了信奉基督教的支持。①

拯救问题在尼采看来是典型的基督教问题，通过断言瓦格纳深入思考拯救问题、瓦格纳的作品以拯救问题为主题，尼采便认为在瓦格纳的作品中充斥着浓重的基督教气息。瓦格纳认可拯救的必要性，其作品中的人物都有拯救的需要，而他通过他的作品也在向人宣讲拯救的必要，并激发人被拯救的需要。为什么需要拯救？因为现世的生命难以忍受，因为生命的原罪，因为人类的堕落。如漂泊的荷兰人受着永世漂泊的折磨，汤豪赛背负生命之罪。拯救的需要恰恰来自人对自身生命的贬低、否定，承认自身存在的谦卑、渺小，也就是承认原罪，因为在根本上只有罪者才需要被拯救。那么如何可以获得拯救？——信仰可以拯救。在尼采看来，《罗恩格林》显然是为基督教有关“信仰”的观念辩护，罗恩格林突然降临，拯救爱尔莎于险境，其前提在于爱尔莎对他的无端的信赖，在于爱尔莎对探询之禁令的服从：爱尔莎不能询问自己的丈夫罗恩格林的姓名和来处，否则将失去他。这与基督教的信仰观念极为类似：信仰高于理性，科学的探询是

① 参见尼采《论道德的谱系》，周红译，生活·读书·新知三联书店 1992 年版，第三章第 5 节。在此，尼采认为，正是有叔本华的哲学作为支持，瓦格纳才有勇气鼓吹贞洁，信奉禁欲主义理想。

有罪的，应遭到惩罚。在尼采看来，瓦格纳的作品也宣讲献身、贞洁、禁欲、服从等德行。如《帕西法尔》是对禁欲主义的信奉，对生命感官之爱的仇恨，《汤豪赛》中伊丽莎白则以她的贞洁拯救了汤豪赛。在基督教中，献身、贞洁、禁欲、服从等这些人间的德行以信仰为核心，都指向人的拯救。最后，谁来拯救？既然现世的生命如此谦卑、苦弱，那么唯有在现世之外、在人之外寻求拯救。正因如此，尼采在《论道德的谱系》中提到瓦格纳所持有的观念：在世上寻找拯救是无用的，到别的地方去寻找拯救，乃至到救世主的血中去寻找拯救。[①] 虽然瓦格纳的作品中拯救的实施者都是人，但是按照尼采的分析模式，他很可能得出以下结论：罗恩格林的神秘降临类似于道成肉身，对罗恩格林的信仰类似于对上帝的信仰，这样，能够实施拯救的唯有神圣的上帝。

尼采将瓦格纳的作品解释为基督教拯救主题的艺术表现形式，借此，他就给瓦格纳定了性，瓦格纳是基督教精神的体现者：瓦格纳"迎合一切基督教精神"，为一切彼岸世界的理想辩护；[②] 瓦格纳作为"衰败绝望的颓废者""突然颓丧无助地拜倒在基督教的十字架前"；[③] 瓦格纳向基督教和蒙昧主义理想倒退，宣讲"反转、皈依、否定、基督教、中世纪"；[④] 瓦格纳"基督教式地叹息，使人得以共睹伟大的基督教的同情"，而拜洛伊特音乐节中的瓦格纳追随者都是一些谦卑的基督徒。[⑤] 尼采对瓦格纳的这种评价，与《瓦格纳在拜洛伊特》形成鲜明对照。在《瓦格纳在拜洛伊特》中，尼采将希腊之后、迄今为止

---

① 参见尼采《论道德的谱系》，周红译，生活·读书·新知三联书店 1992 年版，第 78 页。

② 尼采：《瓦格纳事件》，周国平译，载《悲剧的诞生》，生活·读书·新知三联书店 1986 年版，第 311 页。

③ Nietzsche, *Nietzsche contra Wagner*, in *The Portable Nietzsche*, Trans. W. Kaufmann, Viking Press, 1982, p. 676.

④ Nietzsche, *On the Genealogy of Morals*, Trans. W. Kaufmann and R. J. Hollingdale, Vintage Books, 1967, p. 100.

⑤ 尼采：《瓦格纳事件》，周国平译，载《悲剧的诞生》，生活·读书·新知三联书店 1986 年版，第 296、317 页。

文化发展的历史归结为世界的希腊化和希腊的东方化这两方面因素彼此交替发展的历史，基督教作为东方化的力量，与希腊文化是正好相反的两种文化力量，而瓦格纳在尼采看来是基督教影响衰退之后希腊文化力量兴起的表现，尼采甚至将瓦格纳与埃斯库罗斯相提并论。作为代表希腊文化的力量，瓦格纳具有一种凝聚力，将文化的各个方面聚合成整体。但在《瓦格纳事件》中，如上所述，瓦格纳恰恰被认为是希腊的对立面——基督教文化精神的代言人。[①] 世界的希腊化在尼采看来是“世界的简化”，即文化的各个力量彼此关联、融合，使世界形成整体。由此，依照尼采的解释，必定会得出以下推论：作为相反的发展方向，现代基督教所代表的东方化倾向可能就是分裂、涣散的倾向。尼采对基督教的这种解释与一般的解释有些差别。大多数思想家在思考西方现代性问题时，一般认为基督教曾经是文化的整合力量，控制着生活的一切方面，而启蒙以来理性的过度发展导致基督教信仰的衰落，基督教对文化的整合力量丧失，使得现代西方文化处于分裂之中。也就是说，恰恰是基督教使世界成为统一的整体，而对基督教信仰的丧失导致分裂。尼采却认为，须到古希腊寻找文化完整的理想，基督教已经表现出涣散的倾向。尼采对基督教的看法与一般看法的这种对立，大致说来可以从以下两个方面解释。

第一，在尼采看来，理性主义和基督教之间并无根本的不同，现代科学以对真理的信仰为前提，而对真理的信仰，将真理设定为最高的价值，实际上仍然是对我们身处其中的这个世界之外的另一种存在的肯定，因而根本上与基督教对上帝的信仰是一致的，确切地说，理性主义从基督教对上帝、对最高存在、对彼岸理想的信仰中获得发展的前提，而基督教的理想在尼采看来是自柏拉图以来区分真实世界与虚假世界的集中体现：

---

① 尼采对瓦格纳的这一批评，不仅与尼采对瓦格纳音乐作品及思想的把握有关，也与瓦格纳后来对基督教的态度的变化有关。瓦格纳曾经因为卷入革命事件而被当局禁止进入德国达十多年之久，但瓦格纳回到德国后，有意与德国社会达成和解。瓦格纳后来皈依基督教，并让自己的孩子受洗，这在尼采看来无疑是一种背叛。

> 我们的科学信仰的基础仍然是形而上学的信仰，就连我们现在的这些认知者们、我们这些无神论者和反形而上学者，就连我们的火也是取之于那由千年的古老信仰点燃的火堆：基督教信仰，也即柏拉图的信仰，相信上帝是真理，而真理是神圣的……[①]

正因如此，在尼采看来，科学理性的发展导致基督教的衰落，这并不是说在基督教以外有一个科学理性的领域起来攻击基督教的信仰并取得胜利，科学理性的求真意志实际上是基督教信仰本身生发出来的力量，所以，基督教信仰的衰落是基督教本身的内在后果：

> 那么，是什么战胜了基督教的上帝？答案大概可以在我的《快乐的科学》（357 节）中找到：基督教道德本身，真实概念的愈益严格，基督教良心的忏悔被不惜一切代价地翻译、升华为科学良心和理智的纯洁。[②]

根据尼采的解释，如果是理性导致现代文化、现代生存的分裂，那么，这是基督教本身发展的必然后果，基督教信仰本身自始就已经孕育了信仰的衰落，基督教本身已经包含着导致分裂的因素。更贴近尼采用意的说法是：基督教本身已经是分裂的力量。[③] 由此可见，就尼采对现代性的思索而言，尼采对理性主义的批评在根本上是对基督教，更确切地说是对一切悬设彼岸世界、存在、真理等，并以之作为价值本体的观念的批评。在尼采那里，具有整合性力量的宗教可能是希腊的宗教，也可能是犹太教，以及其他一切有生命力的民族宗教，但不是两千年来统治西方世界的基督教。

---

① 尼采：《论道德的谱系》，周红译，生活·读书·新知三联书店 1992 年版，第 126 页。

② Nietzsche, *On the Genealogy of Morals*, Trans. W. Kaufmann and R. J. Hollingdale, Vintage Books, 1967, p. 160.

③ 在尼采的思想中，关于基督教的衰落是基督教的内在后果的看法，必须放在尼采有关西方虚无主义历史的思想语境中来理解。可参见本书第三章第 2 节。

第二，尼采意义上的文化的完整，主要侧重生命的力量和高度。生命的力量在于生命的控制力，即对各种相互冲突的力量的制衡，使生命形成整体。从以上对忠诚问题的分析中我们看到，所谓文化的完整，就是要使文化的各个形态从一个总体性的统摄力量中生发出来并服从这一统摄力量，这一统摄力量就是自然的生命本身，即自然的酒神力量、尼采以强力意志所命名之物。而生命的高度，则在于保持差异，在于较高的生命对其他存在形态的绝对优势，唯有保持差异才能保证生命的高贵性，也才能保证生命的完整。从这种对完整的理解出发，当尼采说基督教代表分裂的倾向时，主要是指生命力量的衰退、涣散，以及生存高度的丧失，也就是生命的颓废倾向。就此，尼采始终是把基督教看作下降、衰退的生命的体现，即颓废的体现：基督教是颓废的宗教表现形式之一，[①] 颓废代表着对整体的破坏，基督教则是分裂的倾向；颓废是“在艺术及道德上通向虚无的意志”[②]，而基督教对上帝、对彼岸世界的信仰，对自然生命的否定，就是求虚无、求毁灭的意志。

拯救的需要，作为基督教最基本的需要，就是生命颓废的后果及表现形式，尼采认为瓦格纳艺术作品以拯救为主题，也就是认为瓦格纳的作品是颓废的典型表现。在尼采对瓦格纳作品的解释中，所谓拯救，实际上就是生命走向毁灭和虚无，即对生命本身的否弃。例如《漂泊的荷兰人》中森塔拯救荷兰人，使其从永恒漂泊的痛苦中解脱出来，以尼采的思想来比照，这种拯救实际上就是生命的毁灭，因为生命的本性就是永无停息地流变，终止漂泊有违生命本质。《尼伯龙根的指环》代表瓦格纳自身的拯救，而这种拯救正是源于瓦格纳对虚无的认同。

从尼采关于瓦格纳的主题是拯救问题的断言，从尼采把基督教、拯救问题与颓废相关联的看法中，我们就可以理解尼采对瓦格纳的基

---

① 参见尼采《瓦格纳事件》，周国平译，载《悲剧的诞生》，生活·读书·新知三联书店 1986 年版，第 311 页。

② 尼采：《尼采反对瓦格纳》，陈燕茹、赵秀芬译，山东画报出版社 2002 年版，第 89 页。

本诊断：瓦格纳是颓废者。尼采对瓦格纳同时还有另一个诊断：瓦格纳不仅仅是颓废者，还是作假者。尼采对瓦格纳的这两个诊断是互相归属的。根据我们对颓废的分析，彻底的颓废本质上就是作假，是将生命的衰颓倾向装扮成崇高之物来追求。将瓦格纳判断为作假者，尼采也在某种程度上为自己前期高度赞扬瓦格纳提供了一个解释：正因其作假，所以蒙蔽视听、引发误解。

颓废之作假乃是一种“两面性”，是将本来截然对立的东西混杂起来。这种对立也就是上述尼采在生命之完整与生命之涣散之间所作的区分，也即上升的、强健的生命与下降的、衰落的生命之间的区分。两种生命的对立在尼采那里总是与主人道德和奴隶道德的对立相一致。上升的生命主张主人道德，其标志是从事肯定：肯定生命本身、肯定世界，这种肯定源于自身生命的丰满、强健。衰落的生命需要奴隶道德，其基本特征是否定：否定生命、否定世界，因其疲乏而无能从事肯定。根据尼采的观念，基督教的道德作为生命颓废的征兆，就是一种与主人道德相对立的奴隶道德。瓦格纳是颓废者，是基督教精神的体现者，因而在根本上与上升的生命、与主人道德相对立，但瓦格纳却在他的艺术作品中使用类似于主人道德的象征，模糊甚至取消这两种生命、两种道德之间的对立，因此——

> 这是作假，是与生俱来的两面性，想要不把这种对立感受为对立：例如瓦格纳的意志，他是颇擅长这样的作假的。他一面觊觎着主人道德，高贵的道德（冰岛神话几乎是它最重要的证书），一面鼓吹“衰亡者福音”，拯救之需要的相反教条！①

尼采认为，瓦格纳的音乐戏剧在神话和音乐两个方面都存在作假。上文曾提及，瓦格纳的戏剧大多取材于民间神话，而神话在尼采看来对一个民族而言具有非常重要的意义：神话是一个民族的日

① 尼采：《瓦格纳事件》，周国平译，载《悲剧的诞生》，生活·读书·新知三联书店1986年版，第317页。

神力量的表达，民族的文化形态，如国家、政治、风俗等，都与神话紧密联系在一起；同时，神话是自然酒神本质的形象化的个别例证，根本上与自然的酒神力量相关联，因此，神话是该民族生命力的显现，有无神话的土壤是该民族文化生命健康与否的标志。瓦格纳戏剧以民间神话为题材，尼采对此曾给予高度评价：当神话已经沦落为妇孺“童话”之际，瓦格纳恢复了神话的男子气概；在神话已经被理论化倾向破坏的现代，瓦格纳复兴了神话，重新以神话，而不是概念化语言来思考世界的本质。但瓦格纳对神话的利用现在却成了瓦格纳的罪证，是瓦格纳用以作假的骗术，貌似宏伟强健的生命强力，实际上是一袭华美的外衣，掩盖衰弱的实质。从尼采的视角来看，颓废者瓦格纳利用神话，从神话中寻找某种外在的形式，这是因为自身文化生命的弱化，不能自我创造新的文化形式，需要向其他文化——无论是自身的历史还是其他民族的文化讨取资源。因而瓦格纳戏剧对民间神话如对远古冰岛神话的利用，充其量仍不过是一种对所谓的异国情调的倾慕。在尼采看来，瓦格纳实际上对本来表现英雄事迹的神话进行了改写，使神话成为现代基督教精神，也就是现代颓废精神的表达，因此，按照尼采的说法，瓦格纳以远古神话为内容的戏剧实际上都是现代市民剧，其中的人物都可以置换成为现代颓废者。

就瓦格纳的音乐而言，在形式上最具特色的大概就是他对“主导动机”的运用。在瓦格纳的戏剧中，几乎每一种事物——每个人物、事件、地点、心情等，都有一个相应的音乐主题，由此，不同的主导动机彼此交织构成庞大的主导动机网，带来恢宏的气势。《瓦格纳在拜洛伊特》中关于瓦格纳的音乐表现激情的评述，虽然没有明确地提到瓦格纳音乐的“主导动机”，但不难看出，它实际上就是尼采对瓦格纳音乐“主导动机”的正面评价。尼采认为，瓦格纳使激情的表现达到高度的清晰性和确定性，瓦格纳极为精细地掌握每种情感的细微差别，他能够“赋予自然中迄今未肯说话的一切事物以一种语言”[①]。这显然是指瓦格纳音乐中的“主导动机”。借此，瓦格纳音乐中每一种事物都用各自独特的方式表达不同的激情，这大大扩展了音乐的传达能力。而在严格区分每种不同的事物，给予它们不同的音乐主题，使它们以各自独特的语言表达“严格个别化的激情”的同时，瓦格纳的音乐却还能将这些纷繁复杂、各具差别的主导动机统一成整体，从中追踪“总激情的伟大轨迹”。由此，瓦格纳的戏剧“叙述了不同个人平行的单史和一切个人的总史”[②]。可以看到，尼采在这里对瓦格纳音乐戏剧的描述，与他在《悲剧的诞生》中对埃斯库罗斯的普罗米修斯的描述（“骤然汹涌的酒神洪波背负起个人的单片小浪”）[③] 极为类似，而“激情”一词如前文所述，在尼采的思想中具有形而上的意味。因此，我们可以把每个各具特色的主导动机看作日神的个别化界限、个体之间严格的区分，“总激情”则是酒神的总体性力量，是一切个体交汇融合的自然。瓦格纳的音乐既有日神式的个体生命在彼此冲突争斗中的自我张扬，也有最终在自然永恒生命中的合一，它是自然的回响：它“作为整体是世界的一个摹本，这个世界如同那位伟大的爱非斯哲学家所理解的，乃是通过斗争所显示的和谐，乃是正义和敌视的统一体”[④]。

然而，这种曾被尼采大加称道的音乐形式，后来遭到尼采的激烈反对。尼采对瓦格纳音乐的批评大致可以归结为以下几个方面。第一，尼采认为瓦格纳所无能达到的，正是这“总激情的伟大轨迹”，也就是说，瓦格纳缺乏控制力，无能达到整体。现在，“主导动机”成了某种缺陷的后果：由于在创造整体上的无能，瓦格纳才诉诸“主导动机”，转而分析、区别单个事物，注重并强调细枝末节，音乐被分解为一个个要素，音乐的整体则不复存在，至多只能达到这些单独

---

① 尼采：《瓦格纳在拜洛伊特》，周国平译，载《悲剧的诞生》，生活·读书·新知三联书店1986年版，第158页。

② 同上书，第160页。

③ 尼采：《悲剧的诞生》，周国平译，生活·读书·新知三联书店1986年版，第40页。

④ 尼采：《瓦格纳在拜洛伊特》，周国平译，载《悲剧的诞生》，生活·读书·新知三联书店1986年版，第160页。

小品的机械组装。整体的瓦解、“总激情的伟大轨迹”的失落，在根本上指示着生命的酒神力量的丧失，这正是颓废的集中表现。第二，既然瓦格纳的音乐失落了自然的酒神力量，那么，它作为自然表达自身的语言的地位也就丧失了，确切地说，它丧失了音乐之为音乐的本性——它不再是音乐，而是图画和修辞，也就是对个别事物的单纯模仿和夸张。第三，瓦格纳虽然只能雕琢细节，但他又追求崇高、宏伟的整体效果，瓦格纳规模巨大的主导动机网与恢宏的戏剧风格就是这种追求整体效果的表现。而由于瓦格纳的音乐已经丧失了其本源性的自然力量，由于生理上已经没有真正的恢宏风格由以产生的健康前提，它对整体风格的追求只能是一种伪装，是故作姿态，是对伟大风格的粗鄙模仿。真正的伟大风格是对各种冲突斗争的力量的控制，它要求法则、均衡、尺度，瓦格纳恰恰缺乏这种控制力，所以他抛开一切法则、秩序，仅仅追求表面上的恢宏气势。尼采认为，为达到这一表面上的恢宏气势，瓦格纳的音乐有两种手段。一是表现激情，但这种激情不是形而上意义的自然激情，不是那种出于自身的强力不停息地创造、奔流的自然力量，而是混沌状态的单纯重复，表现在音乐手法上就是取消音乐的旋律，其直接的目的就是刺激神经，引起精神的亢奋，而在尼采看来，寻求刺激是现代颓废生命的主要需求。二是表达“理念”，即瓦格纳的音乐试图传达出某种音乐之外的更高的意味，瓦格纳的音乐已经沦为图画和修辞，不再是自然至高本质的表达，但瓦格纳企图使人相信他的音乐有更为高深的内涵，有某种“无限的意味”，瓦格纳的音乐成为诠释“理念”的手段。这两种手段，尼采称之为“麻醉的神经”和“理想的谎言”，是瓦格纳颓废之作假的基本手段。

瓦格纳追求戏剧风格的最根本目的，在尼采看来，是造成某种剧场效果，以期从现代剧场和现代公众获得声名。如此，能否造成某种强大的效果就是瓦格纳首要考虑的问题，他的音乐只是达到和加强这种剧场效果的手段而已。在这个意义上，尼采说瓦格纳在根本上不是音乐家，不是戏剧家，而是演员。瓦格纳的艺术迎合现代剧场的趣味、喜好，而在尼采眼里，在现代剧场中占据支配地位的，是现代所谓中产阶级的“有教养之士”，也就是现代庸众，他们对艺术的要求如前文所述，或者是麻醉，或者是刺激。剧场中没有个人的判断，趣味趋于大众化、平庸化，因而尼采说，剧场是艺术上的奴隶起义。以剧场趣味为导向支配艺术，必然的结果是对艺术的损坏，艺术成为服务于现代剧场的仆从。就此看来，瓦格纳的拜洛伊特剧院实际上就是现代剧院的翻版，是对庸众施加效果、从庸众获得成功的地方。尼采对拜洛伊特的这种批评也与早期形成巨大反差。瓦格纳的拜洛伊特剧院曾被尼采认为是对现代剧院的反抗，是为了建立一个新的风格传统，并以此传统培育人的心灵。在《瓦格纳在拜洛伊特》中，瓦格纳实现忠诚、成为酒神颂戏剧家的过程，其中第一个阶段就是他克服对现代剧院和现代观众的期待。而当尼采把拜洛伊特等同于艺术上的奴隶起义时，与他说基督教是道德上的奴隶起义是一个意思，即颓废的生命类型开始占据主导，成为对更高的生命类型的压制，也就成为对生命之提升的压制。

如果艺术成为迎合剧场趣味、获得剧场效果的手段，这种艺术便必然失去艺术之为艺术的真诚，在这个意义上，尼采说瓦格纳是一个演员。作为演员，瓦格纳企图让人相信并非真实的东西。这就是作假、颓废的两面性：衰落企图装扮成强健，卑贱企图装扮成高贵。在尼采看来，颓废已然成为西方现时代的基本特性，一切置身于其中的人，作为“时代的产儿”，都是颓废者，瓦格纳则是这一现代特性最鲜明、最集中的体现。

尼采前后期对瓦格纳主题的两种不同解释——忠诚和拯救之间的对立，实际上也就是尼采在古典主义与浪漫主义之间确立的一个基本对立。这一对立在尼采的思想中含义丰富，它意味着古典与现代的对立，也就是希腊异教与基督教的对立，健康与颓废、主人道德与奴隶道德的对立，上升的生命与下降的生命的对立，概言之，忠诚与拯救的对立，实际上就是尼采所提出的酒神狄奥尼索斯与被钉十字架者耶稣的对立。

三　叔本华：教育家还是颓废者

·教育家的典范

1865年，尼采第一次接触叔本华哲学，几乎立刻被其深深吸引。之后他时常表达对叔本华的尊崇，在《教育家叔本华》中，尼采就说，他当时立刻对叔本华产生了信任。尼采甚至称叔本华为“我尊敬的大师”“我伟大的教育者”“我的先驱”。尼采与瓦格纳的交往一开始也与他二人对叔本华的共同兴趣有极大关系。尽管尼采的思想来源错综复杂，但如果不是在青年时期接触叔本华的学说，尼采哲学的主要面目可能有所不同。尼采哲学中的一些主要概念，尤其是强力意志概念，明显与叔本华关系密切，而尼采哲学的基调，虽与叔本华的哲学甚至是截然对立的，但在很大程度上与后者的思想激发密不可分。叔本华的学说对尼采的影响，在《悲剧的诞生》中尤为明显，尼采对世界的残酷本质的把握无疑受到叔本华的悲观主义世界观的影响，而尼采提出的酒神与日神两种自然艺术冲动，虽然在实质上已不同于叔本华的意志和表象的二元区分，但大多数学者都不否认尼采对叔本华模式的借用。[①]《悲剧的诞生》中有关音乐的本质、音乐与形象的关系的看法，也沿用了叔本华的观念，甚至大段引用叔本华的原文。另外，《悲剧的诞生》还直接借用叔本华的部分术语，如以叔本华的

① 可参见 Michel Haar，*Nietzsche and Metaphysics*. Edit. and Trans. Michael Gendre，State University of New York Press，1996，p. 37. M. S. Silk & J. P. Stern，*Nietzsche on Tragedy*，Cambridge University Press，1981，p. 211. Julian Young. *Nietzsche's Philosophy of Art*，Cambridge University Press，1992。以及 Christopher Janaway，“Schopenhauer as Nietzsche's Educator”，Kathleen Marie Higgins，“Schopenhauer and Nietzsche：Temperament and Temporality”，in *Willing and Nothingness*，Edit. Christopher Janaway，Oxford University Press，1998。

“个体化原理”概念来解说日神形象，尼采用来指称外观之幻象的“摩耶的面纱”，也是叔本华从印度哲学中借用来的概念。所以，如果脱离叔本华的哲学，尼采的许多概念便颇让人费解。

对叔本华的学说，尼采后来有很多批评，对叔本华给予他的影响，尼采也有很多与原先不同的说法，力图将自己与叔本华区分开来，力图使人相信他与叔本华从一开始就是根本对立的，对叔本华的评价与早期相比也有很大的变化。在《悲剧的诞生》第二版序言中，尼采认为他在《悲剧的诞生》中仅仅是借用了叔本华和康德的公式，而所表达的“精神和趣味”已经完全不同于叔本华，并且为自己当时把叔本华看作德国精神中酒神力量的复归感到羞愧。在后来的一则笔记中他说，他的本能与叔本华的本能指向完全相反的方向。① 可以看到，至少在《悲剧的诞生》之后，尼采对叔本华的批评随处可见。《看哪，这人》中回顾《悲剧的诞生》时说，叔本华在所有问题上都错了，叔本华哲学是衰退的本能。② 尼采对叔本华最为严厉的论断是：叔本华是一个浪漫主义者，是颓废者，是疾病，是“我的对峙人”。这与将叔本华称为“我的第一个和唯一的教育者”“伟大的老师”形成表面上的鲜明对照。

但在尼采严厉批评叔本华的同时，我们仍可发现尼采对叔本华的正面评价，在《偶像的黄昏》中，叔本华仍被认为是一个“够格的思想家”③，而《论道德的谱系》前言仍称叔本华为“我的伟大的老师”④，《人性的，太人性的》前言中则有这样的表白：“在第三个不合时宜的考察中，我表达了我对伟大的阿瑟·叔本华，我的第一个和唯一的教育者的尊敬，——现在我要更为强烈、更从我个人出发表达这种尊敬。”⑤

---

① 参见尼采《权力意志》，孙周兴译，商务印书馆2007年版，第404页。

② 参见尼采《看哪，这人》，周国平译，载《悲剧的诞生》，生活·读书·新知三联书店1986年版，第343页。

③ 尼采：《偶像的黄昏》，周国平译，光明日报出版社1996年版，第50页。

④ 尼采：《论道德的谱系》，周红译，生活·读书·新知三联书店1992年版，第5页。

⑤ Nietzsche, *Human, All too Human*, Tran. R. J. Hollingdale, Cambridge University Press, 1986, p. 209.

很大程度上，由于尼采自己的论述所导致的纷扰，学界虽然一般并不否认叔本华哲学对尼采思想的形成和发展所产生的影响，但对这种影响的程度和时间，即对尼采什么时候、在多大程度上从叔本华的思想中独立出来，看法不一。一种意见认为，尼采对叔本华的态度前后是截然对立的，早期完全接受叔本华哲学，深受其影响，而以1876—1877年为分水岭，尼采开始反对叔本华的学说，全面抵制其影响并站到其对立面。一般来说，持这种观点的学者较为注重尼采后期对早期作品的反思，在这些反思中，尼采为早期作品中叔本华的痕迹进行自我辩护。另一种意见则认为，尼采后来的反思有夸张的嫌疑，其用意在于尽可能地减少、排斥叔本华对他思想的形成所起的作用，表明他的独立性和原创性，事实上尼采一直没有摆脱叔本华的学说框架。如艾凡·索尔认为，尼采深受叔本华悲观主义世界观的影响，终其一生一直是个叔本华式的悲观主义者，而尼采“从生命的视角考察艺术”的做法也并无原创性，并不是他与叔本华分道扬镳的出发点。[①] 朱利安·扬与之略有不同，把尼采的思想过程分为几个阶段，认为《悲剧的诞生》时期受叔本华的形而上学和艺术哲学的影响，在对世界的基本看法上，尼采赞同并接受叔本华的悲观主义。在中期尼采暂时反对悲观主义、反对叔本华，但最终回到叔本华有关悲观主义、有关艺术的基本观念中。朱利安·扬认为，总的来说，叔本华的哲学对尼采思想的形成、发展起了关键的作用，尼采也没有真正地摆脱叔本华学说的影响，离开叔本华的哲学，尼采的思想将难以理解。[②] 与第三种意见相比，以上两种观点似乎有简单化的嫌疑。前一种观点依赖尼采后期对前期作品的解释，没有看到这种重新解释中的某种复杂

---

① 参见 Ivan Soll，“Pessimism and the Tragic View of Life：Reconsideration of Nietzsche's *Birth of Tragedy*”，In *Reading Nietzsche*，Edit. Robert C. Solomon & Kathleen M. Higgins，Oxford University Press，1988。以及 Ivan Soll，“Schopenhauer，Nietzsche，and the Redemption of Life through Art ”，In *Willing and Nothingness*，Edit. Christopher Janaway，Oxford University Press，1998。

② 参见 Julian Young，*Nietzsche's Philosophy of Art*，Cambridge University Press，1992，p. 3。

性，将尼采后来对叔本华的反对绝对化，忽略了尼采思想与叔本华的联系。第二种观点则对尼采与叔本华之间的实质性差别认识不够。而第三种意见在尼采对叔本华的复杂态度中辨认出尼采眼中叔本华面目的多样性，这是在以下意义上而言的：叔本华在尼采那里不仅仅是一种学说的主张者，叔本华对尼采的影响也绝不仅限于哲学学说的范围。与此相关，尼采早期对叔本华学说的接受并不是毫无批评的，事实上，尼采的思想早在接触叔本华的哲学之后不久就已经独立。而当后来反对叔本华时，尼采仍然对其充满敬意，对叔本华在他思想发展中的作用有足够的认识。

克里斯托弗·查那维就持这种观点，认为就学说而言，尼采在早期高度赞誉叔本华的同时，已经意识到叔本华哲学体系中的错误并有所批评。尽管尼采后来批评叔本华，其思想中仍然保留了一些叔本华的因素，尼采以全然不同于叔本华的方式寻求对诸多问题的解答，但这些问题本身的提出却与叔本华有很大的关联。尼采后期在思想上与叔本华对立，但在尼采那里，叔本华的形象并不是单一的，尼采自己意识到在他那里叔本华形象的双重性：一方面是哲学上的对手，另一方面是人生的导师。[①] 米歇尔·哈尔也认为早在尼采对叔本华着迷的时候，尼采就已经有对叔本华学说的批评，因而尼采远离叔本华、在思想上开始独立的时间远远早于《悲剧的诞生》，同时也主张尼采的叔本华形象的多样性，认为早期尼采主要是对叔本华其人的尊敬，而对叔本华其说的认同则较弱。[②]

有一些重要的证据可以支持这第三种观点。1868年年初，也就是尼采第一次接触叔本华的著作之后不到三年，远在《悲剧的诞生》创作之前，尼采就在一篇题为“论叔本华”的未刊短文中对叔本华形而上学的重要概念——意志概念，以及他的意志与表象世界的二分观念

① 参见 Christopher Janaway，“Schopenhauer as Nietzsche's Educator”，In *Willing and Nothingness*，Edit. Christopher Janaway，Oxford University Press，1998，pp. 14—20。

② 参见 Michel Haar，*Nietzsche and Metaphysics*，Edit. and Trans. Michael Gendre，State University of New York Press，1996，pp. 37—42。

进行批评。尼采1870—1871年的笔记也表明尼采对叔本华的形而上学和悲观主义世界观的抵制，尽管这种抵制并没有公开化。另外，第三个“不合时宜的考察”——《教育家叔本华》（1874）作为一部专门讨论叔本华并高度赞誉叔本华的作品，表露出尼采对叔本华的感激之情，并大量描述叔本华作为人的典范形象所具有的特质，以及他对人的教育意义，但通篇没有涉及对叔本华学说的讨论。这一事实在一定程度上可以印证尼采后来对该作品的说法，即他在写作《教育家叔本华》时，已经不再相信叔本华的学说，[①] 并明确地区分作为“学说”的叔本华和作为“人”的叔本华，他反对、抵制作为一种学说的叔本华，但感激、敬仰作为人的叔本华，因为不是一种学说，而是一种作为典范的人的形象对尼采而言具有重要的教育作用。

所以，我们有理由把《教育家叔本华》视为尼采对叔本华在他身上的影响的反思和清理，即反思叔本华在什么意义上对他产生影响，而这种影响的真正成果是什么。

作为这种反思的结果，尼采称叔本华为他的教育家，而教育家在此具有特殊的含义。在尼采看来，教育的目的并不是培养国家或社会所需要的可以促进国家或社会之利益的人，诸如所谓“学者、公务员、善于赚钱的人、文化市侩”或者这几种人的综合[②]——这恰恰是对人之个体存在的独特性的压制；教育的真正目的在于解放人，使其克服阻碍人成为其自身的一切外在因素，比如习俗、惯例、他人的意见，从而实现他作为个体存在的本真自我。真正的教育家当然也就是人的解放者，因为他向你显示出“你的本性的源初意义和基本材料是某种完全无法教育、无法塑造，无论如何难以接近、难以束缚、不可停止的东西”[③]，使人可以想见什么是其真正的自我，并由此实现其真正的自我。

---

① 参见 Nietzsche，*Human*，*All too Human*，II，Preface，Trans. R. J. Hollingdale，Cambridge University Press，1986，p. 209。

② Nietzsche，*Untimely Meditations*，Tran. R. J. Hollingdale，Cambridge University Press，1997，p. 175.

③ Ibid.，p. 129.

成己问题一直是尼采关注的重要问题，从某种意义上说，成己问题是《不合时宜的考察》的一个主题，[①] 所以，尼采在《教育家叔本华》中说：

> 不想跻身大众的，只需中止好逸倾向；他应该服从良知，因为良知告诫说："成为你自己！你现在做的、说的、想的，都不是你自己。"[②]

尼采在其他著作中，也不断地重复这一类似于绝对命令的话语。如《快乐的科学》第 270 节中说："你的良知说什么？——'你应成为你之所是。'"第 335 节："我们想成为我们之所是：新颖、独特、无可比拟、自我立法、自我创造的人。"[③] 尼采的查拉图斯特拉也如是教人：成为你之所是[④]，而尼采自传《看哪，这人》的副标题就是："人如何成为他之所是"，可见，尼采将自己的一生，他的生活经历、思想体验以及著作，同样视为成就其本真自我的过程，这足见成己问题在尼采那里的重要性。

如果一个人"现在做的、说的、想的"——也就是一个人的当下存在——并不是他的自我，那么在尼采看来，什么才是一个人的本真

---

① 如 Hollingdale 就认为，《不合时宜的考察》思考的主要问题之一就是：什么构成一个人的真正自我？还认为在第二个考察中，尼采对历史、时间与人的复杂关系的认同实际上就蕴含着尼采有关自我的概念。参见 Nietzsche，*Untimely Meditations*，Tran. R. J. Hollingdale，Cambridge University Press，1997，" Introduction"。Hollingdale 的这一看法是正确的，事实上，以成己问题来看《不合时宜的考察》，可以说找到了一个重要的线索，就后两个"考察"而言，《教育家叔本华》与成己问题的关联是显而易见的，而在《瓦格纳在拜洛伊特》中，尼采显然是把酒神颂戏剧家视为瓦格纳的本真自我，他所描述的瓦格纳的成长过程也就是瓦格纳成为自我的过程。

② Nietzsche，*Untimely Meditations*，Tran. R. J. Hollingdale，Cambridge University Press，1997，p. 214. 此处参见黄燎宇译文，参见尼采《悲剧的诞生》，赵登荣等译，漓江出版社 2000 年版，第 214 页。

③ Nietzsche，*The Gay Science*，Tran. W. Kaufmann，Vintage Books，1974，p. 270，p. 266.

④ Nietzsche，*Thus Spoke Zarathustra*，In *the Portable Nietzsche*，Tran. W. Kaufmann，Viking Press，1982，p. 351.

自我？我们可以在《查拉图斯特拉如是说》第四部第一节“蜜之献祭”[①] 中，找到尼采的某种指示。这一节与查拉图斯特拉作为教育者教导成己之目标相关。在这一节中，查拉图斯特拉选择在高山钓鱼，在他看来，世界就是大海，他要以金为钩，以蜜为饵，在高处向着世界之深渊垂钓，等待着他的目标——人类来上钩。人类咬住了这来自高山之上的鱼钩，也就必须上升到查拉图斯特拉的高度，而向着高度上升，其实质就是成为自身。在这里，垂钓者就是教育者，而教育者就是提高者，使人接受他的引领，从最深的深渊向着高山提升。因此，人的本真自我是高悬于人之现成存在之上的“更高的自我”。由于高度的无限，当某一高度被达到时，在此之上仍有更高的高度，因此，本真的自我总是在高处，与已达到的当下自我始终保持距离。如此，尼采意义上的本真自我并不是一个固定了的、现成化的、本质性的东西，不是隐藏在表面的背后，仿佛通过一层一层地去掉表面的非本质的掩盖，本质的自我可以显现出来。可以看到，尼采在有限的个体生命方面，也反对现象与本质的二元区分。所谓“你现在做的、说的、想的，都不是你自己”，这可能包含两层意思：第一，凡已然达到的，就已然被固定化了，凡固定之物，便不可称为本真自我；第二，由于每个人都是独特的个体存在，每个人的本真自我都是不相同的，因此，凡执着于外在的惯例、习俗、他人的意见来生存的人都不是本真的自我。与这两层意思相对应，我们可以得出：第一，成为本真自我不是一劳永逸的事情，而是一个不间断的过程，是不断地超越已经达到的状态，任何停滞都违背了本真的自我。在此我们必须注意到尼采的成己问题中一些非常重要的方面：道德，作为自我之生成的成己过程就是作为自然最高本质的生成贯穿于个人，显现于个人。总是在高处的更高

---

① 参见 Nietzsche, *Thus Spoke Zarathustra*, In *The Portable Nietzsche*, Tran. W. Kaufmann, Viking Press, 1982, pp. 349—352。尼采认为《教育家叔本华》和《查拉图斯特拉如是说》可以相互参照着来读，因此以这一文本为依据可以使我们更好地理解尼采的“自我”概念。

的自我与当下的自我之间构成一种充满张力、变动攀升的结构，成己就是在不断地向上超越自身中不断地获取新的高度。其次，这也就是尼采所说的强力意志——成己的过程就是强力意志。我们必须在尼采的形而上学中看待成己问题。第二，每个人与其更高的自我之间的结构都是独特的，因而每个人的成己过程都是自我承负的。成为本真自我意味着自我立法，行使自我的尺度和规范。

成己的要求是每个人的良知对自身发出的呼声。在尼采这里，所谓良知就是人的真正自我向人发出的成己命令，而不是什么道德良知。尼采认为，把道德的判断、道德的命令称为人心中的良知是错误的，因为道德判断基于这样的心理前提：认为他人在同样的情形下会得出同样的判断，作出同样的选择，从这样的心理前提出发，判断某种行为是好的、应该做的。这样的良知是以现成固定下来的惯例、习俗、普遍化的意见要求个人，并且要取消一切个人的独特性。以道德命令为人的良知，这恰恰是缺乏自我认识，无个性、无能实现本真自我的表现。[①] 如果对应于《查拉图斯特拉如是说》中提到的精神变形，那么，道德的命令来自外在的权威，是对人说“你应”，而成己良知的发出者是人的本真所是，是人的更高的自我，良知是对“我是”的召唤。因此，成己就是要听从真正的自我所发出的良知之呼唤，而不是听从外在的声音。[②]

---

① 尼采对道德良知的批评可以参见 Nietzsche，*The Gay Science*，Tran. W. Kaufmann，Vintage Books，1974，pp. 263—266。

② 可以看到，尼采把倾听良知看作一种自我本身内部的交流，更明确地说，是本真自我与当下自我之间的交流。如在《教育家叔本华》中，他说叔本华只与自己交谈，因而自然、诚实，绝无虚饰与欺骗。而在这一文本中，叔本华是一个实现本真自我的典范。在《瓦格纳在拜洛伊特》中，瓦格纳在向外在世界寻求满足而不得之后，最终只与自己交谈，这在尼采看来恰恰是瓦格纳实现天性中的忠诚、作为酒神颂戏剧家成其自身的必要阶段。更高的本真自我与当下自我之间的交谈，在尼采的查拉图斯特拉那里，已经成为一种心智的结构或说自我的结构。我们看到，查拉图斯特拉时常与自己的心交谈。真正伟大的人格都能够静心倾听自我之良知，与自我交谈。这种自我的结构也就是强力意志的结构，更高的本真自我与当下自我之间的召唤与回应、命令与服从，也就是距离的保持与跨越、不断地接近与不断地超出。这种自我内部的交流，是更高的本真自我对当下自我的呼唤以及后者对前者的聆听、服从，作为一种自我的结构，它表明，每个人都孤独地面对自我，承担自我的重负。

如果能够倾听自我之良知的召唤，每个人都有可能实现本真自我。但由于每个人只能自己孤独地面对自我，倾听自我之良知、成就自身是每个人必须承担的使命。相比之下，听从邻人的意见，遵循外在的、通行的法则和规范是一件省事的、轻松的选择，但其必然的危险恰恰是丧失自我。因此，在尼采看来，倾听良知的召唤是需要极大勇气的行为，必须克服懒惰和畏惧。懒惰就是企图逃避成己的重负，而畏惧是对邻人的畏惧，也就是对外在权威、习俗、规范的畏惧。在尼采看来，畏惧根本上仍是懒惰，因为这仍然是对成己之重负的畏惧。

成己就是实现更高的本真自我，但就多数人而言，其本真自我的形象是不清晰的，因此，成己首先涉及的，是自我认识的问题。如何获得自我认识，找到本真自我？尼采说，没有比找到一个你真正的教育家更好的方法了。教育家所起的作用就是帮助你获得自我认识。但教育家不是以其学说，而是以人的典范形象，作为一种活生生的“榜样”，提示给人一种更高自我的可能性，帮助人达到自我认识。在人的典范形象面前，人看到一种高于自身的存在，并开始对自己的当下自我感到不满，[①] 因而试图超越当下自我，达到更高的存在。所以，作为榜样的教育家类似于人的更高自我，他的形象所起的引领作用，类似于人的自我之良知的召唤。对尼采而言，叔本华就呈现为这样的典范：叔本华展现出一种真正的哲学家的形象，而不是学院中的所谓学者。他自由、诚实、勇敢，独立于国家和社会之外，不受现有的制度、规范的约束，他敢于同自身不属于真正自我的部分作战，也同阻碍他实现自我的一切时代因素作战。对尼采而言，正是在叔本华那里所感受到的这种形象可以成为他的教育者，使他看到他自身的本真所在，那就是成为一个独立、诚实、自由的哲学家，一个可以公正地给

① James Conant 注意到了《教育家叔本华》中的这一意味，认为典范向人展示一种更高的存在类型，使人产生羞耻感，由此获得自我认识。参见 James Conant，“Nietzsche's Perfectionism：A Reading of *Schopenhauer as Educator*”，In *Nietzsche's Postmoralism*，Edit. Richard Schacht，Cambridge University Press，2001，pp. 202—205。

予事物尺度、特征、价值的立法者。而成为哲学家与成为艺术家、圣徒是相同的，在尼采看来，这一目标是自然的最高目标。

既然教育者并不主要以某种已然固定化了的学说、尺度、准则来影响人，而是以其自身生存的形象来指示一种更高生存的可能性，帮助人获得自我认识；既然教育家的真正教育意义在于解放人，使人获得精神的独立，成为他自己，那么，接受教育家教导的最好方式，就不在于追随其学说，成为其门徒，而在于达到并超越这一形象，实现更高的本真自我。从一定意义上说，恰恰是对教育家的反对、远离标志着人的真正成长。在《查拉图斯特拉如是说》中，作为教育家的查拉图斯特拉正是这样劝诫他的门徒：永远只能做门徒的人不善于回报他们的教师，必须否定、丢弃他们的教育者，去寻找他们自己，才是对教育者之教导的最好领受。①

所以，尼采称叔本华为他的教育者，注重的是叔本华在他的自我之达成中所起的引领、提升作用。如此，我们可以理解叔本华在尼采的精神发展中所起的真正作用，《教育家叔本华》中叔本华的形象，在尼采看来，其实就是尼采自己的更高的自我。在这个意义上，尼采认为《教育家叔本华》描述的是他自己的精神发展历程，是尼采自身的独立、他的成己过程。②

可以说，尼采后来对叔本华学说的反对和批评，正是尼采把叔本华其人视为自己的教育家所达到的必然结果和真正目的，即精神的解放、独立，本真自我的成全。甚至尼采后来把叔本华当作颓废者并与之斗争，也可以看作尼采为成全自我而与阻碍自我实现的时代因素的斗争。

---

① Nietzsche, *Thus Spoke Zarathustra*, In *The Portable Nietzsche*, Tran. W. Kaufmann, Viking Press, 1982, p. 190.

② 在《看哪，这人》对“不合时宜的思想”的回顾中，尼采说：第三个和第四个考察“提出了两个极其自爱、自我训育的形象”，他们是“叔本华和瓦格纳，一言以蔽之，尼采”，并认为第三个和第四个考察思考的是教育问题，是“新的自我训育、自我防御的概念”，并说《教育家叔本华》说的是“我的内在历史，我的生成，尤其是我的承诺”。参见 Nietzsche, *Ecce Homo*, Tran. W. Kaufmann, In *On The Genealogy of Morals*, Vintage Books, 1967, p. 277, p. 281。

作为人的典范，叔本华是尼采的教育者，使尼采成为自身；作为一种学说的主张者，在尼采看来，叔本华有许多错误。而“伟大者的错误值得尊敬，因其比渺小者的真理更富有成效”[①]，尼采发现、批判这些错误并从中学习，在思想上反对他的老师，在精神取向上警惕他的老师，因而从一定意义上可以说，尼采很大程度上从批评叔本华的错误中开始形成他自己的独特思想。尼采的一些关键思想，在不同程度上与叔本华的起点相似但方向完全不同。例如，尼采拈出“强力意志”为自然的基本规定，这不能说与叔本华的“意志”概念毫无关联，但实质上已有所不同；尼采深受叔本华的悲观主义基调的触动，而对它的批判则催生出“酒神式悲观主义”；尼采的艺术形而上学，可以说同样是针对生命的苦难，但与叔本华的艺术观念在精神气质上迥然不同。我们即从以上几个方面入手，探讨尼采在叔本华的学说中发现了哪些错误，在什么意义上尼采把叔本华判为“认识上的浪漫主义”、颓废者，而尼采自己又在这些错误之上结出了怎样不同的精神成果。

•颓废者的哲学

1. 尼采的“强力意志”与叔本华的“生命意志”

叔本华的意志形而上学采用康德的“物自体”和“现象”的二元区分，认为我们的经验世界只是现象，其背后的真正现实性是“意志”，意志是世界的基本现实、世界的最终本质，是“物自体”。纯粹的意志是不能遏止的盲目冲动和欲求，而一切表象世界都是意志的客体化，是意志的展开和体现，为意志服务，是反映意志的镜子，因此，意志通过表象世界得以认识自身。由于意志所欲求的总是那体现意志的表象世界，也就是生命，因此叔本华又把这意志称为“生命意志”。

① Nietzsche, “On Schopenhauer”, Tran. Christopher Janaway, In *Willing and Nothingness*, Edit. Christopher Janaway, Oxford University Press, 1998, p. 260.

对叔本华"意志"和"表象"二分的形而上学结构，尼采在1868年的未刊短文《论叔本华》中就已经提出批评。叔本华以"意志"概念来取代康德的不可知的物自体，也即那不可知的X，认为这个X就是意志，如此，叔本华认为他解决了古老的世界之谜，即哲学一直致力于寻求回答的终极问题，因而在这一点上超越了康德。但在尼采看来，这种解答仍然是假设一个单独的元素来解释世界的古老尝试，而这种尝试是不成功的。尼采认为，可以从四个方面批驳叔本华。第一，叔本华像康德一样设定物自体，从这一点上看，叔本华并没有超越康德，而仍然是追随康德走了一条危险的道路。第二，叔本华认为"意志"就是"物自体"，这完全借助于"诗性直觉"的猜测，其逻辑论证却是不成立的。第三，叔本华对意志的基本规定——尼采称之为叔本华所赋予意志的"谓词"——完全是通过与表象世界的对立而获得的，也就是说，表象世界所不具备的特性被赋予了意志，但是意志与表象世界的对立是不存在的。并且，作为不可知的物自体，意志的这些规定性未免过于明确。第四，对世界而言，叔本华的体系过于"舒适"了，也就是说，过于简单了，因此，世界不会削足适履地被这样的体系所框住。①

在提出这四个方面的批驳之后，尼采还指出叔本华形而上学体系中存在的一些矛盾，这些矛盾在尼采看来，是叔本华的意志与表象的二分对立结构所必然导致的后果。叔本华一方面强调作为物自体的意志不同于它的表象，完全不受表象形式的作用，如它不受我们认知结构的影响，不是作为主体认知对象的客体。另一方面，对这一不可认知的物自体，叔本华又要求"客观地"思考它，为此必须从它的客体化世界、从认知中的客体、从不能影响它的现象界借取"名称和概念"。"意志"作为物自体的称名，就是这一借用。尼采认为以上两个方面存在矛盾。

---

① 参见 Nietzsche，"On Schopenhauer"，Tran. Christopher Janaway，In *Willing and Nothingness*，Edit. Christopher Janaway，Oxford University Press，1998。

在叔本华那里，物自体不可知，而借用现象界的名词和概念来“客观地”思考物自体，这只是对物自体尽可能地接近，始终是言不尽意的，物自体并不因此就受到现象界的形式的左右，在这一点上，尼采的批评似乎并不成立。[①] 但在尼采看来，不仅“意志”概念来自现象界，而且意志的一切谓词，即意志的内涵，也即物自体的内涵，如“整一”“永恒”“自由”等，也完全来自不同于物自体的现象界。更为关键的是，这些物自体的谓词完全出自对现象世界的单纯否定，即对现象世界所具有的繁多性、短暂性和因果律的否定。物自体的谓词完全可以置换为否定的表达：整一是对多的否定，永恒就是无时间，而自由就是无根据。被认为不受现象界影响的物自体，其特性却完全依赖于现象世界所具有的特征，这不能不说是互相矛盾的。[②] 在尼采看来，由于物自体的全部谓词出自对现象世界的否定，那么，物自体便仍然依赖、归属于现象世界，而不是现象背后的自在之物。

按照叔本华的说法，意志通过表象世界获得自我认识，表象世界是意志显现自身的工具。而意志在表象世界中的自我认识有一个从无机界、有机界到人的知性这样从低到高的等级，越往上意志的自我认识就越清晰，因而从知性最能接近对意志的把握。如此一来，追问知性的来源就显得尤为重要。而按照尼采的解释，在叔本华的体系中追问知性的来源，将不可避免地引出有关知性问题的悖论。叔本华认

① 叔本华自己就明确地说，以“意志”来给物自体命名是“从优命名法”。参见叔本华《作为意志和表象的世界》，石冲白译，商务印书馆1982年版，第165页。西美尔认为，叔本华以人在自身之内所感受到的意志来称呼物自体，这可以看作“物自体自身成为自身的一个象征”。而当我们将自己看作意志的发用时，我们只是获得了物自体最清晰的显现，但并没有抓住物自体本身。参见 Georg Simmel，*Schopenhauer and Nietzsche*，Tran，Helmut Loiskandl，Deena Weinstein & Michael Weinstein，The University of Massachusetts Press，1986，pp. 37—39。

② 西美尔也认为叔本华完全是通过对现象世界所具有的特性的否定推出物自体的谓词，这在逻辑上是不成立的，对某一概念的否定并不必然得出与其对立的另一概念，因为总存在第三种可能性。参见 Georg Simmel，*Schopenhauer and Nietzsche*，Tran. Helmut Loiskandl，Deena Weinstein & Michael Weinstein，The University of Massachusetts Press，1986，pp. 37—39。

为，由于知性对应于时间、空间、因果律等表象世界的形式，在知性出现以前的生存世界由于没有意识的存在，没有意识对它们的反应，只能称为“假设的生存”。然而，如果根据叔本华的这一看法，在知性之前只有“假设的生存”，那么知性的产生就是从无时间、无空间、无因果律的世界中突然凭空而降的。在叔本华的形而上学体系之中，如此不受表象世界的形式影响突然降临的只有物自体。因此，尼采认为，叔本华的知性就是“物自体的新谓词”[①]。在叔本华的体系内，知性问题就形成悖论：一方面，叔本华的知性是意志表达自身的工具，也就是表象世界内的认知结构，因而不属于物自体；另一方面，从叔本华的体系内推导知性的产生，又必然得出知性只能是物自体这一结论。如果知性就是物自体，而叔本华的知性必然对应于受个体化原理支配的世界，那么叔本华作为物自体的意志其实也就是这个个体化的表象世界。也就是说，叔本华设定的意志和表象世界的二元区分实际上就没有任何意义了。

从以上分析可以看到，在《论叔本华》这篇早期文稿中，尼采对叔本华形而上学的批评，其主要目的就已经是着力于指出叔本华意志与表象二分结构的弊病，由此破除这种两分世界的观念。尼采对叔本华的剖析归结到一点就是：所谓作为物自体的意志，完全是一种创造、一种假定，是通过对我们身处其中的这个世界——在叔本华的结构中也就是表象世界——的否定而获得的。所以，对尼采而言，这种完全通过否定得来的创造之物、虚构之物，这种凌驾于所谓现象世界之上的自在之物是不存在的，没有物自体与现象的对立，而只有一个世界。

尼采对叔本华的这一批评是一以贯之的。例如，在 1887 年的一则笔记中，[②] 尼采认为，由于没有放弃物自体的存在，叔本华的虚无主义便仍然来源于一个绝对理想，这一理想也就是创造出基督教有神

---

① Nietzsche，“On Schopenhauer”，Tran. Christopher Janaway，In *Willing and Nothingness*，Edit. Christopher Janaway，Oxford University Press，1998，p. 264.

② 参见尼采《权力意志》，孙周兴译，商务印书馆 2007 年版，第 620—621 页。

论的绝对理想，即有关最高价值、最高完满的理想，这在基督教中就是对上帝的信仰。尽管叔本华是无神论者，尽管作为物自体的意志已不再是一个至善的、完满的存在，但对绝对理想的坚持使得叔本华在根本上仍隶属于基督教理想的传统。[①] 这一传统区分“真实的世界”与“外观的世界”，或者说“物自体”与“现象”，并以真实的世界来反对外观的世界。[②]

这一传统是尼采一直坚决批驳的对象，尼采认为只有指出所谓“真实世界”的虚妄，才能恢复我们身处其中的生成世界的权利。在《论叔本华》中，尼采对物自体的驳斥还主要是从叔本华体系的内部矛盾入手，后来则从他自身的哲学思想出发，以强力意志作为批评的立足点。大致说来，主要有以下几个方面。第一，所谓真实的世界，实际上是出于生命保存目的的一种假设、一种解释，因此根本不是一个“自在之物”、绝对存在，而还是外观世界，确切地说，是诸多外观世界中的一种。在尼采看来，外观世界是“透视”的结果，即“一个按照价值被看待的世界，按照价值被排列和被筛选的世界，在此情形下也就是着眼于某个特定动物种类的保存和权力提高、按照有用性观点被排列和筛选的世界”[③]。每一种力量都有借以透视的出发点，也就是说，透视的视角不是唯一的，因而外观世界也是多样的。基于这种观点，尼采认为，外观世界之上并不存在某种固定的、实在的世界，世界是从某些视角出发整理、选择、解释乃至创造的结果，这些视角就是强力的保存和提高。而这种从强力的保存和提高的价值视角出发进行整理、选择、解释、创造，就是强力意志的形式。在这个意义上，尼采说，外观世界就是实在。被某种视角称为真实世界的那个

---

① 尼采认为，由于无神论仍保持对真理的信仰，因而在根本上内在于基督教信仰，是基督教自身导致的结果。本章第二节涉及这一问题。尼采的相关论述主要见于《论道德的谱系》第三章第24节，以及《快乐的科学》第357节。

② 在尼采看来，从柏拉图主义开始这种区分两个世界的传统，基督教的此岸与彼岸、康德的物自体与现象的区分等都在这个传统之内，在一定意义上都是柏拉图主义。所以，尼采称自己的哲学是“倒转了的柏拉图主义”。

③ 尼采：《权力意志》，孙周兴译，商务印书馆2007年版，第1107页。

世界也是透视的结果，也是外观世界，作为基于某种价值创造出来的产物，当它失去了它的有用性时，就可以被抛弃。严格地说，并不存在真实世界与外观世界或说虚假世界的对立，因此我们甚至不应用“外观”这样的字眼来称呼世界。第二，真实的世界与外观世界的对立是一种虚构，是将某一种透视的特定视角绝对化，以之作为实在性的评判标准而导致的后果。用尼采的话说，是“把我们的保存条件投射为一般存在之谓词”[①]，这样一来，我们身处其中的这个世界就依照这个真实的世界被判定为虚假的。但实际上，对所谓真实世界的想象完全来自对我们这个世界的否定，在根本上是虚无的。正是基于这种看法，尼采对两个世界的二分模式进行了改写：“虚假世界与真实世界的对立，还原为‘世界’与‘虚无’的对立。”[②] 在这一改写中，原本被当作唯一实在的“真实世界”成为虚无，原本被贬低为虚假的外观世界现在就是世界本身。不过，尼采的这种说法仍会引起误解。尼采想要说的是，根本就不存在这种对立，因而也根本不存在所谓外观世界和真实世界这样的说法。第三，通过否定这个世界，虚构出另一个与之不同的真实世界，这个所谓真实的世界一经创造出来，便无一例外地成为对我们置身其中的这个世界的最大贬低，世界成了虚假的、罪恶的、不应存在的世界。而尼采认为，只有衰弱的生命才否定自我，才会对世界不满，才需要另一个不一样的世界、一个所谓真实的最高存在。由于真实的世界是虚构的，对真实世界的渴望实际上就是求虚无的意志、求毁灭的意志，因此是生命颓废的表征。

上文提及，在尼采看来，叔本华的意志形而上学也隶属于这一传统，因而叔本华的意志概念，从尼采的角度来看，也完全是生命颓废的表现。虽然叔本华把作为物自体的意志看作盲目的意志，贪婪、不停息地涌动、永远在寻求满足但没有最终的目标，在这一点

① 尼采：《权力意志》，孙周兴译，商务印书馆 2007 年版，第 402 页。

② 同上书，第 1108 页。

上叔本华与他所归属的传统不同，但同样，在叔本华那里，意志的概念仍是否定世界的终极证明，从意志概念出发，叔本华得出一切皆虚无、一切不应当存在的论断，意志的设定，其根本目的反而是否定生命意志。

由此，按照尼采的观念，叔本华的意志哲学恰恰是缺乏真正意志的表现，叔本华的意志概念所指称的内容与“意志”一词显得极不相称，叔本华的生命意志实际上是意志的消除、生命的放弃：

> 他是一个恶作剧似的天才尝试，为了虚无主义地根本贬低生命，却把正相反对的判决，“生命意志”的伟大的自我肯定，生命的蓬勃形态，引出了场。他依次把艺术、英雄主义、天才、美、伟大的同情、知识、求真理的意志、悲剧都解释为“否定”或渴望否定“意志”的产物……[①]

从某种意义上说，尼采提出“强力意志”概念，正是为了取代叔本华的“生命意志”概念，恢复尼采所以为的“意志”一词包含的“生命的蓬勃形态”，尼采的“求……的意志”的语式也是得自叔本华“求生命的意志”的启发。[②] 那么，作为对叔本华意志概念的反对，尼采的强力意志在哪些方面构成对叔本华意志概念的批评？

尼采从他的强力意志观念出发，认为叔本华的意志概念完全是哲学家抽象的结果。叔本华去除了意志的一切内容，尤其是它的“何去何从的方向”[③]，这样一来，叔本华就把意志当成纯粹的意愿，也即没有任何目标、对象的单纯欲求、冲动、需要本身。在尼采看来，这是叔本华对意志的误解，所谓纯粹意愿是没有的。

---

① 尼采：《偶像的黄昏》，周国平译，光明日报出版社 1996 年版，第 68 页。

② 在《查拉图斯特拉如是说》第二部“自我超越”一节中，查拉图斯特拉就是以“强力意志”来反对“生命意志”：“主张‘生存意志’者没有达至真理：那意志是没有的。因为，不存在的不能意愿；但已存在的，如何能仍意愿生存？凡有生命之处方有意志：但不是生命意志——我如是教汝——而是强力意志。”参见 Nietzsche，*Thus Spoke Zarathustra*，In *The Portable Nietzsche*，Tran. W. Kaufmann，Viking Press，1982，p. 227。

③ 尼采：《权力意志》，孙周兴译，商务印书馆 2007 年版，第 1030 页。

在叔本华那里，意志是自在之物，它所具有的特性完全不同于现象世界的个体化意志。例如，个体化的意志各自不同、纷繁杂多，而意志是一、是本体，它显现于每一现象界的个体存在中，但其整一性不受影响，不被削弱。尤为重要的是，个体意志在自身之外有各自不同的目标、各自渴求的对象，而意志作为每个个体化意志背后的共同性，自然与这些相互差别的目标、对象无涉——作为物自体的意志没有外在于自身的目标，因而意志就是没有任何外在之物的纯粹的欲求、需要、冲动本身。从叔本华赋予意志的这些基本规定性可以看出，由于在叔本华那里意志不可被人的认知结构所把握，那么意志概念只能来自对个体化意志的抽象，从个体意志纷繁复杂的差别中获取它们的共有特征。①

但在尼采看来，抽掉了具体内容的意志是一个"空词"，是完全不存在的。相比之下，尼采所说的意志意蕴更为丰富，以致在尼采看来，所谓意志的统一性只是作为词语的统一性。② 不同于叔本华对意志的规定，尼采认为，在一切意愿中都包含着多种复杂的成分：意志包含着"感觉的多样性"，包含着"思想"，并且首要地包含着"情感"，"尤其是命令的情感"③，而正是意志内含的命令使之与单纯的意愿区别开来。第一，命令总是指向某物的命令，意志之命令总是对某物的命令，因此尼采说："某物被命令，这一点属于意愿。"④ 第二，除了被命令之物，还有命令的发出者和命令的执行者或说服从

---

① 西美尔也认为，从逻辑上看，叔本华的意志概念来自对个体意志行为的抽象：抽去它们彼此的不同，保留这种抽取之后所剩下的。而不同的意志行为的差别在于目标的不同，因此，去除目标就可以获得意志的一般概念，也就是"纯粹意志"。参见 Georg Simmel, *Schopenhauer and Nietzsche*, Tran, Helmut Loiskandl, Deena Weinstein & Michael Weinstein, The University of Massachusetts Press, 1986, p. 49。

② 或许是在这个意义上，尼采说对物自体的信仰实际上是对语言的信仰。在一则笔记中，尼采说：古老的形而上学的贮存"被归并于语言和语法范畴中"。参见尼采《权力意志》，孙周兴译，商务印书馆 2007 年版，第 276 页。

③ Nietzsche, *Beyond Good and Evil*, Tran. W. Kaufmann, Vintage Books, 1966, p. 25.

④ 尼采：《权力意志》，孙周兴译，商务印书馆 2007 年版，第 729 页。

者，而在意志中，这两者是合一的，因为意志之命令是“对自身之内的某物”[1] 发出的。可以推见，尼采所说的意志应被看作一个由命令者、服从者以及被命令之物组成的丰富的内在结构，而不是纯意愿，意志所包含的感觉的多样性以及思想都与这一意志的结构相关。

从尼采的角度来看，把意志看作纯粹意愿，等同于单纯的欲求、需要，和把意志规定为命令，这两种观念之间存在巨大的不同。前者是意志虚弱的表现，因为在这种观念里，意志成为某种本质上匮乏的东西，所以需要向外寻求满足。后者则代表着强盛的力量、生命的丰盈，因为如此才有能力命令并且有能力服从。

意志不是纯粹意愿，意志总是包含着对某物的意愿，也就是尼采所说的意志的方向，这样看来，尼采的强力意志似乎具有某种外在的目标。但是，这与尼采的强力意志概念并不相符。尼采的强力意志概念是对世界的基本规定：一切都是强力意志，此外无他，既然强力意志是生命的基本词语，是对世界的整体性把握，那么，在强力意志之外便不可能有可以用来规定强力意志的目标，即生命之外没有一个不同于生命的他者作为生命最后需要达到的目标。在这一点上，尼采和叔本华是相同的。在叔本华看来，表象世界中的每个个体化的生存意志都受着外在目标的驱使，追求个体化的需要、冲动的满足，但由于欲求本身无休止地涌动，最终的满足是不可能的，并不存在最后的目标。叔本华虽然保持真实世界和外观世界的区分，但在叔本华那里，外观世界之上的意志世界并不是表象世界的终极目标，因而不同于基督教中彼岸世界是此岸世界的生存所朝向的终极目标。就作为物自体的意志本身而言，在意志之外更没有可以使意志停息的终极目标。西美尔认为，对生命之外的终极目标的拒斥是尼采和叔本华的共同出发

---

① Nietzsche, *Beyond Good and Evil*, Tran. W. Kaufmann, Vintage Books, 1966, p. 25.

点。[①] 既然如此，尼采认为叔本华的意志概念抽去了意志的目标，是对意志的误解，这岂非也对尼采自己的意志概念构成了批评？从某种程度上说，尼采确实在拒斥类似于基督教的外在于生命的终极目标和给生命确立目标之间达到了某种协调。这里的关键仍在于上文所提到的：尼采的意志包含命令者、服从者、被命令之物，这是意志的内在结构，被命令之物是在自身之内，也就是说，意志的目标是生命自身之内的目标，而不是外在于、不同于生命的目标。这一目标就是：生命向上的高度，生命对生命自身的超出，生命的愈益丰满。这也就是尼采的查拉图斯特拉以强力意志来反对生命意志时所主张的——对任何已达到的状态的打破，生命的自我克服和自我超越。[②] 在尼采那里，强力意志本质上就是这一生命不断提高的过程，作为生命自身之内的目标，这是生命对自身所发出的命令。正是在这个意义上，尼采说，意志就是命令，命令所指向的，就是生命的提高，而命令者和服从者同一，都是生命自身：生命的新的高度向当下的生命发出命令，而生命克服当下状态的持存所划定的界限，向新的高度上升。据此，西美尔认为，尼采虽与叔本华有共同的出发点，但尼采抛弃了绝对的终极目标，却保存了一个相对目标。在尼采强调生命的不断上升方面，西美尔看到了达尔文进化论的痕迹。[③]

尼采否定强力意志之外的目标，正是为了给生命自我立法、自我成就的权利，即摒弃对生命的外在规定，把目标归还给生命，使生命自身的力量得以发挥。在尼采看来，叔本华对意志的终极目标的拒斥，其用意乃在于最终否定生命意志，否定生命增长的可能性，并由此根本否定生命本身，因而在某种意义上甚至可以说，在叔本华这里

---

① Georg Simmel, *Schopenhauer and Nietzsche*, Tran, Helmut Loiskandl, Deena Weinstein & Michael Weinstein, The University of Massachusetts Press, 1986, p. 9.

② 参见 Nietzsche, *Thus Spoke Zarathustra*, In *The Portable Nietzsche*, Tran. Walter Kaufmann, Viking Press, 1982, pp. 225—228。

③ 参见 Georg Simmel, *Schopenhauer and Nietzsche*, Tran, Helmut Loiskandl, Deena Weinstein & Michael Weinstein, University of Massachusetts Press, 1986, p. 6, p. 137。

仍然有一个最终的目标：意志的否定成了最后的目标。

通过将生命的提高设定为生命之为生命的特征，尼采的强力意志便可以成为某种区分类型的标准：强力意志“界定、规定了各种等级、权力差异”[1]，强力意志总是意味着“力求更多地存在的要求”，而量的不同就是不同的质的标志。[2] 着眼于生命之提高，能够自我命令并服从命令，是强大意志的表征，是上升的生命；只停留于生命的保存，无能自我命令，是虚弱意志的表现，是衰落的生命。如此便存在着生命等级的高低差别，而且，保持这种高低差别正是生命之高贵性的保证。因此，尼采称生命自身对生命的等级差别的意识为“庄严的距离感”[3]。尼采意义上的这种距离感应包含两个层面：一是需要自身之内的距离感，即自身更高的生命与当下存在之间的距离；二是需要生命的不同类型之间的距离感，即强大的生命与衰落的生命之间的差异。如此才能保证生命的提高、增长。基于这种观点，尼采必然认为平等观念是生命的衰弱，因为要求平等就是取消那种“庄严的距离感”，是生命的高度的平均化，这使生命的自我超越变得不可能。

而这也构成尼采对叔本华意志概念的一个非常重要的批评。叔本华从“一切个体存在在形而上层面上的同一”这一观念出发，得出否定个体存在、取消个体存在的结论：一切都是意志，表象世界中的个体存在之间的差别只是一种幻象，由于一切个体化的生命都是不可满足的意志，在根本上是无意义的，因而应消除个体化的存在，摒弃个体化的意志，取消不同存在之间的差别。此外，在叔本华那里，良心的痛苦也成为众生平等合一的证明，而同情的道德，作为对他人的爱，是以否定自我为前提的。在尼采看来，叔本华从意志概念得出一切无意义、生命无价值的判断，是把衰落的生命的评价普遍化。不难看出，尼采这种批评背后所隐含的，是对这种普遍化的意图的警惕：

---

① 尼采：《权力意志》，孙周兴译，商务印书馆 2007 年版，第 164 页。

② 同上书，第 168 页。

③ 尼采：《偶像的黄昏》，周国平译，光明日报出版社 1996 年版，第 80 页。

通过这种普遍化，颓废者可以为自己开脱，逃避承担自我之生命的责任，同时，企图以颓废的价值判断为终极的判断，抹平不同类型生命之间的差别。叔本华对同情道德的主张，在认识、艺术等方面强调否定个性、否定自我，在尼采看来根本上都是对生命差别的否定，是以平庸者、颓废者的道德判断来要求生命，在这一点上，尼采认为叔本华与基督教的道德是相同的，叔本华的意志哲学是“群盲标准转移到形而上学中去”[①]。

2. 悲观主义还是乐观主义

叔本华的悲观主义是从他的意志概念中推衍出来的，或者说，他对世界的悲观主义判断是其意志哲学的必然结果。世界的本质是盲目的意志，这意志永无止息地、贪婪地寻求满足，但没有任何终极的目标可以使意志获得满足，使意志的寻求得以终止。表象世界是意志的客体化，其背后的根源就是这盲目的意志，因此，个体化生存受意志的左右，也处于无休止的欲求之中，并且表象世界中的个体化生存受到主观幻想的蒙蔽，执着于个体化的生存意志，因此容易感到悲苦。由于没有目标可以使欲求获得最终的满足，因而不满足多于满足，痛苦多于快乐，生命的本质就是痛苦。就人而言，人能够意识到自我的欲求以及这欲求的变化所带来的感受，因此人最为痛苦。人始终处于欲求的痛苦和欲求满足之后的无聊的交相折磨之中，不得解脱。基于这种判断，叔本华认为，我们所面对的世界是一个最坏的世界，不值得存在，意志、生命是可怕的错误，应该被否定。

我们从中可以看到叔本华悲观主义的两个明显的特点：第一，叔本华以痛苦和快乐的感受以及这两者在世界中的份额的多少作为生命是否有价值的评判标准：痛苦多于快乐，痛苦是生命的基本感受，是生命的本质，因此，生命无意义、无价值、不值得一过。第二，叔本华以欲求目标的获得与否来规定快乐和痛苦：痛苦就是没有达到目

① 尼采：《权力意志》，孙周兴译，商务印书馆 2007 年版，第 433 页。

标，是欲求的不满足，快乐则是目标的获得所带来的欲求满足。由于叔本华认为欲求是先在的、永恒的、生命的本性，欲求的最终满足又是不可能达到的，生命始终受到欲求的折磨，始终处于不满之中，因此痛苦至为根本，没有止境。而所谓快乐，不过是不满的消除、从痛苦当中的解放，也即无痛苦。所以不满、痛苦是满足、快乐所依赖的前提条件，在根本上不满、痛苦是无条件的，因其是主动降临于生命的，而满足、快乐是有条件的、否定性的，因其不是先天的福祉，它们依赖于不满和痛苦的基本感受，满足、快乐只是摆脱痛苦，除此之外没有实际的内涵。所以，在叔本华看来，生命的拯救只在于获得心灵的安宁、摆脱痛苦，而达到这个目的，则否定欲求、否定意志足矣。

叔本华的悲观主义对尼采的思想产生过极为重要的影响，尼采早期对叔本华近似狂热的态度与叔本华的悲观主义对他的触动有很大的关系。在《悲剧的诞生》中，尼采还把叔本华的悲观主义看作悲剧世界观的复生，是对浅薄的乐观主义的克服。总的来说，叔本华的悲观主义在尼采的思想形成中的作用是毋庸置疑的，如果不是基于对叔本华旨在意志之否弃的悲观主义的反对，尼采肯定世界、肯定生命的“酒神式悲观主义”思想的产生便是不可思议的。因此，直到尼采清晰地意识到他与叔本华的悲观主义有着巨大不同并明确地批评叔本华时，他仍然认为在悲观主义方面叔本华是他的先驱。

但尼采是在以下意义上把叔本华当成他的先驱：叔本华的悲观主义使尼采最终意识到这种悲观主义的颓废之处，并因此走向它的对立面。这并不是说尼采重新走向了乐观主义，叔本华式的悲观主义——尼采称之为“浪漫悲观主义”——作为生命颓废的倾向，其对立面不是乐观主义，而是生命的健康。生命的健康并不排斥悲观主义，但这种悲观主义是尼采所说的“酒神式悲观主义”。也就是说，通过意识到叔本华悲观主义的危险，尼采发现了一种不同的悲观主义。正因为如此，尼采称叔本华为他的先驱。正是叔本华的悲观主义使他有可能获得“对悲观主义的新理解……通向那种狄奥尼索斯式的对世界的肯定形式"[1]。也正因为叔本华的悲观主义在尼采看来是生命的颓废倾向，尼采后来把这种悲观主义看作一种疾病，并把自己从这种悲观主义的影响中摆脱出来当作一种痊愈，即与疾病的战斗。可以看到，在《悲剧的诞生》时期，尼采就已经开始了这种对疾病的克服。如对生命的基本判断，在叔本华看来，作为世界之本质的意志是一种欲求，而欲求不满也就是缺陷，因而叔本华着眼于生命的匮乏、缺陷，而尼采已然着眼于生命的丰饶。与浪漫悲观主义这种疾病战斗并从这种疾病中痊愈，是一种变得更为健康的方式，作为这种健康的表现，尼采认为，是面对生命的至难问题却可以从事肯定，是苦难深重却可以欢笑，以生命的强力面对苦难。

针对以上提到的叔本华悲观主义的两个特点，尼采提出了批评。第一，叔本华以痛苦和快乐的感受作为标准，得出生命无价值、无意义的价值判断。尼采则对这种价值判断标准的合法性提出质疑，认为痛苦或者快乐的感受不足以成为判断的标准。我们并不是首先根据痛苦或者快乐来对事物进行估价，一般情况往往是：我们首先作出价值判断，然后某物在我们看来才成为引起痛苦或者带来快乐的事物，快乐和痛苦的感受始终以从一定的强力出发对利害进行计算为前提。也就是说，痛苦或者快乐的感受不是判断的原因，而是结果，不是"基本事实"，而是后起的状况。快乐和痛苦是与一定量的强力相联系的，它们是强力的伴随状态，人想要追求的也并不是快乐，而是强力的增长。叔本华以痛苦或者快乐来判定生命的价值，尼采则以生命的力度为判断价值的视角。第二，针对叔本华从作为缺陷的欲求的满足与否来看待快乐和痛苦，尼采则从强力感的角度来重新规定快乐和痛苦。快乐是强力的每一次增长，因此又说，快乐是"一种差异意识"[2]，这样，快乐便具有了某种积极的内涵，快乐总是与力量的增长，与生命的自我提高、自我超越相联系，并因而与命令、与生命的控制力相联

① 尼采：《权力意志》，孙周兴译，商务印书馆 2007 年版，第 519 页。

② 同上书，第 983 页。

系。而不快、痛苦是“一切不能抵抗和不能做主人的情感”①。尼采一再强调，痛苦和快乐不是彼此否定的对立面，因为快乐是强力的提高所带来的感受，而生命的提高必定要求逾越当下的持存状态。强力的每一次增长都包含对界限、障碍的跨越，包含着一定量的抵制，界限、障碍使差异的产生成为可能，是提高的前提。正是提高所必经的困难、强大阻碍的存在才使提高本身能够带来快乐，更确切地说，强力的提高要求障碍、抵制的存在。如此，界限、抵制是必需的，因而痛苦是必需的，快乐并不是对痛苦的消除，每一强力的提高所带来的快乐都包含着痛苦，痛苦成为快乐的一部分，快乐和痛苦在强力的感受中相互纠结。

在对叔本华的批评中，尼采有时把叔本华和伊壁鸠鲁主义以及基督教道德相提并论，并由此对叔本华的悲观主义是不是一种真诚的悲观主义提出质疑。在尼采看来，叔本华以快乐和痛苦为判断生命的价值标准，并从欲求的满足来规定快乐和痛苦，表明叔本华仍受幸福论的主宰。② 同时，叔本华诉诸道德，为生命的痛苦寻求解释，认为生命的痛苦是生存之罪的证明，尼采由此认为，叔本华虽否定了基督教的上帝，但仍坚持基督教的道德理想。叔本华对伊壁鸠鲁的幸福论和基督教的道德的诉求，在一定程度上使其悲观主义多少有点自我欺骗的意味。因为从尼采的视角来看，伊壁鸠鲁主义和基督教都带有某种乐观主义的色彩，它们都“需要某种温暖的抵御恐怖的密室，关闭在乐观的眼界之内”③。尼采在叔本华的悲观主义中看到了叔本华自身对安宁、对摆脱痛苦的强烈需要，由此出发，叔本华才否定世界、否定生命、否定意

① 尼采：《权力意志》，孙周兴译，商务印书馆 2007 年版，第 983 页。

② 有关叔本华的悲观主义在某种意义上是一种乐观主义的看法，可参见西美尔的论述。西美尔认为，叔本华对绝对目标的排斥使其必然以快乐和痛苦等感受为价值的标准，拒斥生命的意义，必然走向幸福论。而叔本华认为无痛苦即已经是快乐，安宁就是快乐，这使得叔本华的悲观主义变成了乐观主义。参见 Georg Simmel，*Schopenhauer and Nietzsche*，Tran，Helmut Loiskandl，Deena Weinstein & Michael Weinstein，The University of Massachusetts Press，1986，p. 10，p. 99。

③ 尼采：《快乐的科学》，周国平译，载《悲剧的诞生》，生活·读书·新知三联书店 1986 年版，第 254 页。

志。因此，尼采认为，叔本华的悲观主义是颓废者的悲观主义，是颓废者个人判断的普遍化，在根本上是生命贫困、意志虚弱的征兆。

3. 艺术是意志的消除还是生命的激发

叔本华从他的意志哲学出发，判定生命的本质就是痛苦，生命无价值、无意义，世界是充满苦难的。但叔本华的悲观主义却允诺给人拯救的可能性：通过审美的方式、伦理的方式，以及最后、最根本的禁欲主义的方式，人可以获得拯救。前两种方式都是通过否定个体化，使人从痛苦中暂时摆脱出来，暂时得到心灵的安宁。其中，伦理的方式要求具有同情的美德，在对他者的同情中，人看穿个体化原理的虚妄，认识到自我与他者之间的分别不过是一种现象，人不再执着于一己之私，而把他者的痛苦看作自己的痛苦，并转向利他和克己。禁欲主义方式所带来的拯救则在于，人认识到意志本身的矛盾和虚无，进而否定作为本体的意志本身，把意志以及意志的客体化都看作虚无，由此，人达到完全不动心的空寂安宁状态。

叔本华认为，通过审美的方式，人也可以暂时从意志中解脱出来。在审美中，审美的主体和审美的客体都是某种独特的存在，不同于日常状态中的人和个别事物。就审美的主体而言，审美中的人发生了某种变化，不是作为个体的、与他物相区别的人，也就是说，不再执着于它作为个体存在的欲求、需要、目的，去除了自我的主观性，成为“纯粹认识的主体”。对待眼前的认识对象，不是着眼于该事物对自己的欲求的关系，而是“无功利的”，完全“客观地”静观。因此，在审美中，人沉浸于对客体的观照中，成为“纯粹的、无意志的、无痛苦的、无时间的主体”[①]，在对象之中忘却了自我。就审美的客体而言，纯粹认识的主体所观照的客体不是处于时间和空间中、与其他事物具有种种关联的个别事物，不是杂多中的某一个，不是与人的意志有关系的事物，而是上升为“理念”。叔本华认为这“理念”与柏拉图的“理念”最为接近。在叔本华看来，理念是意志的直接客体化，即

① 叔本华：《作为意志和表象的世界》，石冲白译，商务印书馆1982年版，第250页。

意志客体化的不同级别本身，个别事物是意志的间接客体化，如此，理念处于意志与个别事物之间，是杂多的个别事物背后的不变形式。如此一来，在审美中，人成为摆脱自我意志的纯粹认识的主体，而个别的事物成为理念。认识主体沉浸在对理念的静观中，全然忘我。

艺术以理念为对象，叔本华以此将艺术与形而上的内容相关联，并强调艺术的重要性。但不难发现，叔本华实际上有把审美等同于认知的方式并因此反而取消审美独立地位的危险。从审美的目标来看，审美是对理念的直接观照，由于理念是意志的直接客体化，因此，审美的目的是通过对理念的把握获得对本体的认知。从主客体两方面的条件来看，叔本华把审美的主客体等同于认知的主客体，而对审美主体的要求也是着眼于认知的要求：要求审美主体是纯粹认知的主体，完全“客观地”直观理念。所以，叔本华认为，具有卓越的纯粹观审能力的天才，其特性就是“最完美的客观性”[①]。在这里，叔本华完全是以“无功利性”来规定客观性的，而“无功利性”在叔本华的规定中就是人的个体性的消除，忘却个体的存在，摆脱作为个体性存在而产生的无止息的欲求，无所意欲，放弃人生的快乐和痛苦，放弃生命意志。所谓客观地观照，就是排除个人的意志，摆脱主体的主观性，在理念中完全失去自我。[②] 由于叔本华有把审美等同于认知方式的倾向，艺术在他看来也就是最易于进行这种认识的方式，“艺术的唯一源泉就是对理念的认识，它唯一的目标就是传达这一认识”[③]，天才在

---

① 叔本华：《作为意志和表象的世界》，石冲白译，商务印书馆 1982 年版，第 259 页。

② 叔本华以“无功利性”，也就是一切意志的消除来理解客观性，这在尼采看来恰恰是对客观性的最大误解。比如尼采说：“要提防那种危险的古老的概念虚构，它假定了一个‘纯粹的、无意志、无痛苦、无时间的认知主体’。”这完全是针对叔本华的无功利的“纯粹认知主体”的说法。参见 Nietzsche，*On the Genealogy of Morals*，Tran. W. Kaufmann and R. J. Hollingdale，Vintage Books，1967，p. 119。在晚期笔记中，尼采也不止一次地提到，叔本华的“无意志静观”的客观性理论、艺术是“纯粹无意志的主体”之作品的看法是对客观性的误解，并说，客观性沦落为“没有人格，没有意志，无能于‘爱’”，是“放荡”的现代精神用以掩饰的“道德装饰”。参见尼采《权力意志》，孙周兴译，商务印书馆 2007 年版，第 433、494 页。

③ 叔本华：《作为意志和表象的世界》，石冲白译，商务印书馆 1982 年版，第 258 页。

纯粹观照中把握到理念，艺术就是天才对这一认识到的理念的复制和传达。

在审美中，人成为“无功利的”，在对理念的认识中达到“忘我”“自失”的状态，从而获得拯救。叔本华的审美拯救是通过否定个体性、否定个体的差别获得的。对个体化生存的执着带来痛苦，而对个体化生存的执着就是对个体差别、界限的执着。在审美中，作为认识主体的人在对理念的观照中忘却自身，因此不是作为具有自身界限的个体之人；而认识的客体成为理念，也不再是与自我的欲求有关系的个别的事物。人和事物在审美中都从时间和空间中摆脱出来，从与其他事物的区别中摆脱出来，也就是说，它们暂时不受个体化原理支配。审美的愉悦就来自这两个方面的变化：在对理念的静观中，通过对自我的遗忘，人从欲求的控制中挣脱出来，痛苦得以平息。审美的愉快仅仅是否认个体意志、摆脱盲目的欲求冲动之后心灵的平静。在叔本华那里，审美、艺术的功用就在于使人摆脱意志的奴役，从而摆脱痛苦。但是，审美、艺术对意志的消除是通过个体性的忘却而获得的，一旦被忘却的欲求、人与个别事物在时空中的关联重新进入意识，人将再次陷入痛苦。因此，叔本华认为，审美对意志的解脱是暂时的、瞬间的、不彻底的。根本的拯救，即意志的完全否定，只有通过禁欲主义的清心寡欲，认识到最后的虚无实质时才能达到。不过，叔本华又为艺术保留了这种最终拯救的可能性，即真正伟大的艺术、艺术的最高成就可以使人达到对这种禁欲主义的最高认识，如此，艺术便可以成为“意志的清静剂”，产生“一切欲求的放弃，意志的收敛，意志的取消，随意志的取消也可以产生最后的解脱”[①]。在叔本华看来，悲剧就可能达到这种效果，作为“意志的清静剂”，教导生命意志的完全放弃。

以上叔本华有关审美和艺术的观念，与尼采从强力意志出发的审美、艺术观念相比，在精神取向上有很大差别。从尼采的角度来看，

① 叔本华：《作为意志和表象的世界》，石冲白译，商务印书馆1982年版，第323页。

叔本华的美学观念存在种种误解，比如审美的“无功利性”，艺术否定意志、消除痛苦的作用，等等，在尼采看来完全是误解，这种误解的根源仍然在于：叔本华的美学出自生命的贫乏，因而着眼于缺陷，着眼于被动接受，而审美、艺术应该是出自生命的丰盈，艺术的本质是给予、创造。

尼采认为，叔本华沿用了康德对美的定义，把审美理解为“无功利的静观”，这种对审美、艺术的考察没有切中实质。[①] 从尼采的描述中可以看到，在尼采看来，对美的价值的判断同其他一切价值判断一样，都是强力意志，是从某种透视的角度出发对周围事物的选择、解释、控制：

> 全部艺术何为？它不赞美吗？它不颂扬吗？它不选择吗？它不提拔吗？它以此加强或削弱某种价值评价……[②]
>
> 要保持客观性，或者说，要取消解释性的、附加性的、填充性的虚构力量（——后者乃是那种对各种美的肯定的联结），这是不可能的。[③]

审美不是对世界的静观，而是透视的结果，是主动地组织、控制、赋形乃至创造。这种透视的角度总是基于特定生命的保存和提高：有利于生命保存和提高的就是美的，对生命有害的就是丑的：

> 美与丑就被认为是有条件的了，亦即着眼于我们最底层的保存价值。

---

① 但海德格尔认为，尼采和叔本华都误解了康德的“无功利性”概念。海德格尔区分了叔本华的审美无功利性和康德的审美无功利性的不同含义。前者是意志的脱落、欲求的平息，是冷漠无趣的状态；后者则强调审美中排除异己之他物的挤迫，主体和对象都开放出自身，在活泼的生命运动中发生紧密的、本质性的关联。海德格尔还强调，康德的审美无功利性只是从否定的方面规定了审美不是什么，并不是他对审美的肯定性描述。实际上，正是康德的审美观念与尼采对审美状态的理解最为接近。参见马丁·海德格尔《尼采》，孙周兴译，商务印书馆 2002 年版，第一章第 15 节。

② 尼采：《偶像的黄昏》，周国平译，光明日报出版社 1996 年版，第 70 页。

③ 尼采：《权力意志》，孙周兴译，商务印书馆 2007 年版，第 638 页。

> 美就处于功利、善行、生命提高之类的生物学价值的一般范畴之内。[①]

与叔本华的观念相反，尼采认为审美恰恰是有功利的：美在于物对我的生命保存和提高的有用性。对尼采的这一说法，我们必须同时注意到，在尼采这里，所谓生命的保存和提高乃是生命的实质，因此，美对生命的有用性始终指的是：美关联着生命的本质实现、生命之成其自身，而不是事物对生命之欲求的实际满足。

这也就是说，美的价值判断不是取消一切个人的意志、个体存在的独特性，在理念中忘却自我，而是立足于判断者作为特定生命存在的实现：美与特定生命类型的本质的实现相关联，与特定生命类型当下状态的持存以及对这一持存的跨越相关联，也即与强力的变化相关联。美的判断既然与特定生命类型的独特性、与其自我的保存与提高相关，那么美并不排斥个体，同时，美又关联着形而上的力量，以形而上的力量为根基和来源，因而这种判断并不流于完全主观化的个人激情。

既然美的判断是特定生命存在基于自我之实现的视角向外透视的结果，而不同类型的生命，其视角是多样的，那么，美的价值也是变化着的，并不存在固定的、自在的美。首先，不同种类的生命，其保存乃至提高的条件不同，因而审美判断不同，比如强健者与虚弱者对美的价值的判断就完全不同。其次，由于生命的自我超越、自我提高是实现"自身之所是"的关键，只有在自我提高中才能成为自身，而生命的上升是一个不停息的过程，因此，生命的"自身之所是"是流动的、非固定的，对当下自我的不断逾越就意味着透视角度的不断变化：

> 任何人类的提高都会导致对比较狭隘的解释的克服；任何

① 尼采：《权力意志》，孙周兴译，商务印书馆2007年版，第637页。

已经取得的增强和权力扩张都会开启全新的视角，并且令人去相信新的视野。①

透视角度随着生命提高、强力增长的不断变化，也就意味着价值判断的不断变化，因而美的判断总是与生命的不断上升、提高相协调。换句话说，美作为强力意志的显现必然带来对美的以下两个方面的规定：其一，美的价值判断必然内含着那种对距离、对差异的意识——在审美中不是个体被忘却，而恰恰是个体之为个体的独特性、个体之成己的过程中由于提高而带来的距离、差异进入意识。其二，美与判断者自身的强力等级相关——生命提高到何种程度，就意味着何物被判定为美，意味着能够承担何种程度的美。也就是在这个意义上，尼采认为悲剧总是强力的表达：悲剧艺术家能够经受生命的恐怖疑难问题，并通过表现这些问题来显现自身的力量。在此仍需强调以下一点，当尼采说判断者出于生命保存和提高的功利性视角作出审美判断时，他的意思绝不是说，美的判断是主观的。美的判断作为一种价值判断，首先是形而上的强力意志的作为；其次，在审美判断中，正是那些与判断者的强力等级相呼应的事物，在判断者身上激发起与艺术创造相类似的生命状态，才产生了对美的价值判断，可见，体现着强力意志的事物对美的判断具有某种规范的作用。

所以，针对叔本华的审美无功利性观念，尼采认为，审美不是无功利的，反而蕴含最本质的功利性；不是个体性的消除，而恰恰是个体之本真所是的实现；不是无意志，而是强力意志的显现，是生命向更高的自我的上升。

既然审美不是“无功利的”，即不是意志的放弃、个体的消除，那么，艺术的功用就不是叔本华所主张的取消意志、否定生命，艺术所能达到的最高效果不是成为“意志的清静剂”，审美的愉快也

① 尼采：《权力意志》，孙周兴译，商务印书馆2007年版，第135页。

不是所谓“无痛苦的心境”、心灵的安宁。以摆脱痛苦来规定美感，总还是一种否定性的规定，意味着美感并没有实际的内涵。按照尼采的观念，审美、艺术是强力意志的显现，审美判断是着眼于生命之保存和提高——尤其是生命之提高的视角而来的价值判断，即美的判断总是与我们自身的强力等级、自身生命的高度相协调。更为明确地说，我们在被我们判定为美的事物中看到的，就是强力意志在我们自身生命中的贯穿，那么，审美的愉快则必定源自我们对自身之所是的肯定性判断。美的判断中所内含的对自身生命提高的意识，即那种对距离、差异的意识，也即对强力增长的意识，实际上就是审美愉快的根源。用尼采的话说就是：美感就是强力的增长感。艺术的功用就是带来这种强力的增长感，也就是生命的丰盈感，艺术使得生命之提高所带来的距离感得以强化。当尼采举出司汤达的“美许诺幸福”以反对叔本华的否定生命的艺术观念时，当他说艺术是“生命的伟大刺激”时，正是强调艺术与强力的增长感的关联。

尼采认为，叔本华的审美无功利观念、艺术消除意志的功用说，等等，其根本的错误在于，叔本华同迄今为止的一切哲学家一样，不是从创造的角度，从创造者、艺术家的角度，而是从观者、接受者的角度理解审美和艺术。尼采从强力意志的透视出发看待审美和艺术，则必然把审美等同于创造：审美不是对自在真理的认识、发现、表达，因为并没有这样的真理存在；审美是从透视的角度出发对事物的选择、组织、控制，因而是主动地创造、赋形，而不是被动地、静止地观看。就创造来说，审美是出于生命的丰盈、强力的增长的内在逼迫，而主动地向外给予、赠送，是创造者将自身的丰满和完善置入事物，由此美化、颂扬事物；就欣赏而言，审美是在欣赏者身上激发与艺术创造相同的生命状态，即那种生命的充盈感、力的增长感。因此，无论是审美创造还是欣赏，归根结底必须从创造、给予的角度来把握，也就是必须着眼于强力的增长、生命的提升来看待审美、艺术的实质和功用。

从这种观念出发比照叔本华的艺术观念，尼采必然把叔本华所主张的审美中的“客观状态”、意志消除的状态看作“非艺术状态”，艺术不是认识，艺术不是求真意志，不是发现已存在的真理，也不是被动地接受，艺术是创造、赋形，在根本上是生命强力的激发。

第三章　价值重估与虚无主义的克服

一　罪感的消除与生命的解放

• 俄狄浦斯的“罪感”

在古希腊悲剧人物中，索福克勒斯笔下的俄狄浦斯无疑是最受关注的。在《俄狄浦斯王》和《俄狄浦斯在科罗诺斯》这两部悲剧中，索福克勒斯勾勒出了俄狄浦斯的一生。俄狄浦斯的悲剧交错于两条线索：第一，忒拜城瘟疫肆虐，根据阿波罗的神谕，这是因为城邦中有一种严重的污染，[①] 俄狄浦斯作为国王要找出并清除这污染；第二，由于俄狄浦斯出生时就有神谕说他必定会杀父娶母，他一直在竭力逃避这种可怕的命运。最终这两条线索会合，悲剧发生：俄狄浦斯发现他未能摆脱杀父娶母的命运，而且污染也正是由他杀父娶母的行为所引起的，于是，他在狂暴中刺瞎了双眼，之后接受惩罚，流落异乡。

直观而言，俄狄浦斯似乎犯下了双重罪行。首先，从伦理—法律

---

① 关于希腊人的“污染”观念的含义及其巫术性质，可参见 Bernard Williams，“Recognizing Responsibility”，In *Shame and Necessity*，University of California Press，1993，p. 59。

的角度看，杀父娶母是一种罪行；其次，从人—神关系的角度看，杀戮而招致污染，是对神灵的不敬或冒犯，因而也可以被理解为一种罪行。瘟疫横行于忒拜，就是来自神灵的降罪与惩罚。然而，俄狄浦斯是在不知不觉中做出这一切的。他是否该为此承担罪责？他该承担怎样的罪责？让我们先来看看，俄狄浦斯自己是如何看待这两桩至少是与他有关的罪行的。

在《俄狄浦斯在科罗诺斯》中，俄狄浦斯对自己杀父娶母的行为曾有两次辩解，一次是在歌队面前，另一次是在克瑞翁面前：

> 我遭受到最沉重的苦难，完全是由于无心的过失，天知道，事情不是我有意做出来的。
>
> 我所杀死的是要我性命的人；在法律面前，我是清白无辜的；因为我不知他是谁，就把他杀了。
>
> 这些都是我，哎呀，不知不觉地造成的……我不该为了这婚姻或是那杀父事件而被称为罪人……[①]

但是，对自己作为城邦污染之源，他似乎没有类似的辩解。相反，在感谢忒修斯对他的庇护时，他说：

> 我现在这样倒霉，怎能希望你接触一个沾染了许多祸害的污点的人呢？[②]

看起来情况似乎是这样：俄狄浦斯一方面认为自己在法律上是无罪的，因为他的行为只是无意的过失；但另一方面，他确实承认，自己的行为虽出于无意，却是不洁的，自己确然就是神谕所说的应被清除的污染。据此，有观点认为，索福克勒斯在该剧中区分了两种不同的罪：伦理—法律层面上的罪和宗教层面上的罪。俄狄浦斯不承认前

---

① 索福克勒斯：《俄狄浦斯在科罗诺斯》，罗念生译，载《罗念生全集》第2卷，上海人民出版社2004年版，第492、511、523—524页。

② 同上书，第527页。

者，即不承认自己对社会、对他人犯下的罪行，因为他无意作恶，所有那些违反伦理—法律的行为都是在毫不知情的境况下做出的；但是，他承认后者，即承认自己在神灵面前的罪，而且这种宗教层面上的罪，其实质是“生命的欠然所导致的人与神关系的脱节”[①]。

在这一理解中，有两点需要我们多加注意。首先，无论是伦理—法律层面上的罪还是宗教层面上的罪，罪行的承担者都被认为是人，换言之，都是将罪行归之于人；其次，俄狄浦斯承认自己在神灵面前有罪，面对神灵他可能有“罪感”，而这种“罪感”又被认为缘起于“人与神关系的脱节”。

在《俄狄浦斯王》中，索福克勒斯告诉我们，俄狄浦斯最初被认为是神的宠儿。俄狄浦斯能解开斯芬克斯之谜，拯救忒拜城，被拥为忒拜之王，这一切都被认为是有神的帮助，他的所有成就都是蒙神眷顾，受神赐予。俄狄浦斯也一再自视为神的伙伴、神的战士。而当俄狄浦斯对导致瘟疫的污染的追查一步步深入，他感到自己可能就是这一污染并最终得到确认时，他认为自己是被神所憎恶，他的遭际是“一个恶意的神”所造成的。我们不能将这种看法仅仅理解为俄狄浦斯为了给自己开脱而寻找的一个借口。在《俄狄浦斯在科罗诺斯》中，伊斯墨涅在向俄狄浦斯宣告关于他的死亡的神谕时，也表达了类似的看法：“那些从前把你毁掉的神，现在要把你扶起来。”[②] 所以，实际的状况可能是这样：一方面，俄狄浦斯虽然承认自己的行为是不洁的，冒犯了神灵，招致了污染，但他并不认为自己就是该“罪行”的原因，相反，是神意愿如此，是神促成了整个祸害的发生。然而，另一方面，俄狄浦斯并没有因此而认为自己是完全清白无辜的，相反，他承认自己沾染了污点，承认自己应当为城邦的污染负责，于是自愿地接受了由此而来的惩罚。

就此而言，用“生命的欠然”“人与神关系的脱节”“罪感”来解

---

① 刘小枫：《这女孩的眼睛为我看路》，《读书》2000 年第 12 期。

② 索福克勒斯：《俄狄浦斯在科罗诺斯》，罗念生译，载《罗念生全集》第 2 卷，上海人民出版社 2004 年版，第 506 页。

释俄狄浦斯在神面前的精神处境，解释俄狄浦斯对神的理解，可能并不恰当。这种理解所具有的犹太—基督教的精神气息对古希腊人可能是非常陌生的。借此，我们有理由质疑俄狄浦斯的“罪感”。

• 负罪与冒犯

对古希腊人与基督教世界在精神旨趣上的巨大差异，尼采曾予以强烈关注。在《悲剧的诞生》中，尼采提出了他对古希腊悲剧精神的独特理解，而在这种理解的背后，隐含着尼采对基督教精神的批判。在《论道德的谱系》中，尼采明确地比较了基督教上帝观念与希腊诸神观念在起源上的差异，并将谱系学的历史考察方法贯彻到底，揭示出基督教的原罪观念、良心谴责以及禁欲主义的精神实质主要源于一种怨恨者的心态，而这种怨恨者心态与古希腊人的精神气质迥然不同。

在犹太—基督教思想中，“罪感”是一个非常重要的概念。人的负罪意识被理解成一种宗教的罪，被理解成人在神面前的“原罪”。而良心谴责、禁欲主义、神圣惩罚等精神现象都与原罪的观念有着紧密的联系。在这种精神氛围中，神的形象无限光辉，人的形象则异常暗淡，因为原罪的观念意味着，现世的生命自其来处就是罪孽之身，生命从其源头上就有了罪的重负。

而在尼采看来，无论是道德—法律意义上的罪还是宗教意义上的罪，归根结底都是为人遭受的苦难寻找道德上的根源，是经过道德化加工的结果，是“用伦理和宗教的观念解说生理上的不适”[①]。在《论道德的谱系》中，尼采分别对与基督教的“罪感”意识密切相关的伦理观念和宗教观念进行了追根溯源的谱系学分析。

尼采认为，诸如“负罪”“惩罚”“良心谴责”等道德法的观念，实际上源自一个“纯物质化的领域”：买主与卖主或说债务人与债权人的契约关系。债务人与债权人之间的契约关系被尼采认为是最古老、

① 尼采：《论道德的谱系》，周红译，生活·读书·新知三联书店1992年版，第105页。

最原始的人际关系，[①] 这种契约关系同时也是一种权利与义务的关系：债务人有义务还清债务，对还债行为必须作出承诺，从而，债权人的权利也得到了主张。为了保证承诺的履行并使债权人相信承诺，契约还会规定，如果债务人不能还清债务，债权人有权以其他替代方式获得抵偿，比如获得债务人拥有或可支配的其他东西。[②]

正是在这种契约关系中，出现了比较、计算、衡量、估价、制定价值，出现了可补偿的观念：所有的东西都有其价格，都可以找到相应的交换，并可以照此进行补偿。欠债要求还债，而任何损失都能够赔偿，甚至痛苦也可以用来作为赔偿。所以，在债务人与债权人的契约关系中，如果债务人无力以等量的实利赔偿债务，那么，债权人可以通过对债务人的肉体实施折磨，即通过制造债务人肉体的痛苦来抵偿损失。痛苦何以能够抵偿损失？因为制造痛苦可以给痛苦的制造者和观看者带来极大的快乐和满足。因此，这一可补偿观念潜含着另一种观念：人“有权利”对他人实施折磨，或者说，对他人实施折磨可能是正当的。

由此，“惩罚”的观念就出现了。惩罚的“合理性”来自赔偿的“合理性”。如果说在因债务形成的契约关系中，痛苦是对造成损失的“惩罚”，那么，这种惩罚就是一种回报，即以痛苦回报所欠的债务。从痛苦的制造者来看，对欠债人的折磨带来快乐和满足，因而可以抵消债务；从痛苦的经受者来看，这是实现赔偿的方式，以这种方式他可以为自己的行为负责。从这个意义上说，接受惩罚、领受痛苦甚至是一种主动的行为，本质上是一种还债行为。所以，尽管我们可以用惩罚的概念来解释这种赔偿，但是，惩罚在此还不是一个道德法的概念。这是因为，首先，在还债行为中，接受惩罚的人并不一定有罪，也就是说，惩罚还没有与“罪感”建立起必然的联系；其次，在还债行为中，关于行为人具有意志自由的命题，即“罪犯应当受到惩罚，

---

① 参见尼采《论道德的谱系》，周红译，生活·读书·新知三联书店 1992 年版，第 49 页。

② 同上书，第 44 页。

因为他本来有其他的选择余地”的观念，还没有出现。[①] 只有当惩罚与“有意犯罪”的观念必然地联系在一起时，惩罚才真正成为一种道德的观念。

那么，这些纯粹物质化领域中的观念是如何经过“复杂的道德化加工”而转变成为道德观念的呢？换一种问法即是，“罪”的观念是如何出现的——负债如何转变成为负罪，赔偿如何转变成为赎罪，而痛苦如何转变成为对罪孽的惩罚？尼采认为，从良心谴责产生的历史中可以看到，负债、赔偿等物质领域的观念与宗教观念之间的联姻，造就了道德化的“罪感”观念的出现。

关于神的起源，尼采认为，神是从祖先演变而来的。而人与祖先的关系也未脱债务人与债权人的关系。由于部落的延续和繁荣是通过祖先的“牺牲和成功”获得的，所以，古代人认定他们对他们的祖先、对他们部落的创始人是负有债务的，他们必须以同样的“牺牲和成功”去回报祖先。祖先作为强大的精神力量持续地影响着部落的发展，于是，对祖先的负债意识就随着部落的延续和繁荣而不断扩大。祖先的强大能力以及由此而来的卓越成就，是子孙对祖先产生负债意识的主要缘由，与此相关的是子孙对祖先的敬畏感。部落越是发展、强大，对祖先的负债意识和敬畏感就越强。最终，不断增长的对祖先的敬畏感使祖先变成了神，而对祖先的欠债感就变成了对神灵的欠债感。

但是，神的观念起源于人对祖先的欠债感、敬畏感，这与良心谴责之间没有必然的联系。催生良心谴责的精神力量是一种怨恨者的心态。也就是说，只有在怨恨者那里，神的观念才转化为一种“病态的想象”[②]。怨恨者否定自我，把神作为其自然本能的对立面，作为自身之外的真实，作为肯定的、神圣的理想。良心谴责是怨恨者的发明，它以特定的方式利用了神的观念，促成了神的“神圣化”，促成了基

① 尼采：《论道德的谱系》，周红译，生活·读书·新知三联书店1992年版，第43页。
② 同上书，第71—72页。

督教上帝观念的产生。

对良心谴责，尼采提出了一种心理分析式的理论假说。良心谴责是人对自身的自然本能的一种反对。生命的自然本能就是强力意志，体现在主动者、强健者身上，就是统治欲、征服力。这些具有统治欲、征服力的主人种族注定要将生命的自然本能发泄出来，他们凭着他们的强力创造形式，推行形式，而消极的、反应性的庸众则被强行塞入这些形式里，其本能的外向发泄受到禁锢。正是这些消极的、反应性的庸众，也就是怨恨者，发明了良心谴责。面对强者统治的“灾难”，他们感到压抑，原本向外的、宰制性的自然本能得不到发泄，于是他们将强力的矛头对准了自己。

基于这样的观念，尼采说，良心谴责表现为一种自我折磨，是本能的内向化。而且，从以上分析可以看出，在良心谴责中起作用的，是人身上的同一种本能，也就是说，主人种族创造形式、推行形式的本能与怨恨者自身受到拘禁的本能是同一种本能。在尼采看来，这种本能也就是从制造痛苦中获得巨大快乐的残酷本能。由于失去了外向发泄的通路，人的这种残酷的、暴烈的、从折磨行为中品尝快感的野兽本能，这原本针对外界、针对他者、要求自由之发泄的本能，现在掉转了方向，转而针对人自身，即从折磨自身中获得乐趣。需要说明的是，在这里，尼采显然将自己对良心谴责的看法建立在人的残暴本能的观点之上，而这一前提并不一定能够为我们所接受。但是，尼采毕竟揭示了在良心谴责观念背后隐秘的精神根源，他也明言，自己只是提出一种关于良心谴责的理论假说。实际上，弱者的怨恨不仅导致了弱者的自我折磨，而且弱者期望通过良心谴责使强者也受到自我折磨。在这个意义上可以说，良心谴责是弱者针对强者的统治而发明的一种道德策略。

由此，尼采对良心谴责作出了一种诊断：良心谴责是人类的一种疾病，其根本表现是人对自身的自然本能感到羞耻，并否定他的自然本能。从否定自然本能开始，人开始否定自身，并逐渐从这种自我否定出发去设定自我的对立面，设定在自身之外和自身之上的理想，于是“病态地想象”出上帝、彼岸世界，作为对生命本身最大的反对，同时也就是最极端的自我折磨。

尼采有关良心谴责的理论假说中最重要的一点是，把良心谴责与神的观念相联系：良心谴责一定是人在神面前的一种自我否定倾向。人否定自己的自然本能，否定自身的自然存在，并在与上帝之“善”的比照中，将自身的本能看作“恶”，看作人对上帝所欠的债务，而且是无法清偿的债务。神圣的上帝成为世上的“负债感之最”①，由此，原本负债、偿还债务的义务等概念就发生了改变：人对神灵的负债感变成了人在上帝面前的罪感。而且，这罪感基于人自己制造出来的在人的生命本能与上帝的神圣之间的巨大对立。罪孽凭人本身不可清偿，且因为罪孽不可偿还，人必受到永恒的惩罚。可以看到，在尼采的谱系学分析中，怨恨者、良心谴责、“神圣化”的上帝构成了一个解释的循环，三者必须联系起来才能得到恰当的理解。

在这样一种精神氛围中，人有了罪的意识，而且是人在神面前的“原罪”，生命不再是清白无辜的。惩罚现在名副其实地成为一个道德观念，因为来自上帝的神圣惩罚针对的就是人类的罪孽；而赎罪就成了人生的最大愿望，但同时也是人自身无法实现的愿望，最终还得诉诸上帝的拯救。所以，负罪就是人在“神圣化”的上帝面前的根本意识，在尼采看来，这其实是对纯物质领域中与交换有关的一些观念进行道德化加工的后果。而所谓“神圣化”的上帝，本质上是怨恨者的神，是鄙弃自我和诋毁人的怨恨者对神的观念的利用。

但是，在尼采看来，对神的理解和想象可以有完全不同的方式。回到以上有关神起源于人的祖先的假说中，同样是源于敬畏，神的观念却可以向两个方向发展。一是偏于畏的方面：对祖先的恐惧多于虔敬，不能偿还对祖先的债务，从而造成沉重的心理负担。恐惧使祖先与人的距离越来越大，最终成为完全异己的、凌驾于人之上的彼岸世界的存在。从这个方向产生出“神圣化”的神，就是基督教中的上

① 尼采：《论道德的谱系》，周红译，生活·读书·新知三联书店 1992 年版，第 69 页。

帝。二是偏于敬的方面：虔敬多于恐惧，偿还债务被理解为一种报答，被理解为一种责任和意愿，被理解为在精神上与祖先亲近的途径。祖先的强大与卓越是人敬畏祖先的主要缘由，但对祖先的敬畏并未使人与祖先的距离越来越远，而恰恰是从对祖先的敬畏（主要是敬）中生出了效法祖先的念头，于是，人渴望自己能够拥有高贵的品质和卓越的能力，从而能够回报祖先。在尼采看来，从这一方向而来的“高贵化”的神，实际上是人自身高贵形象的光辉显现，希腊人精神世界中的诸神不同于基督教精神世界中“神圣化”的神，而是这种“高贵化”的神。

神的观念的不同当然也意味着在希腊与基督教精神世界中人—神关系的不同。在尼采看来，作为“高贵化”的神，希腊诸神是人自身的高贵形象的神化，在其中，人的自然生命被肯定、被神化、被高贵化。基督教的上帝则是作为人的对立面出现，在其中，人的自然生命是被否定的，所谓“神圣化”恰恰是对人的自然生命的贬损、诋毁，是通过对人的否定而在人之外寻求生活的理想。其次，从“罪”的观念来看，希腊人认为灾祸或过错来自无知，而不是罪恶。如果高贵的人犯下罪行，则是因为有神愚弄他、蒙蔽他，使他的自我暂时失去正常的理智，处于错觉之中。也就是说，虽然行为是人做出的，罪的始因却在神，而不在人。但即便认为罪的原因不在人，希腊人仍然主动承担罪责，以作为对自己的行为所造成的灾祸的补偿。在罪的原因和罪的责任之间不是一种完全对应的关系，归罪于神但求责于己，这是希腊人在人—神关系问题上的独特倾向。[①] 具体来说，把罪的起因归于神，就为人担保了存在的清白；而勉力承担罪的责任，则彰显了人的强健和高贵。所以，以某种苦难的遭际承担罪责，既不是来自神的惩罚，也不是人的被迫赎罪，而是人的主动担当，是为自己的行为负责的方式。但在基督教的精神世界里，在“神圣化”的上帝面前，人

① 关于希腊人的“责任”观念，可参见 Bernard Williams，“Recognizing Responsibility”，In *Shame and Necessity*，University of California Press，1993，pp. 50—74。

却是负着原罪的，人是罪恶的源头，痛苦则是对罪的惩罚，而且，人本身没有能力承担罪责，必须凭借上帝之爱来救赎浑身浸透着原罪的人。

可见，所谓宗教层面的罪，完全是基督教的概念，而所谓罪感，则是人在基督教的上帝面前的精神处境，作为“宗教上的罪”的“生命的欠然”就是原罪，就是承认人的生命在神圣的上帝面前是有缺陷的，这生命的本然缺陷恰恰就是对上帝的欠罪，因其证明了人的卑微低贱和上帝的神圣。于是，用基督教的罪感来解释俄狄浦斯在神面前的精神处境是不恰当的，当俄狄浦斯说他在神面前“有污点”时，当希腊人说某一个人的行为“玷污”了神灵时，我们必须在不同于基督教的意义上来理解其精神品质。

在《悲剧的诞生》中，尼采曾经分析了俄狄浦斯和普罗米修斯的悲剧，他认为，在俄狄浦斯和普罗米修斯的悲剧背后，均隐含着某种更深的神话内涵：为人的受苦辩护，为人对神的亵渎行为辩护。

尼采认为，俄狄浦斯的三重厄运——杀父、娶母、破解斯芬克斯之谜——告诉我们，只有依靠非自然的手段，才能迫使自然暴露其秘密。俄狄浦斯不仅猜破了斯芬克斯之谜这自然中最深奥的秘密，而且作为杀父娶母者，也打破了“最神圣的自然秩序”。俄狄浦斯之所以能够猜出自然的秘密，很重要的一点是，他有着过人的智慧。他在揭露自然之谜时表现出来的过度聪明，是人自身的智慧与力量的彰显，也是人在神灵面前的傲慢与亵渎的表现。这就意味着，至少在悲剧时代的希腊人的精神世界里，“智慧，特别是酒神的智慧，乃是反自然的恶德，谁用知识把自然推向毁灭的深渊，他必身受自然的解体”①。普罗米修斯的悲剧则潜藏着这样一种信念：人要想不被动接受自然的恩赐而靠自己的力量自由地使用火，必要冒犯神圣的自然。普罗米修斯作为泰坦神，本就代表了反对秩序的原始暴力，他必通过偷盗这种冒犯神灵的行为，才能为人类带来火，从而显示人类在神面前的

① 尼采：《悲剧的诞生》，周国平译，生活·读书·新知三联书店1986年版，第37页。

尊严。

因此，在希腊人那里，亵渎与冒犯恰恰是人在神灵面前显示自身力量、表达自身尊严的方式。俄狄浦斯和普罗米修斯都是为了一种他们所期望的整体的幸福而冒犯神灵，威胁神灵所规定的自然法则。由于他们完全是出于人类的自然追求而亵渎、冒犯神灵的，所以，他们的亵渎与冒犯既是正当的也是必然的，而他们的遭难也是必然的。在此，受难也成为人的力量和尊严的体现，因为受难显示出人向神灵挑战的决心。神灵是可以被挑战的，这是希腊人的一个重要观念。在分析普罗米修斯的悲剧中，尼采指出了希腊人关于诸神的“命数”或界限的观念。在希腊神话中，宙斯之所以将普罗米修斯捆缚在高加索山的悬崖之上，是因为普罗米修斯保守着有关诸神命数的秘密，宙斯要逼迫他说出这一命数。也就是说，即便是神灵，也同人一样有着自身的命数，有着自身的界限。人违反神所制定的律令，人对神的冒犯，可以说就是人对神的界限的威胁，是人突破人的界限向神的僭越，同时也是人对自身命数的反抗。神和人都具有自身的命数，这说明诸神所制定的规则，并不是统治世界的终极法则。在神和人的背后，有着更隐秘的自然本质，这就是宇宙中最根本的冲突和斗争，也就是自然的酒神本质。俄狄浦斯和普罗米修斯对神灵的冒犯，以及他们由于这冒犯而必定经受的苦难，在一方面可以说是对神所规定的自然秩序的违背，但在另一方面，却也符合自然的至深本质，是自然至深真相的表达。

亵渎与冒犯虽然也是对神灵、神圣的自然法则的玷污，但其精神气质却与基督教中的上帝观念、原罪观念迥然不同。在前者，虽然说希腊的神灵是神界的存在，但仍具有自身的界限，在人类积极的亵渎行为——尼采称之为“积极的罪行”——面前，神灵也会暴露其缺陷，甚至可能因人类的威胁遭到毁灭。而在后者，人类的利箭却不能刺痛上帝，人永生永世地背负着原罪，对上帝欠着无法赎清的债。如果说俄狄浦斯承认自己在神面前是“有污点的”，那么他并不是“在宗教上认罪”，并不是就此而承认“生命的欠然”，仿佛承认人在上帝面前与生俱来的原罪；相反，他只是承认自己对神灵的冒犯，承认自己用反自然的手段打破了神圣的法则。而在尼采看来，正是这种冒犯与亵渎才彰显了人的高贵和强健，因此也是值得辩护和赞美的行为。

概言之，按照尼采的理解，与基督教的“原罪”观念不同，希腊人所持的，可以说是一种“原始亵渎”的观念。原始亵渎是高贵者、强健者积极、主动的行为，是人类的力量与尊严的表征。而希腊人之所以能够创造出辉煌的悲剧艺术，正是因为他们将原始亵渎标举为人直面神灵的基本姿态。而原罪，即对上帝的负债意识，则完全是消极的、被动的反应，是怨恨者发明出来的良心谴责，是对生命之强力的拘禁。

• 生命的解放与神性的挽留

原始亵渎和原罪的对立、希腊世界与基督教世界的对立，可以说就是尼采所强调的主人道德与奴隶道德的对立。尼采认为，基督教是“道德上的奴隶起义”[①]，基督教道德是奴隶种族出于怨恨创造出来的自我保护方式。由于受到强者生命激情中那暴烈的、侵略性力量的威胁，奴隶种族的生命本能受到压制，又无力直接对抗这具有毁灭性的攻击，对强者的怨恨使他们发明了一种静态的、隐蔽的反抗，即制定一种自称是文明的评价标准，将强壮、健康、攻击等强力判定为罪恶，而称他们自己病态的娇柔、怯懦为高尚、善良，以道德的面具掩饰和防护自身的无能。这种道德不是像高贵种族那样出于对自我的肯定，而是从否定他者出发，然后反过来虚构那些与他们所否定的他者相对立的特性，将之设定为价值所在。这样创造出来的道德拒绝高贵者具有的一切品质，即拒绝生命的外向冲撞的强力，拒绝生命的感觉和激情，包括拒绝生命中的痛苦。

按照尼采的这种思路，欧洲文化的基督教化可以说就是“奴隶起义”胜利的后果。现代的欧洲文化已然是一种奴隶文化，其根本的问题

---

① 尼采：《论道德的谱系》，周红译，生活·读书·新知三联书店1992年版，第19页。

是生命的弱化和生存高度的丧失，在娇柔的奴隶道德的规训与控制下，高贵者的品质与道德不再被崇尚，生命被驯化，末人的世界出现。

正是通过对希腊人的悲剧精神与基督教的宗教精神的比照剖析，尼采提出了他自己的“西方没落”观。而且，在这种比照剖析中，尼采不仅对现代西方文化的衰颓作出了明确的诊断，同时也开出了救治的方案。简言之，将生命从一切奴隶道德中解放出来，使之获得“第二次无辜”，恢复生命本有的强健与高贵，被尼采视为他所肩负的文化使命。根据以上分析，这一救治方案的另一种表达方式是：摆脱基督教，回归古希腊。

这就是尼采宣告“上帝死了”的缘由。“上帝死了”是尼采对现代人宗教处境的断言，即现代人对上帝的信仰正日渐消退，但现代人对此并不自知，所以他要大声宣告这一“重大事件”。同时，上帝之死又是尼采针对西方文化的病症所开出的药方。基督教的彻底瓦解正在到来，但尚未实现，人们已不再信仰上帝，但基督教的道德还控制着生活的方方面面，要恢复生命的力量和生存的高度，必须先将基督教信仰连同建基于其上的基督教道德一并摧毁。只有宣布上帝之死，生命才有可能获得解放。在《快乐的科学》中，尼采曾对“解放”有所言说。在他看来，解放的标志是“不再对自身感到羞耻”[①]。那么，人因何而对自身感到羞耻？——只有设立了人的对立面，设立了对人的否定，并以之作为神圣的理想，人才可能对自身的存在感到羞耻，因此尼采说，在基督教中根本就不存在对人的犯罪，负罪只是对上帝的负罪。而当上帝消亡，人之罪也就没有了存在的前提，诸如原罪、良心谴责、神圣惩罚等基督教的道德概念也就没有理由成为对人的本然生命的压制，人将不再感到自身的生命是卑贱的、有缺陷的和匮乏的。就其精神实质而言，解放就是罪感的祛除，就是人对自身存在的直接肯定。

此外，只有上帝之死，生存的高度才有实现的可能。在《查拉图斯特拉如是说》中，尼采曾提出两个彼此联系的断言：上帝是高人

---

① Nietzsche, *The Gay Science*, Trans. W. Kaufmann, Vintage Books, 1974, p. 220.

(higher man) 的 “最大危险”；而群氓小人是超人 (superman) 的 “最大危险”。[1] 在此，尼采设置了一个市场的隐喻：上帝所护持的是一个市场般的平庸化世界，企图将每个人的特性抹平，使每个人都变得一样。但是，在市场中仍有高人与群氓之分，尽管群氓不愿意承认：“群氓眨着眼说：‘没有高人，我们都一样；人就是人，在上帝面前，我们都一样。’”[2] 于是查拉图斯特拉昭告市场中的高人，上帝正是他们的最大危险，只有上帝死了，他们 “才有新生”。他呼吁高人离开市场，继续前行，渴望超人的生存。也就是说，高人有可能成为真正领会上帝之死的先觉者，超人则是上帝死后的生存理想。正是因为上帝的 “存在”，才导致了人类生活的平庸化；上帝作为渺小者的神，作为贱民、奴隶的神，将使所有人都变成渺小者，都变成贱民和奴隶。所以，只有上帝死了，高贵者才可能获得生存的条件；只有上帝死了，才有超人出现的可能性。

那么，摆脱基督教，回归古希腊，是否意味着也要将希腊的诸神请回？换言之，古典精神的再生是否需要诸神的再生？这个问题更为尖锐的提法是：既然古希腊人是在诸神的观念下为人的生存的高贵性做辩护，那么在神话衰落的现代处境下，又如何能够做到这一点？

从本书第一章我们看到，尼采在他第一部公开出版的著作《悲剧的诞生》中，就明确地用两位希腊神灵——酒神和日神来解释希腊悲剧的诞生，并一再强调神话对一个民族的文化的重要性，而且期望、预言酒神精神将在现代复苏，神话家园也将在现代重建。在尼采后来的著作及遗稿中，酒神、日神的形象也一再出现。看起来尼采似乎是企图迎回希腊诸神，为现代文化重新培育神话的土壤。

然而，仔细分析，这是不可能的。尼采面对的是西方现代性危机，现代人理性的过度造成了信仰的危机，宗教不再具有对文化的统摄力量，现代人也不再可能为自己创造出诸神。事实上，尼采自己清

---

① Nietzsche, *Thus Spoke Zarathustra*, Trans. W. Kaufmann. In *The Portable Nietzsche*, Viking Press, 1982, p. 398, p. 399.

② Ibid., p. 398.

楚地知道这一点，在《悲剧的诞生》中，酒神和日神对尼采而言已经是一种借用，更恰当地说，是对自然力量的一种“譬喻”。用西方存在论传统中的概念来说，前者是生成（becoming）的代名词，是指自然原始之力，是指自然永无休止地创造与毁灭的过程，也象征着万物浑然一体的状态；后者则是存在（being）的代名词，是指生成之流中暂时的持驻，是指维持着个体界限的可见世界。

既然在现代境况下诸神的回归已无可能，那么尼采所深思的问题就是，如何在诸神阙如的情况下尽可能地挽留古典的“神性”，即如果希腊神话是其文化的规束力量，如果希腊神话是其民族、国家的重要精神资源，那么，当这一神话已不可追回，我们能否寻找到一种方式，使其文化的精神得以恢复并重新得到保持？

尼采提出艺术形而上学，就是要以之代替希腊诸神，从而实现古典精神的再生。海德格尔认为，强力意志、虚无主义、永恒轮回、超人、公正等思想一同构成尼采形而上学的基本脉络。[①]

强力意志是尼采对存在之本质的基本规定：

> 一切推动力都是强力意志。
>
> 生命就是强力意志。[②]

在《悲剧的诞生》中，尼采就已经有了一个对自然本质的基本规定，自然本质上是生成，是力的奔流，是原始生命力永恒的成与毁的过程，尼采称为自然的“酒神本质”“酒神真理”。尼采以酒神为譬喻对自然的终极把握，与从强力意志的角度对存在、世界的基本规定实际上是一致的。强力意志并不是对某种先在的作为实体的“力”的欲求，而就是力的运行过程，当尼采说一切存在都是强力意志，生命就是强力意志时，他所意指的是，生命就是不断逾越已达到的状态，意求不断超出自身，生命成为其自身，关键就是要打破并超出持存状态。

---

① 参见马丁·海德格尔《尼采》，孙周兴译，商务印书馆 2002 年版，第六章。

② 尼采：《权力意志》，孙周兴译，商务印书馆 2007 年版，第 1030、189 页。

基于这一核心看法，尼采认为，所谓价值，就是生命“保存、提高的条件”，必须依照强力意志的要求来制定价值，舍此则非。正是从价值观念变化的视角，尼采将欧洲的历史理解为虚无主义的历史。在他看来，欧洲的虚无主义经历了三个历史阶段。第一个阶段的根本特征是，将价值寄托于一个虚构出来的彼岸世界，具体来说，就是基督教精神对欧洲的“征服”。第二个阶段的根本特征是，不再相信原先按照彼岸世界虚构出来的价值，但这一中间阶段是一种模棱两可的状态，存在种种不同的可能性：一是可能存在不彻底的虚无主义，寻求各种各样的价值替代物，往往采取理性主义和人本主义的思路，具体来说与基督教精神推动下的现代性有密切关系；二是彻底的虚无主义本身也存在差别，有消极的虚无主义和积极的虚无主义之分。第三个阶段就是彻底的虚无主义，宣布一切价值的废黜，从而也从无中孕育新的价值设定的可能性，也就是着眼于不断生成、变化的世界本身，以强力意志为价值设定的根本基础。

永恒轮回可以被视为对虚无主义的克服。与强力意志一样，永恒轮回仍可被看作对世界的一种总体把握。如果说强力意志着意于存在的本质，那么，永恒轮回则着意于对生成的运行方式的规定：在生成之外没有需要达到的其他目的或意义，生成的过程就是一切，因此生成的运行方式必定是循环的。

只有在对世界的总体规定的意义上共同理解强力意志和永恒轮回，我们才可以看到尼采的这些概念与他以酒神这一希腊神灵所要说明的东西之间的关联。强力意志和永恒轮回是对世界的总体规定，超人则是对这种世界本质有着清晰意识并依照此本质来生存的人。超人既被强力意志和永恒轮回所规定，同时又是强力意志和永恒轮回的承担者，在这个意义上，超人不同于以往的人，以往的人由于虚构了生命之外的目标和意义，因而其基本特征是服从外在的命令，意愿生命之外的理想。超人则自我立法、自我命令。而公正，作为超人的伦理，就是依照强力意志对真理本质的形而上把握。

尼采独独标举艺术形而上学，而不是“认识”形而上学，或者

“道德”形而上学，这是因为，在他看来，艺术比认识或者道德更为切近自然形而上的本质。尼采提出艺术形而上学，就是为了在神话衰落的现代挽留生命存在的“神性”，但这里的“神性”并不是宗教意义上的，而是着意于生命存在本身可能达到的高度。无须外在的神明，生命本身就是神圣的。西方文化发展到现代，生命或者束缚于宗教的统治而被压抑，或者流失于奴隶式的乐天而庸俗化，因此，尼采呼吁生命的解放，也就是免除被贴附在人身上的“原罪”，回到生命本然的能动状态。也只有如此，才能够重新捍卫人类的尊严和力量。

二　作为历史过程的虚无主义

上文提及，“上帝死了”是尼采对现代人宗教处境的断言，同时也是为西方现代文化的衰颓开出的救治方案。不仅如此，“上帝死了”在尼采那里还是对“虚无主义”的明确表达。在《快乐的科学》第125节中，尼采借那个大白天打着灯笼寻找上帝的疯子之口，宣告上帝之死，这同时也是对虚无主义来临的宣告。在告知人们上帝已死之后，疯子马上说：

> 当我们把地球从它的太阳的枷锁中释放出来，又将做些什么？它现在移往何处？我们移往何处？远离所有的太阳吗？难道我们不是在不停地坠落吗，向前后左右各个方向坠落？还有上或下吗？难道我们通过无尽的虚无时不会迷失？难道我们没有感到真空的嘘气，它不是变得更冷了吗？黑夜不正向我们不断地逼近？①

① Nietzsche, *The Gay Science*, Tran. W. Kaufmann, Vintage Books, 1974, p. 181.

对上帝的信仰是迄今为止一切生存的重心，上帝、超验的彼岸世界规定着生存世界，使此世生存具有了目标，使生存所遭受的一切苦难有了理由、根据、意义。而对上帝信仰的沦落意味着重心的丧失，意味着一切以这一信仰为根基的事物的崩塌、瓦解，意味着不复相信生存具有某种确定的目标、意义。虚无主义是伴随着上帝之死必然到来的现象，正因为上帝之死也就是虚无主义的实际到来，尼采还把上帝之死称为投在欧洲大地上的“阴影”，是从未发生过的“日食”①。虚无主义就是失去上帝信仰之后人的生存处境：不再相信某种最终目的、意义的存在，而没有了生存的目的、意义，人迷失于空无之中，不知何去何从。

需要强调一点，尼采的“上帝死了”中的上帝不仅仅限于指称统治西方两千多年的基督教信仰中的上帝，而是代表一切生成世界之上的存在世界、绝对理想，② 无论它是柏拉图的绝对理念，还是康德的物自体。在尼采看来，基督教的上帝、康德的物自体，都归属于自柏拉图以来的传统，这一传统区分出两个世界——存在世界与生成世界，或说超感性领域与感性领域，并将存在世界、超感性领域作为至上的完满和唯一真实的世界，作为生成世界、感性世界的最高规定者。基督教的此岸世界与彼岸世界的区分是这一传统的集中体现，在这个意义上，尼采把基督教看作柏拉图主义的一种表现形式。③ 因此，“上帝死了”不仅仅指基督教信仰的衰落，在根本上更是指对超于生成世界之上的所谓真实世界的怀疑。

---

① Nietzsche, *The Gay Science*, Tran. W. Kaufmann, Vintage Books, 1974, p. 279.

② 例如，海德格尔就认为尼采的“上帝死了”中的“上帝”是超感性世界的代名词，德勒兹也认为尼采指的是“各种形式的超感性世界”。参见马丁·海德格尔《尼采的话“上帝死了”》，载《海德格尔选集》，孙周兴选编，上海三联书店1996年版，第770页。并参见吉尔·德勒兹《尼采与哲学》，周颖、刘玉宇译，社会科学文献出版社2001年版，第216页。

③ 例如在《善恶的彼岸》序言中，尼采称基督教为“民众的柏拉图主义”，而在《偶像的黄昏》之“‘真实的世界’如何终于变成了寓言”中，尼采把柏拉图的理念、基督教的彼岸世界、康德的物自体等放在有关“真实世界”观念的历史变化之中，将之看作这一历史的不同阶段。

在尼采看来，这一真实世界、超感性领域迄今为止被当作最高价值、终极目的，而当这一所谓真实世界的存在遭到怀疑，最高的价值、目的也就被认为是不可信的，因此，伴随着上帝之死而来的虚无主义就是："最高价值的自行贬黜"。"没有目标；没有对'为何之故?'的回答"，是"对价值、意义和愿望的彻底拒绝"。①

看来，虚无主义是对最高价值的怀疑、否定，是超感性领域的信仰破灭之后人所面临的实际处境，但尼采主要是把虚无主义把握为一种历史过程，而并不仅仅是目前的处境。在《偶像的黄昏》中，尼采把柏拉图以来有关"真实世界"的观念置入一个历史的过程中，勾画出一个有关"真实世界"的设定和废除的历史，② 这可以看作尼采对虚无主义历史过程的大致描述。尼采以"上帝死了"来表达虚无主义的实际到来，而"上帝死了"这一说法本身就是对过程、发生中的事件的表达，它暗含着上帝之死这一事件在上帝的"诞生""存在"中就已经开始，同时，上帝之死还成为一种解放，指向新的发展可能性，这种新的发展可能性能够成为对虚无主义的克服。介于两者之间，作为对超验世界的信仰丧失之后对价值、意义的否定的虚无主义，则是这历史过程中的一个过渡阶段。这样，作为历史过程的虚无主义便包含着虚无主义的开端、过渡及虚无主义的自身克服三个阶段。尼采又把虚无主义规定为"最高价值的贬黜"，也就是说，尼采对虚无主义的历史过程的把握是围绕着价值展开的，虚无主义的开端、过渡及克服的过程也就是以往价值的创造、贬黜以及新的价值创造的历史。

如此一来，作为历史过程的虚无主义在"最高价值"的设定中就已经有其根源，对作为最高价值的上帝、彼岸世界的信仰本身已然是虚无主义的开端。尼采认为，虚无主义的原因不在于某种"社会的痛苦"或"生理的衰颓"，而在于对这种现象的特定解释方式，

① 尼采：《权力意志》，孙周兴译，商务印书馆 2007 年版，第 399、148 页。

② 参见尼采《偶像的黄昏》，周国平译，光明日报出版社 1996 年版，第 26—27 页。

即“基督教—道德的解释”。[①] 基督教的解释以超验的存在为最高的价值，上帝、彼岸世界被认为是唯一的、自在的价值本身，正是这自在的价值赋予世界以确定的目标、真理和统一性，对上帝、彼岸世界的信仰就是对自在的价值，对目标、真理、统一性的信仰，而对这些“理性范畴的信仰”，在尼采看来就是虚无主义的原因。[②] 否定价值、意义的虚无主义，恰恰是这种对绝对价值的信仰的必然后果。

为什么恰恰是对最高价值的信仰本身必然导致对最高价值的不信？根本原因在于，首先，价值的设定有其自身的根源，并不存在所谓自在的价值本身，因而，当价值设定的隐秘起源被认识所把握时，作为自在存在的最高价值就必然被认为是虚假的，不足以用来解释世界；其次，正是对最高价值、确定真理的信仰培育出探寻真理的求真意志，而从对最高价值的信仰自身发展出来的这种求真意志最终发现最高价值的虚妄，并转而怀疑和否定价值的存在，所以，“最高价值”的贬黜是一种“自行贬黜”。

但价值设定起源于何处？从上文可见，尼采是把基督教的最高价值的设定，即对上帝、彼岸世界的信仰当作一种对世界的“解释”，这意味着：可以有多种对世界的解释，基督教的世界解释只是多种解释中的一种。价值设定在根本上是某种对世界的解释，而解释，尼采称之为“透视的评价”，这意味着，价值总是着眼于某个特定的视角，由此出发对事物进行判断、选择、整理、组织。价值设定建立的视角，在尼采看来乃是某种“功利性”的视角，着眼于对生命的有用性，依照是否有利于生命的保存和提高的标准，尼采说，价值就是“旨在保存和提高人的支配性构成物的特定功利性视角的结果”，又说，价值的观点是“鉴于生成范围内生命之相对延续的复合构成物的保存—提高之条件的观点。”[③] 这就意味着价值的起源在生命本身，任

① 尼采：《权力意志》，孙周兴译，商务印书馆2007年版，第148页。

② 同上书，第722页。

③ 同上书，第723、707页。

何价值都是某种特定类型的生命为自身设定的条件。生命不是某种固定之物，而是保存和提高意义上的生成，价值在根本上是从生成出发，顺应生成的要求。而生命的保存和提高，在尼采那里也就是强力意志，因此，价值设定的基础乃是强力意志，一切价值设定都源自强力意志对保存和提高的条件的要求。

从这种观点来看，以生成也即以强力意志为根基的价值，具有以下几个方面的规定性。第一，既然价值始终是生命所设定的条件，那么，价值就是某种受限定的、被创造之物，而不是自在的，作为最高真理、终极目的的存在。价值设定是生命自身的创造行为，价值根本上服从于生命，为生命所规定，而不是在生命之外规定着生命的东西。第二，作为生命保存和提高条件的价值随着生成过程而发生变化，强力的增长总是带来价值的变化，因而价值不是某种固定之物，被固定化了的价值将成为生命的阻碍，因而不再成其为价值。强力的增长总是意味着距离与差别的产生，也即意味着强力等级的不同。价值设定总是与强力的增长或者衰退、生命的生长或者下降，也就是与强力的等级相应。第三，价值设定乃是出于某个特定视角，是“对于一定物种”而言的条件，价值总是某个特定生命类型的条件，只适用于这一生命类型，因而并不存在普泛的、制约着一切生命类型的价值。同时，正因为价值总是某种生命类型的价值，总是出于某种生命的状态，某一价值设定便可以成为一定生命类型的征象。这同时也就意味着，价值是有差别的，基于价值是何种生命类型所设定的条件，是上升的、强健的生命的设定，还是下降的、虚弱的生命的设定，可以对价值进行评价，确定价值的等级。

如果价值不是自在的，不是固定的，也不是普遍有效的，而始终只是生命所设定的手段，为生命服务，那么，作为手段的价值不可能成为对生命本身的评价，确切地说，任何一种着眼于某类生命的保存和提高的条件的价值，都不适用于对生命整体进行评价。在一则笔记中，尼采说，生成世界“根本就没有价值”，这并不是说，与不同于生成世界的另一个世界相比较，生成世界是无价值的，而是说，世界的整体价值是不可估价的。原因在于，如果要对生成世界进行价值评判，则必须在生成世界之外赢获一个立足点，这就意味着站在生命之外评判生命，但在尼采看来，这是一切生成世界中的个体生命所“不可企及的问题”[①]，任何价值评判都落在生命的手掌之内，不可能超出生命之外，我们并不拥有可以对生命本身进行评判的东西。

把价值设定的基础放置在生成世界之内，其用意在于排除一切生成世界之外的目标、意义，同时也排除唯一的最高真理存在的可能性。根据以上有关价值设定的基础和原则，对迄今一切价值设定本身的价值进行评价，这就是尼采所谓的重估价值的运动。价值设定的基础和原则，也就是进行价值重估所依据的基础和原则，而根据这种重估的原则比照以基督教为代表的以往的价值设定，后者恰恰是把最高价值预设为高于生成世界之上的终极目标。

以往的价值设定悬设一个与生成世界相对的固定不变的“真实世界”为最高存在，真实世界被当作生成世界之上的自在存在，并成为衡量真理、实在性的绝对尺度及世界的最高理想，如此一来，原本是生命的创造之物成了外在于生命、高于生命的存在，价值成了在生命之上的自在的价值。而从尼采所说的价值设定的真正起源来看，这实际上是把基于自身生存的有用性所创造出来的手段、条件投射为事物的本质，是把受限定的、被创造的有条件之物错当成自在的、无条件之物，是“把我们的保存条件投射为一般存在之谓词”“把某种限制性条件绝对化了”，尼采称之为“哲学迷误”。[②] 这种悬设真实世界、最高理想的价值设定，在根本上仍是某类生命自我保存的条件：这类生命需要相信一个高于自身的存在世界，需要一个自身可以依靠、服从、遵循、向往的目标、理想，而这种对自身之外的最高存在、终极目的和最高理想的要求，在尼采看来，是缺乏自我创造、无能于自我创造的意志对外在的命令、规定的意愿。

---

① 尼采：《偶像的黄昏》，周国平译，光明日报出版社1996年版，第31页。

② 参见尼采《权力意志》，孙周兴译，商务印书馆2007年版，第402、1068页。

将不同于生成世界的真实世界视为终极目的、最高价值，以往的价值设定便将价值固定化为唯一的真理，而按照尼采的观念，价值设定顺应生成，因而是变化的，总是与一定量的强力相应——“价值及其变化与价值设定者的权力增长相关”①。以此来看，价值的固定化违背了生成，也映射出价值设定者力量的缺乏，意求最高价值的生命由于创造力的缺乏，无力增长、上升，因而需要依靠某种稳定之物。以往最高价值还被认为是一切生命的最高目标，是最高的规定性和约束力量，一切法则、律令都出自某类生命特殊视角的价值被普遍化为终极价值。但价值本质上与强力等级的差别相关，作为普遍约束力的最高价值的设定体现着某类生命的隐秘倾向：抹杀、消除生命的距离、差别，使生命趋于平均化。

作为最高价值的上帝、彼岸、存在世界还成为评判生成世界的尺度：超验世界是唯一真实的存在，是价值、意义的终极来源，是应当意愿的最高理想，生成世界则与此相对，被判定为幻想、谬误，是虚假的、无价值的、不应当存在的。而按照以上说法，上帝、彼岸、存在世界作为价值也仍是生命为自身设定的条件，不过是被投射到自身之外，错当成自在的存在，根本上仍是生命自身的活动。在生命之外别无他物，生成世界是唯一的实在，因此，被当作最高价值的上帝、彼岸世界完完全全是一种虚构，是从虚无中创造出存在。作为一种对另一个世界的虚构，上帝、彼岸世界等，不过是一些“空疏的概念”，与实在无涉，在这个意义上，基督教在尼采看来就是一种“虚无主义宗教”②。尼采还说，如果以实在取代概念，则“整个基督教就滑入了虚无”③。而上帝、彼岸、真实世界等“空疏的概念”被虚构出来，恰恰是为了对抗实在，也即对抗活生生的生命。作为一种价值设定，也即一种对世界的解释方式，这种虚构缘起于对生命本然痛苦的极端敏

---

① 尼采：《权力意志》，孙周兴译，商务印书馆 2007 年版，第 402 页。

② 同上书，第 871 页。

③ 尼采：《敌基督者》，吴增定、李猛译，载刘小枫选编《尼采与基督教思想》，道风书社 2001 年版，第 41 页。

感和排斥，企图为现世生存的种种痛苦寻找道德的解释，而一个不同于此世生存的另一个完满世界的存在，恰恰可以使现世的苦难具备某种意义。正是对自然、现实的不满催生了一切有关真实世界的虚构，而真实世界一经虚构出来，便成为对生成世界的最大敌视、反对，成为“这种存在的法官和审判者”[①]。由于上帝、彼岸世界根本上是生命自身设定之物，以上帝来谴责生命，反对、诟病生命，也就是生命对生命自身的反对。这种对超验理想的追求，以虚构的超验存在反对生命、反对现世生存，在尼采看来就是求虚无的意志。所以，尼采说，在基督教的上帝身上，“虚无变成了神，虚无的意志被神圣化”，在基督教那里，是“终结的意志，虚无主义的意志攫取了权利”[②]。

一切对生命的评价，归根结底都不能超出生命之外，也仍然是某类生命的特殊视角，因而这种求虚无的意志，这种企图贬低生命本身的行为，也仍然是某种类型的生命的征象。在尼采看来，设定最高价值、反对生命本身的，乃是这样一种生命种类——“衰退、虚弱、疲惫、受谴责的生命”[③]，也就是下降的、颓废的生命类型，是生命的低等类型。一方面，这类生命意图寻求生命的外在权威、外在的命令者，这是无能于自我命令，无能于生长、提升，因而也就是无能于强力意志的表现；另一方面，这类生命设定一个超验的最高理想、固定化的唯一真理作为意欲的目标，就此，低等类型的价值设定放大为“宇宙价值和形而上学价值”[④]，其根本企图是要以有利于低等生命的价值判断来控制、反对那些强健者，消除生命的距离、差别，生命的低等类型以此获得支配地位，因而这同时又是强力意志的体现，尼采认为，在以往最高价值中，生命的颓废本能表现为强力意志，是强力意志的“一个特例”[⑤]。

---

① 尼采：《权力意志》，孙周兴译，商务印书馆 2007 年版，第 1048 页。

② 尼采：《敌基督者》，吴增定、李猛译，载刘小枫选编《尼采与基督教思想》，道风书社 2001 年版，第 18、10 页。

③ 尼采：《偶像的黄昏》，周国平译，光明日报出版社 1996 年版，第 32 页。

④ 尼采：《权力意志》，孙周兴译，商务印书馆 2007 年版，第 407 页。

⑤ 同上书，第 1051 页。

当尼采把价值看作出自特定视角的对世界的解释，当他说一切都是解释的时候，他并不认同这样一种观点，即一切解释都是可以的。我们必须对不同的解释进行区分，明确其间的差别。由于价值与不同的强力等级、生命的不同类别相对应，不同的价值本身的价值也就存在差别，这就需要对价值本身的价值进行衡量。而这种衡量在尼采那里必然成为对以往最高价值的消解。价值不是一个在世界背后、在世界之上的造物主的创造，不是先于人的现成之物，不是自在的客体，而是人自身的创造，是人基于自身的生命作出的判断。作为一种价值判断，而不是唯一的自在价值——事实上并不存在所谓唯一的自在价值，我们可以对之进行评判，辨认其作为一种判断所借以站立的基点，也就是价值估价、解释背后占据主导的不同的强力意志，并对这一基点本身进行分析与评判。评判的标准，就是看这些解释对生命的有利性，看它们是促进生命的上升、繁荣，还是阻碍、压制了生命的增长。这就是尼采在《论道德的谱系》中所进行的工作，是他对基督教的同情、良心谴责、原罪等概念进行谱系学分析的根本用意。而从以上评判标准来看，尼采得出结论，以基督教为代表的最高价值设定，乃是有利于下降的生命的世界解释，是虚弱者用以占据主权的价值，是对生命的贬低、诽谤、打击，因而在根本上阻碍着生命的上升、增长，使生命虚弱化。

对最高价值的信仰必然最终导致对这一最高价值的不信，上帝、彼岸世界被揭示为我们的虚构，而这种虚构又是无法证实的，对超验世界、彼岸存在的信仰最终崩溃瓦解，对上帝的信仰一变而为对价值、意义的怀疑、否定。由于以往最高价值被当作唯一的真理，世界唯一的目的、意义，由此导致的虚无主义表现为对一切世界解释、一切价值设定的怀疑，现在，世界被认为是毫无价值的，虚无主义就是以往最高价值的设定所必然带来的价值的虚无感。但这种虚无主义并不是一种终结，也并不意味着完全荒芜、破灭，反而有可能导向一种对虚无主义的“反向运动”，成为一种全新的生存方式、全新的价值设定的可能性的前提。正是在这个意义上，尼采把最高价值沦落之后的阶段称为虚无主义的“过渡状态”或“中间阶段”。[①] 在这一阶段，以往的旧的价值已经沦落，但全新的价值设定尚未到来，一切尚且处于模糊状态，因此，这一阶段也就是模棱两可的，多种状态并存。

其中一种状态是，虽然不再信仰上帝和彼岸世界，但对生存目标的需要和探寻冲动还没有消失。在尼采看来，对生存之“为何之故”的询问也还是一个虚无主义的问题，在根本上与以往对最高价值的信仰是相似的，也都把目标看作某种外在权威的给予。因此，对生存目标的探寻，表现为对种种上帝的替代物的寻求，弥补由于上帝之死所导致的目标缺失，比如道德理想、进化观念、对科学理性的信念等，这些理想不过是把基督教的彼岸、来世的理想放置在现世的未来发展中。而取代作为命令者的上帝，如今扮演给出目标的权威角色的，或者是良知、理性，或者是社会本能、历史。[②] 这种种尝试虽然不再信仰超验存在，但仍然保持旧的理想的残余，因此，虽然它们是上帝死后虚无主义的表现，却是未完成的、不彻底的虚无主义，实际上是对虚无主义的回避。

而完全的、彻底的虚无主义，不仅否定一切有关超验存在或者自在理想的设定，还否定一切目的、意义，在这种彻底的虚无主义状况下，世界被认为是毫无价值的。但恰恰是这种表现为极端悲观主义形式的虚无主义是一种“真正的”虚无主义，可以成为“一种影响深远的、极其重要的增长的标志，向新的此在条件过渡的标志”[③]，完全的虚无主义是新的生存状态的前提。它之所以还是作为一种过渡状态，原因在于，此时旧的理想已被否定，而在新的基础上创造价值的力量尚不够强大，虚无主义还是否定性意义上的虚无，表现为空无所有、停留于纯粹的否定。同时，完全的虚无主义本身也还是具有歧义性的，包含着两种截然不同的状态和趋势，它既可能是强力增长的标

① 尼采：《权力意志》，孙周兴译，商务印书馆 2007 年版，第 723、418 页。
② 同上书，第 405 页。
③ 同上书，第 535 页。

志，也可能是强力衰退的征兆，相应地，完全的虚无主义既可能指向上升的趋势，也可能指向衰落，因此，在完全的虚无主义中包含着积极虚无主义和消极虚无主义的区分。

消极虚无主义认为一切价值设定、一切世界解释都是错误的，一切所谓目的、意义都是虚构的，是谎言，进而，最高价值的沦丧被认为是世界本身无价值、无意义的证明，生成世界是毫无价值的，是不应当存在的，一切都没有意义，皆是虚无。消极虚无主义者获得这样的认识："对于如其所是地存在的世界，他断定它不应当存在；对于如其应当是地存在的世界，他断定它并不实存。"[①] 消极虚无主义者既否定那些被虚构出来的所谓应然的美好世界的存在，同时又认为我们唯一实在的生存世界是不应当存在的。消极虚无主义由此认为，既然一切皆虚无，一切无价值，那么生存的一切都是徒劳的，一切意愿、行动都是没有意义的。消极虚无主义便停留于这种无目的、无意义的认识之中，停留于虚无之前，放弃一切作为。由此而来的，必定是让一切一如既往，包括让基督教信仰、基督教道德的残余继续存在。归根结底，消极虚无主义停留于虚无的认识是精神力量枯竭、疲惫的表现。

积极虚无主义并不仅仅停留于作为认识的否定，还通过行动来否定，认识到最高价值的虚妄之后，还通过行动摧毁这些旧的理想，而这种摧毁是为新的创造清理道路、提供前提，因此，积极的虚无主义还作为破坏的力量出现。此外，对价值、意义的否定在积极虚无主义那里并没有成为对生成世界本身的否定，反而由于对超验存在的拒斥，使生成世界保留为唯一的实在。没有在此之外的存在可以贬低生成世界，最高价值的贬黜并不成为对世界整体的贬低，而只是使世界"看起来"毫无价值。正因为世界的整体不可被估价，否定世界的悲观主义看法根本上是不成立的，这恰恰意味着虚无主义可能成为通往肯定生成世界的道路。对积极虚无主义者来说，上帝之死所带来的价

① 尼采：《权力意志》，孙周兴译，商务印书馆 2007 年版，第 417 页。

值的虚无并不引起“悲伤和阴郁”，而恰恰成为一种解放，带来“全新的、难以言传的光、幸福、轻松、愉快、鼓舞和曙光”[1]。

积极的虚无主义作为彻底的否定，指向全新的存在方式，而这种全新的存在方式就不再是一种否定，而是完全的肯定，是在新的基础上把唯一的生成世界重新确立起来，确立为一切价值、意义的根本基础、一切创造的来源。就此而言，完全的虚无主义之所以为过渡阶段、中间状态，乃是因为它处于超验的存在世界被否定之后，以及生成世界“当作唯一之物”被肯定和“神化”之前，[2] 恰恰是从这种彻底的、积极的虚无主义之中，开放出对生成世界的无条件肯定。

对生成世界的无条件肯定，在尼采那里，就是永恒轮回的思想。在虚无主义的历史过程中，永恒轮回既是虚无主义的自身发展，同时又是虚无主义的自身克服。作为虚无主义的自身发展，永恒轮回是虚无主义的极端形式：

> 此在，如其所是的此在，没有意义和目标，但无可避免地轮回着，没有一个直抵虚无的结局：“永恒轮回。”
>
> 此乃虚无主义的最极端形式：虚无（“无意义”）永恒！[3]

这看上去与消极虚无主义的“一切都是徒劳”的论调是一致的，但恰恰是这种看似否定一切的极端形式的虚无主义蕴含着完全不同的意味，它并不停留于纯粹的否定，而是达到完全的肯定。生成世界的永恒轮回将一切纳入无所不包的广大圆环之中，无物失落于圆环之外，意味着在永恒轮回的世界之外，没有世界需要达到的外在的目标，没有外在的权威和规定者来评判这一世界的价值。正因为没有终极的目标，在这唯一的、永无止息的循环之中，每一个瞬间都同等重要，具有同等的价值，一切都在永恒轮回中得到肯定：

---

① Nietzsche，*The Gay Science*，Tran. W. Kaufmann，Vintage Books，1974，p. 280.

② 尼采：《权力意志》，孙周兴译，商务印书馆 2007 年版，第 418 页。

③ 同上书，第 249 页。

> 这并不是说，这种哲学总是坚持了一种否认，坚持了一种否定，坚持了一种求否认的意志。相反，它意愿达到的倒是反面情形——就是要达到一种对如其所是的世界的狄奥尼索斯式的肯定，不打折扣，没有特例和选择——它意愿永恒的循环……[①]

与以往超验世界的理想对立，永恒轮回重新确立起“大地”的意义，由此，永恒轮回对生成世界的重新肯定便成为对虚无主义的克服。尼采把上帝之死比作投在欧洲大地上的阴影，而在《查拉图斯特拉如是说》中，我们看到，尼采以“伟大的正午”来象征永恒轮回中创造性的当下存在的瞬间，而正午，作为“阴影最短的时刻”，恰恰是对虚无主义所投下的阴影的克服。

能否经受永恒轮回的思想，对尼采而言，是衡量生命力量强健与否的尺度，而克服虚无主义，则是最强大的力量的表征。尼采还把虚无主义的克服阶段看作“悲剧时代”，悲剧总是与某种极端的立场、与生命的强力相关，并总是对某种艰难处境的战胜，对虚无主义的克服也就是悲剧精神的体现。悲剧时代的重新到来，也就在对缘起于基督教价值模式的虚无主义的克服时代。在这里，在永恒轮回的思想与尼采在《悲剧的诞生》中有关悲剧精神的立场之间有着某种呼应的关系，尼采以狄奥尼索斯神来命名永恒轮回，使得这种呼应更加显而易见，尼采还把这种全新的生存方式称为“异教的”“古典的”“高贵的”，作为对虚无主义克服阶段的虚无主义便达到“古典”虚无主义的程度。尼采所期待的古典的再生，也就在对虚无主义的克服中到来，古典的再生成为对虚无主义的反运动，而悲剧时代的重新到来，又始终是艺术精神的集中体现。

---

① 尼采：《权力意志》，孙周兴译，商务印书馆 2007 年版，第 1247—1248 页。

第四章 伟大的风格与艺术形而上学

一 价值视域中的形而上学

如果说真、善、美是人类价值的三种基本类型，那么，认知、道德和艺术就是这三种价值类型所对应的实际活动。因此，艺术形而上学（metaphysics of art）所探讨的实际上是艺术与形而上学之间的关联，或者更明确地说，探讨的是艺术的形而上学基础。在此，我们须澄清一种常见的误解，仿佛在“艺术形而上学”这一术语中，“艺术”是用来修饰“形而上学”的，仿佛有某种形而上学是“艺术的”。实际上，形而上学就是形而上学，它不可能被某种价值所规定；相反，一切价值应当根据它来设定，不管形而上学的具体内容如何，就其名称而言，形而上学是为一切价值奠基的，无论是与“真”相对应的知识论，与“善”相对应的伦理学，还是与“美”相对应的“美学”，都应以形而上学为根据。

形而上学已然呈现为一个历史过程，相应地，价值与形而上学之间的关联在这个历史过程中也呈现出差异。我们可以从考察与形而上学直接相关的核心价值入手，观照这一历史过程，进而说明艺术形而上学出现乃至演变的思想痕迹。

由于西方哲学从诞生之日起就表现出对理智的极端注重，所以，认知活动所对应的“真”，就成为与形而上学直接相关的核心价值。以柏拉图为例，理念论是柏拉图形而上学思想的核心内容。柏拉图区分了两个世界，一个是流变的现象世界，另一个是永恒的理念世界。在他看来，在现象世界中，诚如赫拉克利特所言，万物皆流，无物常驻，因而现象世界并不是认知的对象。“知识”或“真理”，是直接对应于理念的，意即只有理念世界才是认知的对象。“真”这一价值类型或与之相对应的知识，直接指向形而上学领域中的理念。我们可以用尼采式的口吻说，在柏拉图那里，以求真为鹄的的认知活动被认为是人类最根本的一种“形而上活动”（metaphysical activity）。

那么，在这种以“真”为核心价值的理念论形而上学中，其他两种价值又是如何与理念相关联的呢？柏拉图将“善”比作太阳，将之理解为所有理念的理念，用海德格尔的话说，这是将理念“提高”了。[①]“善”并不直接体现理念，而是对理念世界的一种整体性认可、一种目的论的观照。如果说“真”着眼于理念本身，那么，“善”则留意于理念本身的力量以及理念之间的关联。而艺术在柏拉图看来离理念的世界最远。柏拉图认为，艺术家在进行艺术创作时，是通过对现象世界中的具体事物的“模仿”而完成的，按照理念论，现象世界中的具体事物是通过对本体世界中永恒理念的“模仿”而产生的，所以，艺术创作就是“对模仿的模仿”，与其他两种价值活动相比，艺术与理念相隔最远。显然，在以“真”为核心价值的形而上学中，知识论与形而上学的关系更为直接、紧密。伦理学虽然也非常重要，在某种意义上更为基础，但由于“善”已然不是对理念的直接表象，所以伦理学并不处于形而上学的价值理论中心。实际上，将“善”作为一个理念，这本身就已然是将“善”作为认知的一个对象。相比之下，与艺术活动相对应的艺术理论或“美学”则与形而上学相隔最远。

① 参见马丁·海德格尔《形而上学导论》，熊伟、王庆节译，商务印书馆1996年版，第195页。

在西方哲学的传统中，知识论与形而上学之间这种紧密的关联延续了很久，直到康德才将之彻底打破。受到二律背反的困扰，康德意识到，如果现象界与本体界的划分是合理的，那么，知识就只能对应于现象界而不是本体界。但这并不意味着，在康德那里，知识论与形而上学没有任何关联。参照沃尔夫等人对形而上学的传统看法，康德将形而上学划分为先验哲学（transcendental philosophy）与合理的自然学（rational physiology）。前者是奠基性的，大致相当于传统形而上学中的存在论（ontology）；后者着重处理形而上学中的一些特定对象，根据这些对象的不同又可划分为超验的自然学（transcendent physiology）和内在的自然学（immanent physiology）。超验的自然学又可划分为宇宙论（cosmology）和神学（theology），因为作为其对象的宇宙整体和创造宇宙的神都是超验的；内在的自然学又可划分为合理的物理学（rational physics）和合理的心理学（rational psychology），因为作为其对象的事物与心灵都是内在的。[①] 尽管形而上学的那些对象，比如宇宙、神、灵魂等，并不是人类认知的合理对象，但仍然是人类思想的合理对象。需要说明的是，思想并不仅仅是因而也不等于认知。而且，人类的认知活动尽管只能被合理地限定在现象世界，但仍然依赖于本体世界的一些形而上学假定。先验哲学为知识论奠基，实际上已经表明了这一点。比如，尽管物自体不是认知的合理对象，但是关于物自体的假定对知识论来说是必不可少的。在知识论中，物自体主要作为一个“界限”的概念起作用。同样，在康德那里，谈到物自体，就会谈到上帝，在他看来，只有上帝才有“理智的直观”，才能认识物自体，因此，在某种意义上，上帝的假定对知识论也是非常重要的。自由是康德哲学中的一个形而上学理念，而康德曾通过因果性的概念来理解自由，但是，他最终又反过来将自然的因果性归结到人作为有理性的存在者的先验自由上。[②] 概言之，先验自

① 康德：《纯粹理性批判》，邓晓芒译，人民出版社 2004 年版，第 638 页。

② 参见 M. Heidegger，*The Essence of Human Freedom*，Trans. Ted Sadler，Continuum，2002。

由表现在自然世界就是自然的因果性，表现在伦理世界就是实践的因果性，或者说是实践的自由。既然自然的因果性是人类作为有理性的存在者认知自然世界的一个基本原理，而康德将之理解为先验自由的一种表现，那么，可以说，在康德那里，知识论实际上更离不开先验自由的理念。

但是，康德毕竟将知识逐出了本体世界。知识只能把握现象，而形而上学探究的是本体世界。所以，在一定意义上，知识论与形而上学的传统联系被康德否定了。尽管知识论仍然需要形而上学来奠基，但知识不再作为直接的表现方式与本体世界相关。康德曾经将形而上学的三个根本理念，即自由意志、灵魂不朽和上帝，理解为“实践理性的三个悬设”，实际上就是在形而上学问题上给道德以空前的重视。实践理性所对应的道德活动直接指向人与世界的本体性存在，因而自由意志、灵魂不朽和上帝只应且只能由实践理性来假定。道德或自由对应于本体世界，知识或自然则对应于现象世界。本体世界比现象世界更为根本，而且二者正是在差异和关联中相互确立。正是在这个意义上，康德认为纯粹理性的实践能力，即实践理性，优先于纯粹理性的理论能力，即理论理性。可见，正是在康德那里，实践理性与形而上学的关联被优先确认，道德被理解为直接指向本体世界的价值方式。我们同样可以采取尼采式的口吻说，在康德那里，是道德或实践，而不是求知，被认为是人类最根本的一种形而上活动。那么，在康德的思想中，美学或艺术理论与形而上学又是如何关联的呢？或者说，艺术活动与本体世界又是如何关联的呢？

尽管自鲍姆嘉通以来就有了“美学”的名称，但美学真正成为一门现代意义上的学科则是自康德始。康德区分了审美活动的两个范畴：美与崇高。美既不是单纯出自知解力（知性），也不是单纯出自感受力（感性），而是出自想象力与知性协调一致的自由活动。所以，美具有合目的性的形式，尽管这种合目的性仅限于主观；美所引起的愉悦感不涉及主体的任何特殊欲求，仅仅来自诸心意能力的和谐运动，这种愉悦感虽不借助概念，但又是普遍的、必然的。崇高所引起的愉悦感，则是当想象力无法与知性协调一致时仍然能够产生的一种愉悦感，也就是说，想象力能够在从特殊表象推求普遍之物的反思性判断活动中冲破知性的限制，超越知性的范围。由于在知性之外的事物只能由理性来把握，所以，崇高就是出自想象力与理性协调一致的自由活动。从美到崇高的过渡，表现出想象力的自由扩张能力，也表现出反思性的判断力能够从知性的领域过渡到理性的领域。康德即是从人类的心意能力（感性、知性、理性以及想象力和判断力）出发，去建构作为其形而上学核心内容的先验哲学。将审美的问题也归结到人类的心意能力，实际上就已经揭示出美学与形而上学的关联，在康德那里，美学实际上就是先验哲学的一部分。反思的判断力既可以对应于自然世界，也可以对应于自由世界；既可以附着于认知活动，也可以附着于道德实践。由此，与之相关的审美活动在先验哲学中的地位就是显而易见的。我们可以说，在康德那里，美是对知识的主观表象，崇高则是对道德的主观表象。这就意味着，如果说道德因其直接对应于本体世界，在康德的形而上学中成为首要的价值，知识因其直接对应于现象世界（知识与本体世界的关联是间接的），在康德的形而上学中并不作为首要的价值，那么，审美则是附着于知识（美作为知识的主观表象）或道德（崇高作为道德的主观表象）这两种价值的价值，从而也构成了这两个价值领域的过渡。审美作为价值的价值，因其特殊的功能而在形而上学中占据了一个非常重要的地位，但毕竟无法与作为首要价值的道德相提并论。道德直接指向本体世界，相比之下，尽管崇高作为对道德的主观表象，也以其特定的方式指向本体世界，但是，审美与本体世界的关联毕竟相隔更远。

所以，在康德那里，道德哲学在形而上学中的地位是首要的，但恰恰通过他对审美尤其是对崇高的论述，美成为一种独立的价值，同时，审美与本体界发生了重要的关联，这实际上已经为后来叔本华、尼采所推崇的艺术形而上学埋下了伏笔。

叔本华的意志形而上学根本上仍采用康德物自体与现象界的二分模式，将世界区分为意志和表象。意志是世界的本质，表象是意志的客体化。时间、空间、因果律等个体化的原理构成我们的认知形式，意志则超于这些表象形式之外，不受其影响。我们通常的认识只能把握表象世界。但是，艺术却可以超出个别化的表象之上，考察理念。理念不像个别现象那样处于时间和空间之中，它是杂多事物背后的形式，处于意志和表象之间，因而更接近作为自在本质的意志。艺术以理念为对象，艺术创作就是对理念的复制和传达，而审美观照就是对理念的把握。更为重要的是，艺术不仅能够把握理念，而且有可能直接通达自在之物，即通达意志本身。尤其是音乐这种艺术不是对理念的传达，而直接就是意志本身的体现，直接指向世界的内在本质。因此，在叔本华那里，艺术便直接进入了形而上的领域，在领悟形而上的本质、显现形而上的内容方面占据了前所未有的地位。

到了尼采那里，形而上学的整体图景发生了十分重要的变化。尽管在叔本华的意志形而上学中，作为内在本质的意志已不同于柏拉图以来固定化的存在世界，世界的生成本质开始重新得到确认，但叔本华的形而上学仍有二分世界的残余。尼采则坚决批评并抛弃这种二分世界的传统，生成世界被指认为唯一的世界。这似乎是对形而上学的解构，尼采本人也明确地标榜，以克服形而上学为自身的使命。但尼采所要克服的形而上学，仅仅是指一切对所谓另一个世界的设定，也即一切二分世界的传统，而如何以整体的方式看待世界，仍然是尼采思维的基本方式。尼采以强力意志这一基本概念统摄、命名他所理解的世界终极特性，强力意志就是尼采从整体上对世界本质的基本规定。可见，尼采并没有摆脱形而上学，恰恰相反，在存在论的维度上，他建构了一种反形而上学的形而上学，正如尼采所说的，自然之“本质”实际上也是消解本质的本质。

从他的强力意志的形而上学出发，尼采认为，将真或者善视为最高的价值，将认识或者道德视为最高的形而上活动，始终与以往的形而上学对固定化的最高存在的悬设相关。真或者善都是将某种生成变化中的相对持存之物固定化为绝对的唯一的存在，相应地，以求真为鹄的的认识或者以求善为鹄的的道德都是求固定化的意志。但是，既然世界的基本特质是变化、生成，只有生成是唯一的实在，那么，真或者善作为固定化的价值，必然不能很好地体现生成，相反，可能成为对世界的形而上本质的掩盖。认识或者道德作为求固定化的意志，也就成为求生成之止息、求生命之停滞的意志，因而与生命的本然活动背道而驰。而艺术活动可以成为生成的直接表达。一方面，艺术活动可以表象个体化的持存，这种表象作为一种创造和赋形，是在具美化作用的外观中提升事物，恰恰使之超出持存；另一方面，艺术也可以使生成之洪流本身在可见的形式中展现。美虽然是具限定性的外观之闪现，但美并不是一种固定化和僵化，反而是对事物的提升，使短暂即逝的事物嵌入生成之流的总体关联之中。因此，在尼采那里，艺术才是直接体现本体的，艺术在根本上与被譬喻为世界之游戏的生成之间有着比认识和道德更为紧密的亲缘关系。也只有从艺术的角度，自然本质才可以得到最为清晰的透视。只有艺术是生命的形而上活动，所以，尼采直接用酒神这一譬喻本体的词语来言说艺术精神：艺术精神就是酒神精神。

就尼采艺术形而上学的具体构成来说，陶醉、伟大的风格、艺术家这三个方面是尼采艺术形而上学的基本内容，其中，陶醉是审美状态，伟大的风格是艺术的最高理想，艺术家是艺术活动的创造者。这三个基本内容和强力意志、永恒轮回、超人这三个形而上学基本概念之间存在着对应的关系，这种对应的关系表明，艺术活动始终是在形而上本质贯穿下的活动，并且是形而上本质的最好体现。以下我们逐一分析尼采艺术形而上学的这三个基本内容。

二　陶醉与强力意志

“陶醉”是尼采艺术形而上学的重要概念。早在《悲剧的诞生》中，尼采就开始使用“陶醉”一词，而在《偶像的黄昏》以及被编者称为《强力意志》的晚期笔记中，“陶醉”更是尼采论述艺术和审美的关键词语。但尼采对陶醉概念的使用，早期和后期有所不同。在《悲剧的诞生》中，尼采把醉与梦对举，对应于酒神和日神这两种自然的艺术力量：陶醉和梦幻是两种相对立的生理现象和艺术状态，分别是酒神与日神的表现方式。陶醉专指酒神冲动或酒神状态，正如梦指称日神冲动和日神状态。在《悲剧的诞生》之后，酒神与日神概念，尤其是日神概念，在尼采的著作中一度很少出现，相应地，醉与梦在尼采的思想中也一度隐退，但当它们作为尼采阐述艺术的重要概念再次出现时，有了一些非常重要的变化。这种变化首次明显地出现在《偶像的黄昏》中。尼采主要把梦纳入醉的概念之下，以之作为醉的一种类型：“我引入美学的对立概念，日神的和酒神的，二者被理解为醉的类别，究竟是什么意思呢?”[①] 在尼采的晚期笔记中，我们也可以看到类似的说法：“在狄奥尼索斯的陶醉中，包含着性欲和肉欲；在阿波罗的陶醉中也有性欲和肉欲。”[②] 在这些描述中，日神不是与酒神相平行、相对立的概念，而是在酒神之下、被酒神所笼罩的一个概念，而梦的概念甚至消失了，被原来与之平行的醉的概念所代替。但是，在这种变化[③]鲜明凸显的同时，尼采早期关于日神与酒神、梦与醉的观念并没有被完全代替，在一则与上述笔记作于同一时期的笔记中，我们还可以看到，尼采仍然将梦对应于日神状态，醉对应于酒神

① 尼采：《偶像的黄昏》，周国平译，光明日报出版社 1996 年版，第 60 页。

② 尼采：《权力意志》，孙周兴译，商务印书馆 2007 年版，第 958 页。

③ 很多尼采的研究者都注意到这种变化。如朱利安·扬就注意到，尼采在《偶像的黄昏》中把日神的梦与酒神的醉都归入醉的概念，视为醉的不同类型，并认为尼采观念的这种改变主要是为了探寻艺术家的心理学，给出一个对一切艺术之起源的总体性解释。但朱利安·扬并没有注意到尼采有关日神与酒神、梦与醉的观念变化中的复杂性，即早期观念与晚期观念的同时并存。参见 Julian Young. *Nietzsche's Philosophy of Art*, Cambridge University Press, 1992, p. 126。海德格尔则注意到尼采这种变化的细微之处。根据这种变化的复杂性，海德格尔认为不再应该依照酒神与日神的对立来简单地解释尼采的学说。他还认为，尼采早期仍是在叔本华形而上学的意义上思考酒神与日神的对立，而晚期这种对立必须在强力意志的思想中得到理解。参见马丁·海德格尔《尼采》，孙周兴译，商务印书馆 2002 年版，第一章第 14 节。国内的研究者如周国平也注意到这种变化，参见尼采《悲剧的诞生》，周国平译，生活·读书·新知三联书店 1986 年版，“译序”第 8 页。

状态："艺术本身作为人身上的一种自然力量出现在两种状态中……这两种状态也表现在日常生活中，只是更为虚弱些，诸如在梦与醉中。"[①] 看来，酒神与日神的对举模式似乎被保留下来，日神仍是与酒神状态相对的艺术状态。

以上这两种观念的并存使尼采有关酒神与日神、醉与梦的观念显得颇为复杂。表面上看，尼采后来几乎很少提到日神概念，而在以上例证中，又有将日神及日神的梦的因素纳入酒神及酒神的醉的因素之下的倾向，这似乎表明尼采不再重视，甚至取消日神因素的作用，日神不再是与酒神相对抗的因素。但是，我们始终应注意到：一方面，即使在《悲剧的诞生》中尼采提出酒神和日神作为自然的两种艺术冲动、艺术力量时，日神也已然不是二元对立意义上独立于酒神之外的因素，而是以酒神为根基的力量。尼采在《偶像的黄昏》以及晚期笔记中将日神的梦的状态根本上归于陶醉状态，这正是摒弃了《悲剧的诞生》中容易引起误解的二元对立模式，在一定程度上使早期模式中蕴含的真正思想得以阐明。另一方面，曾经与酒神之醉对举的日神之梦被纳入陶醉的总体性概括中，这也并不成为日神因素被削弱的证明。在某种意义上甚至可以说，在尼采的思想中，日神因素的重要性不是削弱了，而是增强了，尼采后期更强调日神对酒神的规范性作用，日神因素不是消失了，而是被隐藏了，作为潜含着的因素在发挥作用。我们将看到，离开日神的规范性作用，尼采的一些重要思想，例如强力意志和永恒轮回，就会是难以理解的。

虽然日神的梦与酒神的醉被归入陶醉的总体性概念之下，一道被当作陶醉的不同类型，但可以看到，日神的醉与酒神的醉的差别基本上也还是早期观念中梦与醉的差别。日神的醉仍然指向眼睛的看，因而与幻觉、外观、形象的创造，也就是与造型能力有关，因此，尼采依然把日神的醉的状态与"画家、雕塑家、史诗诗人"相联系。酒神的醉则带来整个情绪的激动，并因之寻找各种表达情绪

---

① 尼采：《权力意志》，孙周兴译，商务印书馆 2007 年版，第 953 页。

的象征方式，诸如姿势、舞蹈等，其中最根本的仍然是变形，也即“酒神的魔变”，音乐也仍被尼采看作情绪的象征方式。但是，在日神的醉与酒神的醉的差别中，有一点是尼采早期关于梦与醉的差别所未提及的——尼采提到，两种醉之间有速度、节奏的差别：在日神的陶醉中有某种“极度宁静”[①]，即日神的醉较之酒神的醉是一种节奏更为缓慢的状态。

现在我们暂且不去深入探讨这种差别，而先关注这两种醉的共同之处。尼采用“陶醉”来统摄原来作为两种艺术状态的日神的梦和酒神的醉，陶醉在尼采那里成为对艺术的基本状态的概括，那么，尼采是如何规定陶醉的？或者说，陶醉具有何种特点，因而可以成为统摄日神状态和酒神状态的基本状态？

还是在《偶像的黄昏》中，尼采在一段题为“论艺术家心理”的文字中给出了一个对陶醉的基本规定：

> 为了有艺术，为了有某种审美行为和观照，一种生理前提是必不可少的：陶醉。陶醉必定首先已经提高了整个机器的兴奋性——不然不会有艺术。一切还受到十分不同的条件限制的陶醉方式都具有这种必要的力量：首先是性刺激的陶醉，这是最古老、最原始的陶醉方式。同时出现了那种陶醉，即作为一切伟大的欲望、一切强烈的情绪的后果的陶醉；节日的陶醉、竞赛的陶醉、表演的陶醉、胜利的陶醉、一切极端运动的陶醉；暴行的陶醉；毁灭的陶醉；在特定气候下的陶醉，例如春天的陶醉；或者，受麻醉剂影响的陶醉；最后，是意志的陶醉，一种积压的和膨胀的意志的陶醉。[②]

---

① 尼采：《权力意志》，孙周兴译，商务印书馆 2007 年版，第 958 页。

② Nietzsche, *Twilight of the Idols*, In *The Portable Nietzsche*, Tran. W. Kaufmann, Viking Press, 1982, p. 518. 此处使用了孙周兴的译文，略有调整，参见马丁·海德格尔《尼采》，孙周兴译，商务印书馆 2002 年版，第 105 页。

在这段文字中，尼采把陶醉看作审美和艺术行为得以进行的“生理前提”。陶醉之所以成为这一前提，是因为它“提高了整个机器的兴奋性”。可见，尼采首先把陶醉当作生理现象，将之归入“生理学”的范畴，陶醉作为审美的基本状态，首要的是一种生理状态。处于陶醉状态中，最为根本的变化是一种生理机体的变化。这样，尼采有关审美状态的描述就与他的“艺术生理学”，或美学是“应用生理学”的提法相一致。

尼采似乎确实把审美和艺术当作生理学的问题来处理。在《尼采反对瓦格纳》中，尼采说他以美学的话语、形式表达出来的对瓦格纳的反对实际上是“生理上的反对”，而美学就是“应用生理学”，并说他对音乐的期待主要是在身体上的期待。[①] 在《论道德的谱系》中，尼采预告他将专门着手处理“美学生理学”问题。[②] 尼采最后并没有如他所预告的那样，有任何专门讨论“美学生理学”的文章或著作见之于世，但他有关这一问题的议论散见于晚期的作品和笔记中，并且有一个标题为“论艺术生理学”的类似于写作提纲的笔记。尼采在《偶像的黄昏》以及《强力意志》中有关审美和艺术问题的许多讨论，例如陶醉问题，几乎都可以在这则笔记中找到痕迹。但是，如果尼采确实是在现代科学意义上的生理学层面主张所谓艺术生理学，把艺术和审美当作生理现象来对待，则必然导致以下问题。首先，美学将被归在自然科学的领域，隶属于科学的认知，成为某种“求真意志”，这样一来，尼采对康德、叔本华从观察家、从认知的角度探讨艺术、审美问题的批评也将适用于他自己，并在根本上无法将美与真、艺术与科学区分开来，而他恰恰主张这种区分。其次，更为严重的问题是，一方面将艺术、审美等同于生理学，另一方面又提出艺术形而上学，尼采的这两种观念之间不能不说有着巨大的差别，作为生理学的

---

① 参见 Nietzsche, *Nietzsche Contra Wagner*, In *The Portable Nietzsche*, Tran. W. Kaufmann, Viking Press, 1982, p. 664。

② 参见尼采《论道德的谱系》，周红译，生活·读书·新知三联书店 1992 年版，第 89 页。

艺术和审美又如何可能与形而上学相关联?

然而,如果在尼采那里,艺术和审美以陶醉为"生理前提",而陶醉作为基本的审美状态,总是与自然的日神和酒神,即与自然的形而上的力量相关联,那么,可能的情况是:尼采的生理学不同于自然科学意义上的生理学,而始终是从形而上学来获得其规定性。

从尼采提出艺术生理学的语境中我们可以看到,他的这种提法是有针对性的,往往作为批评的论据而提出。例如,在《论道德的谱系》中,尼采是针对叔本华的美学观念提出美学生理学概念的,而在《尼采反对瓦格纳》中,尼采也是针对瓦格纳的音乐提出作为应用生理学的美学。在这种批评的语境下,尼采提出艺术生理学,首要侧重强调的问题是,艺术、审美不应是什么样的状态。叔本华主张审美的无功利性,主张客观地静观审美客体,尤其是强调在审美状态中主体的完全无意欲状态,强调艺术对意志的消除作用。尼采则提出,那种意志消沉的所谓客观状态、反映状态恰恰是非艺术状态。首先,以这种状态为审美状态,是从观察、接受的角度看待审美,这恰恰表明创造力量的缺乏,是无结果的、贫瘠的、无能创造的表现。其次,这种状态从审美中排除感官、情欲的成分,这在尼采看来是对感官、情欲的否定和诽谤,而在这种对身体的贬低中起作用的,根本上仍是那种二分世界的观念:以彼岸的、超感性的存在来否定世界、否定人本身。向外寻求另一种世界,寻求所谓"美好的灵魂",实际上基于对感性、身体、此世的不满,归根结底仍是某种身体状态的表现,即身体疾病的征象,而所谓灵魂、彼岸、更高的存在,也都是痛苦者和无能者的身体的创造。因此,恰恰是身体自身蔑视身体,蔑视此世的生存,即"蔑视大地"[①]。而一切这类否定身体、信仰更高存在的观念,均源于对身体的误解,是身体衰败的征兆。如此,以客观的、无意欲的静观状态作为艺术状态的观念,在尼采看来,就是掩盖身体衰颓、

---

① Nietzsche, *Thus Spoke Zarathustra*, In *The Portable Nietzsche*, Tran. W. Kaufmann, Viking Press, 1982, p. 144.

生命虚弱的伪装，恰恰表明其疲弱的身体无能经受肉体的活力。正是为了反对这种在他看来病态的、无能创造的美学观念，尼采主张身体的重要性，认为审美状态中恰恰带有情欲的成分，艺术创作和审美观照都必须以某种肉体的活力为前提，美的功用就在于刺激“生殖”，即刺激创造的力量。尼采提出艺术生理学，强调陶醉是一种生理现象，强调审美状态中生理机能的变化，其根本的用意在于，抵制疾病倾向，呼吁生命的伟大健康：生命虚弱者否定身体与此世，而健康的身体则谈说“大地的意义”。

然而，即使明确了尼采“艺术生理学”提法的针对性，仍不足以显明尼采思想表面上明显的生理学倾向与他的艺术形而上学之间的关联；相反，有关情欲、肉体的重要性和唯一地位的说法，很容易导致以生物主义、肉体主义等词语和方式来概括和解释尼采，事实上，这类解释模式在尼采研究中极为常见。如果单单从尼采对诸如基督教的二分世界传统的批评来看，认为尼采以生物主义的方式诉诸肉体的重要性、以生物学对抗上帝和彼岸世界，这好像也是一种顺理成章的解释。但在根本上，生物主义的解释是对尼采的极大误解。尼采有关肉体、生理、情欲等这类说法，自始至终都贯穿着他的形而上学思想，均从其形而上学中获得具体的规定。

需要强调的是，尼采意义上的生理、身体等并不是那些作为纯粹自然科学的研究对象，可以分解为器官、组织一类的东西，而始终是与心理交相融合、不可分离的。在尼采那里，并不存在生理与心理的截然割裂，当他使用身体一词时，也往往指涉心理的内涵，而生理和心理的概念在他的使用中也往往难以区分。比如，他说“身体是伟大的理性”[①]，并明确地说，将身体与灵魂分离，将灵魂与精神分离是一般民众的做法，哲学家不可如此作为。[②] 当尼采说美刺激生殖时，“生

① Nietzsche, *Thus Spoke Zarathustra*, In *The Portable Nietzsche*, Tran. W. Kaufmann, Viking Press, 1982, p. 146.

② 参见 Nietzsche, *The Gay Science*, Tran. W. Kaufmann, Vintage Books, 1974, p. 35。

殖”一词指的是一切创造行为，“从最感性的到最精神性的”[①]，绝不仅限于纯然生物学意义上的生殖。就陶醉这种艺术的“生理前提”而言，“陶醉”和“陶醉感”在尼采那里是不作区分的，而以上那段论述陶醉的文字，在“论艺术家心理”的标题之下，却明确地谈论艺术的“生理前提”。这一细微差别值得重视，从中可以看出，尼采所说的生理学，也往往意指心理学，至于他对身体、情欲等生理现象的强调，也必须在他的心理学意义上来理解，[②] 所以，尼采在某处直接使用“生理—心理学”这样的概念。[③]

强调身心统一，强调生理学和心理学的不可分割，这固然可以在一定程度上反驳对尼采的肉体主义、生物主义的解释，不过单就这种主张本身而言，似乎也并不是什么富于创见的学说，看起来不过是普通心理学内部的种种主张中的一种。但关键之处在于，尼采的心理学具有特殊的意味，尼采完全是在形而上的层面使用心理学这一概念。尼采曾经明确地把心理学定义为“强力意志的形态学和发展学说”[④]。强力意志始终关涉自然的本质，是尼采对世界的总体状况的基本把握，因此，是关于世界的形而上本质的概括性词语。既然心理学是有关强力意志的学说，那么，心理学在尼采那里就不同于现代科学意义上的，以人的心理过程和心理行为为研究对象、探索人的心理规律的科学门类；相反，作为形而上层面的学说，其他一切具体的科学门类都涵盖在它之下。相应地，身体、心理等心理学领域内的概念，在尼采的思想中也绝不仅仅局限于人的身体、心理，而总是与强力意志相关。

所以，当尼采主张一切都是身体，此外无他时，当他强调要以身体为线索时，这远不能为那种生物主义的解释提供证据，反而构成对此最有力的反驳——我们必须在强力意志的意义上理解尼采有关身体

---

① 尼采：《偶像的黄昏》，周国平译，光明日报出版社 1996 年版，第 69 页。

② 关于尼采的生理与心理相统一的观念，海德格尔提供了较为清晰的解释。参见马丁·海德格尔《尼采》，孙周兴译，商务印书馆 2002 年版，第 104—105、108—110 页。

③ 参见 Nietzsche，*Beyond Good and Evil*，Tran. W. Kaufmann，Vintage Books，1966，p. 31。

④ 同上。

的看法。

在笔记中，尼采多次强调，“以身体为引线”[①]。这并不意味着，尼采主张把身体作为其他一切存在的决定者，任何存在都必须以身体为根基，被身体所规定。他的真正用意在于：要以身体为观看的出发点，从中透视更为根本的东西，也就是从身体出发，以身体为指导，透视、观看、把握强力意志。这首要地表明：身体绝不是生物学意义上的身体，而是彻彻底底被强力意志所贯穿的，沉浸于、涌流于总体性的生成之流中的身体——身体首先是强力意志在其中得以显现的场所。关于尼采的身体概念的这一独特内涵，我们可以在《查拉图斯特拉如是说》中找到明确的证据。在“身体的轻蔑者”一节中，尼采有这样两个对身体的断言：

(1)“身体是伟大的理性，是具单一意义的多，是战争与和平、是羊群与牧者。”

(2)“身体最深切的愿望是‘创造高于自身之物’。”[②]

关于强力意志，在本书第二章的分析中我们得到了几个基本的信息：

(1) 强力意志意蕴丰富，包含着复杂的成分，如感觉的多样性、思想、情感；

(2) 强力意志内含命令的结构，在强力意志的命令中，命令者、服从者统一于一身；

(3) 强力意志的目标是更多强力，提高、上升是强力意志的本质。

不难看出，在以上有关身体的断言和有关强力意志的基本信息中存在某种对应关系。在对身体的断言中，尼采首先把身体看作始终在思考着、选择着、决断着的身体，这种思考、选择、决断依据的是与身体直接相关的利害考虑。身体作为整体，在自身之内却包含着彼此

---

① 尼采：《权力意志》，孙周兴译，商务印书馆2007年版，第108、109、126页。

② Nietzsche, *Thus Spoke Zarathustra*, In *The Portable Nietzsche*, Tran. W. Kaufmann, Viking Press, 1982, pp. 146—147.

冲突斗争的力量，有统治者与臣服者，有命令与服从。这些相互争夺的力量不断地达到平衡又不断地打破平衡。而身体在整体之内发出的命令，其所指向的被命令之物正是身体自身那“最深切的愿望”：自身的提高，即对自我的克服，超出自身，向新的高度超越自身。在《查拉图斯特拉如是说》另一节“自我超越”中，查拉图斯特拉说：生命的本质就是要不断地克服自身、超越自身。在尼采对身体的基本规定中，身体就体现了生命的本质，也就是强力意志。也正是在这一意义上，尼采把本能生命——欲望、冲动、感情等，也即身体，称为强力意志的“发展和分支”①，这恰好与尼采把心理学解释为“强力意志的形态学和发展学说”相一致。

之所以将身体作为出发点和线索，不仅仅因为身体是强力意志在其中显现的场所，还因为这种显现独具特色，它是最为直接、最易观看的显现：

> 身体的现象乃是更丰富、更清晰、更可理解的现象：在方法论上置于前面，而不对它的最终意义作出某种决定。②

“而不对它的最终意义作出某种决定”，乍看起来仿佛恰恰否定了身体的形而上意味：身体仅仅是身体，不用去追问、反思其形而上的内涵。但尼采在这句话中所要表达的，可能有两方面的含义：一方面仍是对身体、感性、此世之外的一切所谓精神的、超感性的、彼岸世界的拒斥。一切都是强力意志，在强力意志之外没有其他什么终极的意义，而强力意志就寓于身体之中。另一方面，就强力意志的显现方式而言，我们观看身体，因为这是最切近的、我们直接可以触摸的，并且就是我们自身的存在方式，通过身体的现象，也即感性的方式，

---

① Nietzsche, *Beyond Good and Evil*, Tran. W. Kaufmann, Vintage Books, 1966, p. 48.

② 尼采：《权力意志》，孙周兴译，商务印书馆 2007 年版，第 240 页。此条笔记中“身体”一词在中译本中被误译为“爱”。可参见德文本考订研究版《尼采全集》第 12 卷第 205 页。

我们可以最清晰地观看到、领悟到强力意志。此外无须再以其他的方式，比如道德、理性等去深究、探问。

身体，也就是感性的存在，是强力意志显现的场所，也是把握强力意志更为切近、更为清晰的现象，而陶醉，在尼采那里就是生理现象、身体的状态，也就是说，强力意志在陶醉这种身体的现象中显现出来，我们可以将陶醉这种生理现象作为“出发点”和“线索”，由之去领悟强力意志。陶醉又是艺术的生理前提、艺术家的心理状态，更确切地说，在尼采那里，陶醉就是审美的基本状态，因此，审美状态、审美现象就是强力意志的“更丰富、更清晰、更明确”的现象。而由于审美状态、审美现象在尼采看来始终是以艺术家为出发点的，必然的结论是：“‘艺术家’现象还是最易透视的：我们由此出发来眺望权力、自然等等的基本本能!”① 从沉浸于陶醉中的艺术家的现象，我们可以观看到强力意志最为直接、最为明晰的闪耀。可见，尼采所谓艺术生理学、美学是应用生理学的说法在根本上同他的心理学一样，都具有特殊的含义，都以他的形而上学为前提。

尼采把陶醉视为一切艺术、一切“审美行为和观照”的前提，也就是说，陶醉既是艺术创造，也是审美欣赏得以产生的基本条件。尼采对审美状态的探讨，在根本上是从艺术家的创造行为出发，围绕艺术的创造和接受展开的。从艺术的创造来看，按照前面那段引文，陶醉是艺术家创作的生理前提，而之所以能成为这种前提，是因为它“提高了整个机体的兴奋性”。在尼采的描述中，陶醉具有巨大的“变形”作用，它使艺术家自身发生了改变：感官更为灵活敏锐，身体更为丰满强健，具有“旺盛的肉体活力”，而艺术的创造就是艺术家在陶醉中将自身的这种活力赋予事物，改变事物，使事物成为艺术家自身状态的反应：

> 在这种状态中，人出于他自身的丰盈而使万物充实：他之所

① 尼采：《权力意志》，孙周兴译，商务印书馆 2007 年版，第 152 页。

见所愿，在他眼中都膨胀、受压、强大，负荷着过重的力。处于这种状态的人改变事物，直到它们反映了他的强力——直到它们成为他的完满之反映。必臻完满就是——艺术。[1]

以陶醉为艺术创造的前提，这样一来，在创造方面，艺术在尼采看来就具有几个基本的特性：第一，艺术产生于丰满的内在力量的逼迫，艺术的创造是一种必需的行为，是艺术家强健的“肉体活力”向外自然流溢；第二，艺术创造是一种向外的给予、赠送，是艺术家将完满、充实置入事物；第三，艺术是一种美化、“理想化”，是对自身和事物的肯定、“颂扬”。而艺术的这些特性，都由艺术家的生理状态——陶醉所决定，在某种意义上说，陶醉是艺术家成为艺术家的首要前提。

从艺术的接受、欣赏来看，尼采认为，审美观照的状态与艺术创造时的状态是相同的，都是陶醉。每种体现着完满的艺术，每种美的事物，都在能够接受、欣赏它们的人那里激发起艺术家创作时所经受过的状态，也就是陶醉，是那种“旺盛的肉体活力”。所以，艺术一方面是艺术家在陶醉中的内在丰满力量向外在事物的给予，另一方面是对这种内在丰满力量、对陶醉状态的激发。在这个意义上，尼采说艺术是“制造完满和观看完满”，而所谓观看完满，绝不是叔本华意义上的静观。一方面，观看不仅仅是艺术的接受中的观看，在创造中也有艺术家对事物的观看，这种观看作为陶醉状态中的观看，就是一种创造，是将自身的充实和完满赋予事物；另一方面，从接受来看，对艺术的观看，是在艺术的激发下体验陶醉，亲身经受陶醉所带来的变形，即力量的丰满和充实。在审美观照中，接受者体验与艺术创造相同的状态，这就要求接受者具有同样强健的内在生命力量，以及身体对艺术中的完满的敏感性和理解力——只有身体强健、具备充裕的

---

① Nietzsche, *Twilight of the Idols*, In *The Portable Nietzsche*, Tran. W. Kaufmann, Viking Press, 1982, p. 518. 此处使用了周国平的译文，略有调整，参见尼采《偶像的黄昏》，周国平译，光明日报出版社 1996 年版，第 60 页。

肉体活力的人才能体验陶醉，意即能够欣赏艺术的人在某种意义上也是艺术家。因此，在尼采那里，艺术的本质在于创造，审美接受也必须从创造者、艺术家的角度来把握，而仅着眼于接受来理解艺术的美学，这在尼采看来必然是对艺术的误解。

尼采对艺术和审美的描述，很容易使我们产生以下误解：艺术创作完全是艺术家主观的行为，艺术家在自身情欲的鼓动下，将自身所具有的力量赋予事物，由此艺术产生。艺术家是主观艺术家，倾诉自身涌动着的激情。但是，早在《悲剧的诞生》中，尼采就有以下断言：主观的艺术家是坏艺术家。艺术恰恰要求艺术家放弃一切纯粹个人的意愿、欲望，在艺术创造中，是自然的力量裹挟着艺术家，而不是失去了自然酒神根基的纯粹个人的激情向外投射。在这一问题上，尼采与他早期的观念是一致的。尼采强调，陶醉是艺术行为和观照的前提，艺术家必须受到陶醉的袭击，才可能创作，审美状态始终是陶醉。而陶醉，按照我们以上的分析，作为一种身体的现象，是强力意志显现的方式，被强力意志所统摄，因此，处于陶醉状态中的艺术家，其种种变化也是因为强力意志的贯穿。是强力意志，将艺术家置入陶醉的变形力量之中。根本而言，我们是要透过陶醉这种身体现象，因而也透过艺术、美去观看强力意志。

这里关键的问题在于陶醉与强力意志的关联，也即艺术、美与强力意志的关联。尼采在陶醉的本质中直接地把握到这种关联。在他看来，作为一种身体现象，陶醉的本质就是“力的提高感和丰盈感”[①]。在这种对陶醉的本质规定中，尼采把陶醉这种身体的现象等同于感情。如上文提及，尼采不作区分地交替使用“陶醉”和“陶醉感”这两个概念，尼采还把陶醉称为“快乐状态”。这种用法仍有可能使我们一再落入那种主观主义解释的危险之中，将作为审美状态的陶醉看作人的主观感受。在此需要一再强调的是，就如同陶醉作为一种身体

① Nietzsche, *Twilight of the Idols*, In *The Portable Nietzsche*, Tran. W. Kaufmann, Viking Press, 1982, p. 518.

现象并不是指一般经验意义上的或者现代科学意义上的身体，尼采把陶醉规定为一种感情状态，这也并不是说陶醉只是我们人的主观感情。首先，一般而言，尼采是在形而上的层面上使用感情一词。比如尼采说陶醉是一种“快乐状态”，而“快乐”在尼采那里，是强力意志的伴随状态，并不专指人的愉快的情感体验。[①] 按照海德格尔的理解，感情、情绪、激情等在尼采那里都是说明强力意志的词语，因而不是通常的心理学概念，而是以强力意志为其本质基础。其次，当尼采说陶醉是一种力的提高感和丰盈感时，并不仅仅指处在陶醉中的人的主观感受或者虚妄的想象，而主要指陶醉中生命力量实际的增长、强力等级的提升。[②] 最后，陶醉并不是在某一经受陶醉的主体内部无端地发作，而总是因为受到某种激发。

因此，当尼采把陶醉等同于陶醉感，当他把陶醉的本质归结为“力的提高感和丰盈感”时，尼采始终是在形而上的层面上运思，是着眼于强力意志来看待陶醉的本质。确切地说，在尼采看来，强力意志就是陶醉的本质。力的提高感和丰盈感，这两者说的是一回事，都意指处在陶醉中的某一存在之物对其既定状态的超越，也就是对持存状态的打破，对已有界限的消解。但这种打破、消解着力于增长，着力于向更高的持存状态的攀升。陶醉是力的提高、增强，是生命的上升，也就是对当下存在状态的站出、超越，是更多强力的获得，比当下状态更高、更多、更丰富。而快乐作为一种“差异意识”，作为对新的高度与被超越的界限之间的距离的感受，是与这一力的增强过程形影相随的感情，是强力意志内在固有的感情。所以尼采说：“完满性：这是它自己的权力感的极大扩展，是丰富性，是超越所有边缘的

① 可参见本书第二章第 2 节。

② 如有一条笔记说，艺术“甚至改变着价值。而且，艺术不只是改变着价值感……爱者是更有价值的、更强壮的”。参见尼采《权力意志》，孙周兴译，商务印书馆 2007 年版，第 1028 页。

必然溢出……”①

着眼于强力意志来规定陶醉的本质，则陶醉的变形力量首先是这种生命的提升，即对已然界限的超越以及新高度的到达。在《悲剧的诞生》中我们看到，作为酒神状态的陶醉也具有变形的力量，即酒神迷狂中的“魔变”，在酒神陶醉的魔变中，根本的状态也是那种从自身的站出，即对个体存在之界限的打破。但这种从自身的站出根本上是一种陶然忘我，是消解个体存在，忘却维系个体生存的一切限定，以融入自然万物一体的状态，融入酒神自然永恒的生命奔流的过程之中。相比之下，从强力意志获得规定的陶醉虽然也是对既定界限的打破，但这种打破却是为了获得更高的高度，也即新的界限、等级，向更高的持存状态上升。这种意义上的陶醉对既定界限的克服、超出所侧重的，就不是对个体的消解，而是更高的强力等级的创造，是保持上升的趋势。上文曾提及，尼采早期称为酒神真理的自然本质和后期从强力意志出发对世界的把握基本上是一致的，尼采以酒神来譬喻生成、流变，而生成是创造、成就和毁灭、消逝的统一，原因就在于，为了担保生成之过程永不停息，生成就意味着对既定之物的打破、超出，而一切持驻之物，也就是日神的个体生存都必定被消解、逾越。强力意志在一定意义上可以说是生成的另一种表达，是酒神世界的另一种称谓，不断地上升、提高，也就是不断地克服、逾越持存状态，即生成的过程。就酒神和强力意志都是对生成的领悟而言，这两者是一致的，所以，当强力意志在尼采那里成为表达世界之本质的基本词语时，尼采也仍然同时使用酒神这一譬喻。但是在强力意志和酒神这两个不同的表达之间还是有一些细微的差别。强力意志这一概念强调的是向无限高度的上升，而酒神，曾被称为自然的恐怖、残酷的真

---

① 尼采：《权力意志》，孙周兴译，商务印书馆2007年版，第450页。我们有理由认为，“完满”一词在尼采那里，与“丰盈”的含义相似，例如他说，“人出于他自身的丰盈”观看万物、改变万物，使万物成为他的“完满”的反映。艺术作为艺术家受内在丰盈力量的逼迫而进行的创造，是“必臻完满”。所以这里把尼采有关完满的看法看作对丰盈的解说。

理，却是自然之深渊的象征。从这种细微差别来看，我们似乎可以粗略推测：尼采早期侧重强调自然的生成过程中万物一体、无物永存的一面，强调自然在根本上是永恒的流逝和毁灭，就是要强调直面自然的酒神本质，以之为根基来看待一切日神的个体化现象；后期则侧重生成过程中创造的一面，即酒神过程中日神的环节，是立足于日神来看待酒神自然的生成过程。强力意志作为生成的另一种说法，代表的是生命的上升、超越的趋势，而在强力意志所代表的这种提高的趋势中，日神因素作为对界限、形式的创造和持守是至关重要的。为了提高、超越，也即当下持存之界限的跨越成为可能，界限的存在是必不可少的：如果没有生命形态的相对持存，生命的自我克服、自我超越又如何可能？同时，提高也就是对新的界限、形式的创造。此外，在强力意志的概念中，尼采一再提及强力感，即强力提高的快乐感情，并称之为距离感、差异意识。但如果没有日神的尺度、法则，则对距离、差异、强力等级的意识就是不可能的。

从强力意志来规定陶醉的本质，日神力量也就成为陶醉中的重要因素。陶醉现在不仅是自然酒神力量的现象，是酒神冲动、酒神状态，而且日神的界限、法则、尺度等因素也在陶醉中发挥作用。或者是部分地基于这一点，尼采也将日神的梦归入陶醉。当然，就克服持存状态、顺应自然的生成过程而言，从强力意志出发规定的陶醉，和早期酒神的陶醉是一致的，这也就意味着，陶醉的本质，力的提高感和丰盈感，在根本上就是顺应生成、实现生成的。

艺术作为以陶醉为生理前提的创造、在陶醉中的创造，作为出自力的提高感和丰盈感对事物的改变、理想化，体现着强力意志的本质。艺术家作为创造者，在陶醉中实现生命的上升，同时，艺术中的创造，即出自陶醉对事物的理想化，也使事物冲破持存状态，超越既定的界限。因此，艺术在根本上也就是对生成的顺应，而非对当下存在的固定化，艺术是对自然之形而上本质的鲜明显现。

三　伟大的风格与永恒轮回

·什么是伟大的风格？

在艺术领域中，陶醉在尼采看来是审美行为和观照的前提，伟大的风格则被他标举为艺术的最高理想、美的最极致的表现。尼采往往以他所理解的古典风格来说明伟大的风格，或者更确切地说，所谓古典风格必须在伟大风格的意义上来理解：

> 古典主义本质上表现了这样一种宁静、简化、缩略和集中——最高的权力感集中于古典类型中。反应迟钝：一种伟大的意识：毫无斗争感。①

伟大的风格最根本的特征是一种宁静、简洁，安然自处，无异己之物的逼迫、威胁。借此，伟大的风格便同尼采眼中瓦格纳式的旨在刺激神经的激情的单纯汹涌、虚假的外在宏伟气势区别开来。但同时，伟大风格的这种安宁既不同于叔本华式的源于意志之止息的所谓心灵的平静，也不同于一般所说的古典主义平面化、无内容，所谓自然形成的静穆。

如果陶醉是艺术创作的前提，那么，作为艺术和美的最高理想的伟大风格，就是陶醉之创作的结果，而陶醉的本质在于生命的强力感和丰富感，因此，如果伟大风格的基本特性是一种安宁，那么这种安宁是有着内在丰富性的安宁。所谓“没有任何斗争之感”并不是自然天生的结果，不是无矛盾、无冲突、无内在张力，而是对各种冲突、

① 尼采：《权力意志》，孙周兴译，商务印书馆2007年版，第958—959页。

对立力量的制伏，是强力控制的结果。宁静乃是克服紧张之后的轻松，是赢得艰险战斗之后的闲暇，是对立冲突的平衡协调：

> 对艺术家来说，“美”之所以是处于一切等级制以外的东西，是因为在美中对立面受到了压制，权力的最高标志，亦即超越对立的东西；此外没有张力：——不再需要什么力量，一切都如此容易跟随、服从……这一点使艺术家的权力意志感到轻松愉快。[①]

因此，伟大风格的安宁乃是一种和谐。和谐不是无差别的等同，而是赫拉克利特意义上的斗争中的和谐，各种冲突、争夺的力量之间达成平衡、协调。而对冲突、对立的制伏、控制，根本上乃是将各种彼此争夺的力量规束在统一的主导性力量之下，使之趋向同一个中心，形成整体。所以，伟大的风格也是集中、凝聚，这也就是尼采在《瓦格纳在拜洛伊特》中提到的“总激情的伟大轨迹”，一切奔腾汹涌的个别化力量不是各自分散，而是遵循内在的单一轨迹，听从更高的总体力量的命令。伟大的风格是一种强调整体的风格，并使各种力量处于总体性力量的控制、命令之下，不致四散漫溢，因此也是对各种冲突对立的力量的保护。按照海德格尔的理解，伟大的风格战胜对立面的方式不是否定、排斥对立之物，而是将之容纳控制在其自身之内，并使之得以展开、实现其本质。[②]

强调整体，就是要突出、强调总体力量对一切个别性力量的优势地位和约束力。在对陶醉的描述中，尼采曾经提到，在陶醉状态中的创造是一种“理想化”，他将之规定为“突出地显现主要特征”[③]，以至于事物的细枝末节隐藏在主要特征的鲜明闪耀中。伟大的风格是对“普遍情形和法则”的尊重和强调，尼采认为，喜爱“主要特征”并

---

① 尼采：《权力意志》，孙周兴译，商务印书馆 2007 年版，第 296 页。

② 参见马丁・海德格尔《尼采》，孙周兴译，商务印书馆 2002 年版，第 148 页。

③ Nietzsche, *Twilight of the Idols*, In *The Portable Nietzsche*, Tran. W. Kaufmann, Viking Press, 1982, p. 518.

有能力抓住主要特征，是希腊人在其最好的时代的良好趣味。而对细微差别、对一切不平常事物的偏爱完全是现代趣味。对细微差别的过分强调必然以整体为代价，而整体的瓦解就是颓废风格。由此，尼采便把伟大的风格与以瓦格纳为代表的艺术中的颓废倾向区分开来：颓废追求细节、奇巧，伟大的风格则恰恰是对平常的简朴之物的尊重；颓废缺乏约束力，因而各种支离的力量竭尽其能地凸显，在毫无节制的放纵中造成刺激、压迫，伟大的风格则在对生命之丰富性的约束、凝练中见出质朴，即尼采所说的“逻辑和几何”的简洁，具有伟大风格的艺术表现出的基本状态是与逻辑和几何相同的特征，即高度的秩序、平衡、简洁。

也就是说，对整体风格、约束力、控制力的强调即是对尺度、法则、形式的强调。尺度、法则、形式等作为伟大风格之强力控制的因素，是对生命之丰富性的约束。尼采认为，在伟大的风格中，“尺度成为主人”[①]，而艺术中的种种惯例、传统规范，作为艺术的限制，并不对艺术构成阻碍，反而是艺术的基础、条件。比如法国新古典主义时期艺术中的种种严苛的规则，在尼采看来，是一种必要的练习。[②]一方面，艺术规则、惯例是对自然激情的必要约束、控制，由此防止浪漫主义式的激情的放纵。另一方面，恰恰是通过艺术中法则的约束，才可能带来对束缚的真正摆脱，从而通向自由、轻灵的境界。形式作为对事物的规范、限制，更是艺术中的重要元素。事实上，在尼采看来，艺术创造就是赋形，艺术就是对形式、外观、音调、文辞的崇尚。形式是对混沌自然的把握和控制，形式将事物限制在一定的范围之内，而这种形式限定恰恰是对事物的成全，由此使流动变化中的事物显现出来、表达自身。例如，音乐中的旋律和诗歌中的节律，作为艺术的形式，可以迫使汹涌、混沌的激情按照一定的节奏行进，使之得以舒缓。尺度、法则、形式作为对生命之丰富性的控制，是生命

---

① 尼采：《权力意志》，孙周兴译，商务印书馆 2007 年版，第 333 页。

② 参见 Nietzsche，*Human，all too Human*，Trans. R. J. Hollingdale，Cambridge UniversityPress，1986，p. 102。

之强力的表现。浪漫主义艺术，如瓦格纳的音乐，被尼采视为对艺术中的规则、形式、秩序的破坏和放弃，而这正是无能于形式、法则的表现，是生命之强力的衰颓。

惯例、法规、形式的严格约束并不造成迟滞和固定化，反而体现着艺术的自由，伟大风格的安宁是力量的蓄积、隐藏，是宽厚沉静，但并非迟暮，并非生气的缺乏，反而在沉静的同时具备舞蹈般的轻盈。在《瓦格纳事件》中，尼采曾经提出他的"美学的第一原理"："善是轻盈的，一切神物以纤足疾步。"[①] 这一美的理想就是伟大的风格。美之轻盈乃总体性力量通过形式、规则的控制所达到的无紧张状态，是力的平衡之中的轻松灵巧，以及力的提高所带来的向上升腾的趋势。具备伟大风格的艺术同样是"恣肆、飘逸、舞蹈、嘲讽、傻气、快乐"[②] 的艺术；与之相反，丑则是一切笨重迟钝的东西，由于控制力的衰颓导致整体的瓦解崩溃，因此丧失平衡。美与丑的对立也就是"舞蹈者神圣的轻盈"与"跛足者踉跄而行"之间的截然差别。

如此，伟大的风格是表达强力的，而这种表达不是以暴烈的方式；伟大的风格是安宁的，而这种安宁不是没有强力的安宁；伟大的风格是和谐的，而这种和谐不是没有内在张力的和谐。伟大风格的这种特色，在尼采的一个用语中得到非常凝练有力的表达——"美之慢箭"[③]。这一用语出现在《人性的，太人性的》中，尼采以之作为一则格言的标题，这则格言侧重描述美所造成的感受、效果。"美之慢箭"一词也完全可以看作对伟大风格的概括。"最高贵的美"乃是一种极富张力的美：箭的运行其力尖锐、其势迅疾，目标明确，但如此飕乎即至、众力凝聚、极具穿透力的利器却同时是从容不迫、缓缓逼近

---

① 尼采：《瓦格纳事件》，周国平译，载《悲剧的诞生》，生活·读书·新知三联书店1986年版，第283页。

② 尼采：《快乐的科学》，周国平译，载《悲剧的诞生》，生活·读书·新知三联书店1986年版，第245页。

③ Nietzsche, *Human, all too Human*, Trans. R. J. Hollingdale, Cambridge University Press, 1986, p. 81.

的，泰然行进于既定的轨迹。作为美的最高理想的伟大风格，就是如此在持重与轻盈、逼迫与和悦、缓慢而敏捷、严格而松快这些极端之间的平衡、回旋，将这些看似对立的特性和谐地融合在一起。

然而，谁可以创造这样的伟大风格，谁又可以经受这样的美？尼采把陶醉看作艺术创造和接受的前提，陶醉的本质是力的增长、提高，艺术、美作为陶醉之创造，总是与强力的等级相关联。而伟大的风格作为艺术和美的最高理想，乃是“发展的顶点”“最高的强力感”：

> 美化作为力之提高的必然结果。美化作为一种胜利意志的表达，所有强烈欲望的一种提升了的协调、和谐的表达，一种绝对垂直的重力的表达。逻辑和几何的简化乃是力之提高的结果：反过来，对此类简化的感知又提高了力量感……发展的顶峰：伟大的风格。①

正如陶醉的本质是强力意志的显现，而不是人的主观感受，伟大的风格也并不是某个主观艺术家的产品，而仍是那不可见的自然之形而上本质在可见的形式中的彰明。伟大的风格作为“最高的强力感”，如本节一开始所引用的那段话所示，体现在古典风格中。古典风格、古典趣味，在尼采看来，绝不是如歌德、温克尔曼等人所认为的那样，②是自然天生的产物，而恰恰源于一种斗争和克服，它要求某种独特的生长条件，即“对人的硬化、简化、强化、恶化”。古典风格的创造者，乃是这样一种类型的艺术家：他们“必须具备所有强大的、表面看来充满矛盾的天赋和欲望”，这些天赋和欲望“在同一枷锁下结伴而行”③。艺术家受强力意志的鼓舞，在强力意志的支配下进行创造，而体现最高强力感的创作，则来自对极端之物的战胜和控制。古典风

① 尼采：《权力意志》，孙周兴译，商务印书馆2007年版，第1022页。

② 海德格尔注意到尼采在以古典主义论说伟大风格时，与一般意义上的古典主义的区别。参见马丁·海德格尔《尼采》，孙周兴译，商务印书馆2002年版，第140页。

③ 尼采：《权力意志》，孙周兴译，商务印书馆2007年版，第829、495—496页。

格、趣味所要求的这些前提，在根本上就是伟大的风格内在的特性。

• 形而上境域中的伟大风格

在对陶醉的分析中我们看到，艺术体现着自然之形而上的本质。伟大的风格作为艺术的最高理想，也必须在与形而上的关联中得到思考。事实上，在尼采那里，伟大风格所具有的一切特性，与自然、世界的本质相协调。伟大的风格源自对对立面的战胜，也即在冲突中的和谐，这很容易让人联想起赫拉克利特眼中的世界，而尼采本人常常用赫拉克利特的世界观作为酒神世界的说明，这就意味着，艺术中的伟大风格体现着酒神自然的本质。

尼采将伟大的风格形容为“最高的强力感”、强力“发展的顶点”，凭借这一规定，艺术领域中的伟大风格便被置入尼采以强力意志、永恒轮回为主要内涵的形而上学之中，且只能在这一语境中来理解。

我们从尼采那里得到以下有关伟大风格的断言：

> 最高的强力感和确定感在伟大的风格中找到表达。……强力……作为一种伟大的风格表白自身。①
>
> 逻辑和几何的简化乃是力之提高的结果：反过来，对此类简化的感知又提高了力量感……发展的顶峰：伟大的风格。
>
> 最高的权力感集中于古典类型中。
>
> 对艺术家来说，“美”之所以是处于一切等级制以外的东西，是因为在美中对立面受到了压制，权力的最高标志，亦即超越对立的东西；此外没有张力：——不再需要什么力量，一切都如此容易跟随、服从……②

而对永恒轮回，尼采有以下说法：

---

① Nietzsche, *Twilight of the Idols*, In *The Portable Nietzsche*, Tran. W. Kaufmann, Viking Press, 1982, p. 521.

② 尼采：《权力意志》，孙周兴译，商务印书馆 2007 年版，第 1022、958—959、296 页。

给生成打上存在之性质的烙印——这是最高的强力意志。[①]

从以上相似的表述中我们可以把握到：作为“最高的强力感”“发展的顶点”的伟大风格与作为“最高的强力意志”的永恒轮回之间，因强力意志而有着某种本质性的关联。但这里首要的问题是：永恒轮回与强力意志之间的关系是什么；尼采为什么说永恒轮回是最高的强力意志；当尼采说伟大的风格是“最高的强力感”时，这是不是在永恒轮回是“最高的强力意志”相同的意义上而言的。

在尼采的论述中，酒神世界、永恒轮回、强力意志等，均指涉相同的东西，都是对世界、自然、生命的概括性描述。酒神世界是唯一真实的世界，它永恒地自我创造、自我毁灭，它是力的奔腾涌流，永恒地变化、回返，没有外在于自身的目标，作为永恒生命自身，它意愿永恒轮回，它的唯一推动力是强力意志。可以看到，尼采同时使用这三种不同的表达方式来说明同样的东西，它们说的是一回事：自然的生成过程。所以，在尼采那里，酒神世界、永恒轮回和强力意志根本上是统一的，统一于对世界的形而上本质的把握。

但是，对永恒轮回思想与强力意志思想之间的这种统一性关系，尼采的研究者意见不一。有观点认为，二者并不是统一的，反倒是相互矛盾的，[②] 这种矛盾大致表现在以下两个方面：第一，强力意志是生成，而永恒轮回实际上以轮回、循环，也就是以存在取消了生成，

① 尼采：《权力意志》，孙周兴译，商务印书馆 2007 年版，第 358 页。

② 海德格尔就指出，贝勒姆和雅斯贝斯都认为永恒轮回和强力意志之间没有关联，贝勒姆更是认为尼采的永恒轮回和强力意志思想之间是完全矛盾的。参见马丁·海德格尔《尼采》，孙周兴译，商务印书馆 2002 年版，第 21—23 页。关于这一问题，还可参见陈君华《深渊与巅峰——论尼采的永恒轮回学说》，上海人民出版社 2004 年版，第 128—132 页。其中分析了贝勒姆和卢卡奇有关永恒轮回与生成之间存在矛盾的看法。卡尔·洛维特也认为尼采的强力意志和永恒轮回并不是统一的。洛维特主要是针对海德格尔的观点。海德格尔认为强力意志对应于传统形而上学中的本质（essence），永恒轮回则对应于生存（existence），因而两者在形而上学中共属一体。洛维特认为尼采的强力意志和永恒轮回并不像海德格尔所说的那样是本质与生存的统一，而是被强放在一起，其用意是要统一“在永恒自然的存在与人类的意愿及价值评估之间的分裂”。参见卡尔·洛维特《海德格尔〈尼采的话“上帝死了”〉一文中所未明言》，载刘小枫主编《墙上的书写——尼采与基督教》，田立年、吴增定等译，华夏出版社 2004 年版。

是生成的停滞，而不是生成的表达；第二，如果世界是永恒轮回的，那么一切就早已被确定了，一切不过是早已发生过的事物的完全重复，这样一来，着眼于不断提高意义上的强力意志的创造就将是不可能的。

海德格尔反对这种将尼采的永恒轮回和强力意志区分开来的做法，在他看来，永恒轮回和强力意志在尼采的形而上学思想中是一致的，并不存在什么矛盾。其中，强力意志是对存在者基本特征的规定，即强力意志规定存在者是“什么”，永恒轮回则规定具有强力意志基本特征的存在者在整体上的存在方式，即存在者在整体上“如何”存在。而存在者整体的基本特征和存在方式在形而上学中根本上是一体性的。依照尼采本人的论述，海德格尔还给出一个有关强力意志必定以永恒轮回方式存在的简要说明。第一，按照尼采的说法，存在的本质是强力意志，一切都是强力意志，因而在强力意志之外不存在什么自为的目标是强力意志需要向之行进的。第二，强力意志的本质乃是不断提高，也即永恒生成，但如果强力意志之外别无他物，没有任何外在的目标来规定强力意志、给强力意志提供增长的源泉，那么，强力意志就不可能是无限地提高，因此，强力意志乃是某种在状态和形态方面受到限定的东西。第三，任何提高都隐含着一个目标，但这个目标乃是强力意志自身设定的条件：目标作为提高所必须克服的障碍，乃是任何提高所由以进行的前提。如果在强力意志之外没有任何目标，那么，这个提高、上升的目标只能是强力意志自身：强力意志总是不断地返回自身。所以，强力意志的运行方式必定是相同者的永恒轮回。[①] 也就是说，在尼采那里，作为强力意志的存在者必定以永恒轮回的方式存在，而永恒轮回必定是作为强力意志的存在者的永恒轮回，尼采的强力意志和永恒轮回必定是相互归属的。

德勒兹也认为尼采的永恒轮回与强力意志之间有着内在关联。一方面，强力意志是使力产生关联、综合的原则，由此带来力之量的差

---

① 参见马丁·海德格尔《尼采》，孙周兴译，商务印书馆 2002 年版，第 915—917 页。

异，并且由于力的量和质密不可分，因而同时导致力之质的差异，这样一来，强力意志就是力的差异和创生的内在原则。永恒轮回就是以强力意志为原则的综合，是差异和差异的重现。另一方面，强力意志使得力区分为主动性的力和反应性的力，永恒轮回则成为强力意志的筛选法则，决定着何种力量可以重返。[①]

在尼采那里，永恒轮回往往被称为一种“思想”，是“思想中的思想”“最沉重的思想”，又说永恒轮回是“观察的顶峰”。用来指称自然之本质的永恒轮回乃是一种“思想”，即自然之本质被思考为、把握为相同者的永恒轮回。但何以一种思想可以成为自然之本质，而这又是谁之思想、谁之观察？在尼采看来，一切思想、一切观察都是从强力意志的视角出发，在本书第二章对强力意志的论述中我们看到，在强力意志中自始就包含着“思想”。因此，作为“观察的顶峰”“思想中的思想”的永恒轮回并非某一个人的思想、观察，而是强力意志的思想，是强力意志为自身所要求、所设定的方式，永恒轮回就是强力意志的一种主动意愿。而强力意志自身所要求、设定的永恒轮回思想，反过来又将强力意志纳入永恒轮回的过程之中，使之遵循着永恒轮回的轨迹。所以，在强力意志和永恒轮回的相互归属中，至关重要的是：永恒轮回是强力意志为保持自身而设定的方式，通过意愿永恒轮回，强力意志担保自身始终成为强力意志，即强力意志只有不断地重复、返回自身之中才成为强力意志。这一点大致可以从《查拉图斯特拉如是说》中鹰的形象所包含的意蕴中得见。按照海德格尔的解读，作为查拉图斯特拉的动物，同蛇一样，鹰是永恒轮回的一个象征。[②] 它出现时的形象，是在高空盘旋上升，而鹰之成其为鹰，必要求这种在高空的盘旋上升，即在上升、提高中同时回复自身，成为鹰之所是。所以，永恒轮回乃是高空中的盘旋，而强力意志自始就要求着这种保持着高度的盘旋。

---

① 参见德勒兹《尼采与哲学》，周颖、刘玉宇译，社会科学文献出版社 2001 年版，第二章第 5 节、第 14 节。

② 参见马丁·海德格尔《尼采》，孙周兴译，商务印书馆 2002 年版，第 290—293 页。

从强力意志和永恒轮回的这种一体性出发，在强力意志和永恒轮回之间可能存在的冲突、矛盾便不成其为冲突和矛盾，反倒是彼此协调的。

首先，从生成与存在的关系来看，尼采说，永恒轮回是“给生成打上存在之性质的烙印”，是“生成世界向存在世界的极度接近”①。永恒轮回的这种特点，并不是要以固定化的存在来取消生成，使生成停滞下来，而恰恰是对生成的保护。在尼采那里，轮回、循环向来就不是对生成的反对，尼采早期提出酒神来作为自然之生成的譬喻，一开始就已经蕴含着轮回、循环、万物复生之意：酒神之出生、死亡、复生的神话，并不与它作为生生不息的永恒创造、毁灭的自然过程相违背，而是这一永恒过程的象征。因此，尼采的永恒轮回并不把生成与存在置入对立之中，相反是通过将生成和存在合为一体，试图取消这种对立。② 存在和生成之间在根本上并不矛盾，存在始终为生成服务，而生成通过存在成全自身。第一，生成总是不断地以某种用来作为跨越的基底、界限的存在为前提，强力意志本身要求持存作为提高的条件。在这个意义上，存在是生成之延续的担保。而反过来这种作为前提的基底、界限又是生成本身的创造。如此循环往复、无穷无尽。第二，生成过程永不停滞，但生成并不是一味地奔腾流淌，而是以某种稳定的形式，即循回、圆环的方式进行，以某种存在的方式生成，轮回之圆环作为某种稳定的形式，并不是全然固定化的僵滞之

① 尼采：《权力意志》，孙周兴译，商务印书馆 2007 年版，第 358、359 页。

② 在海德格尔看来，尼采永恒轮回思想中这种对生成和存在的融合，将西方哲学的开端处两种对存在者的基本规定合为一体，一个是巴门尼德的“存在者存在”，另一个是赫拉克利特的“存在者生成”。但海德格尔同时认为，尼采对西方哲学开端处的这两个对存在者的基本规定的联结，并不说明尼采返回了西方哲学的开端处，反而是其终结。参见马丁·海德格尔《尼采》，孙周兴译，商务印书馆 2002 年版，第 458—460 页。海德格尔的意思大概是，在巴门尼德和赫拉克利特有关存在者的基本规定中，并没有对生成与存在的先在区分，而始终蕴含着原始的合一，着眼于生成与存在的区分对巴门尼德和赫拉克利特的理解，实际上已经是一种误解。尼采的永恒轮回思想中生成与存在的合一，已经是以二者的分离作为先在的预设，因此并没有真正回到开端之处。海德格尔所说的尼采的思想仍然处于西方形而上学的历史之中，并成为其终结，或许应该在这个意义上来理解。

物，而是生生不息的流转。生成创造着存在，存在规范着生成。

所以，尼采实际上是通过永恒轮回寻求生成中某种稳定的东西，在生成之流中依然有某种稳定之物，恰恰是这生成中的稳定之物保证了生成过程的永恒。在这个意义上，永恒轮回既是对生成的克服，又由于这种克服而成为对生成的成全。事实上，在尼采看来，生成本身就是自我克服，[①] 因此可以说，永恒轮回是生成本身自我克服、自我成全的方式。强力意志是生成，而永恒轮回则是生成之节律，是生成之道，作为节律，永恒轮回使生成具有了某种确定性，规范着作为生成的强力意志。

其次，从永恒轮回与强力意志的创造之间的关系来看，永恒轮回并不排斥创造，而恰恰包含着创造。如果永恒轮回是强力意志的思想，是强力意志的自我意愿，那么，永恒轮回中始终包含着意愿者主动的抉择，永恒轮回思想就成为一种伦理的选择。[②] 永恒轮回可以是一种伦理的选择，由此，便可以区分出两种不同的对待永恒轮回的态度。一种态度认为，既然一切皆重复，那么一切皆无意义，则一切创造、努力也是毫无价值的、徒劳的。这种态度始终将永恒轮回视为不得不陷入其中的境遇，而不可能主动意愿永恒轮回。另一种态度则认为，如果一切将要重回，那么，每一当下存在的瞬间都不断回返，直至永恒，这就意味着每一时刻都至关重要，同时，每一当下的瞬间不仅仅是以往瞬间的重回，也是向将来时刻的行进，如此，何物将回

---

① 尼采在一则笔记中说："生成作为虚构、意愿、自我否定、自我克服：不是什么主体，而是一种行为、设定，创造性的，没有'原因和结果'。"参见尼采：《权力意志》，孙周兴译，商务印书馆 2007 年版，第 359 页。

② 很多研究者都注意到尼采永恒轮回思想的两个维度：作为宇宙论的永恒轮回和作为伦理选择的永恒轮回。例如洛维特指出，尼采同时把永恒轮回思想看作科学的宇宙观和规范伦理学。又如，德勒兹从康德的综合概念出发，认为尼采的永恒轮回作为宇宙论和物理学的学说，是思辨综合的新形式。而作为伦理的思想，是实践综合的新形式。按照莎乐美的解释，尽管尼采曾试图用自然科学的方式来证明永恒轮回思想作为科学宇宙论的合理性，但他很快发现这种思想是不可证明的，并显然更注重该思想的伦理意义和宗教意义。以上可参见 Lorraine Markotic, "Transformative Consequences", In *Nietzsche—Studien*, Walter de Gruyter Gumb H & Co. KG, 1999，以及德勒兹《尼采与哲学》，周颖、刘玉宇译，社会科学文献出版社 2001 年版，第 100 页。

返，可以由当下存在的瞬间决定，即取决于当下决断，如果每一当下的存在瞬间都着力于生命之提高的创造，那么，生命之提高本身将不断回返。因此，意愿永恒轮回者将每一个流逝的瞬间当作“持续的创造”来对待。在这种对待永恒轮回的态度中，遗忘就成为健康的、值得推崇的精神状态，是创造行为得以开始的前提。在这个意义上，尼采在《查拉图斯特拉如是说》中将善于遗忘的“孩童”视为精神发展的最成熟阶段。

将永恒轮回当作伦理的选择，强调的正是这种思想对主动意愿永恒轮回、经受永恒轮回思想的存在者的改变作用。是否意愿自身生存的不断重返，取决于当下生存的状况，而当下生存的状况，取决于是否在每一瞬间都着力于生命之提高的创造。意愿永恒轮回者始终作为具有强力意志的存在者而生存着，这种生存同时就是持续的创造，在永恒轮回之中的创造根本上与永恒轮回并不矛盾，因为这种创造是作为强力意志的创造，与形而上的力量是一致的。如此，永恒轮回的观念也成为一种试探，可以区分出强大者和虚弱者。强大者意愿自身的生存之重返，因为它值得重返。而虚弱者无能于当下之更高生存的创造，无能承担生命之提高的重负。

在这个意义上，如果套用黑格尔的一个句式，我们可以说，永恒轮回作为强力意志的思想，乃是强力意志的“狡计”。将永恒轮回作为一种思想，并且是强力意志实现自身的思想，总是要通过具有强力意志本质特征的存在者来实现，因此，更确切地说，强力意志是通过强力意志的承担者，为自身的存在设定了永恒轮回这种思想。而在这种轮回中不断回归的相同者是由强力意志的承担者自身的决断所决定的。永恒轮回并不是任何已经发生过的事件的不断重复，而是强力意志承担者的主动创造，也只有在对永恒轮回的要求中，作为强力意志的存在者才成其自身。强力意志要求永恒轮回，而强力意志的这种要求又要求着超人，即能够承担强力意志、能够经受永恒轮回思想的人。也就是说，永恒轮回是能够承负强力意志者所意愿的永恒轮回，因而在根本上成全着强力意志。一种形而上学呼唤承担这种形而上学的人，所以，正如基督教的上帝需要基督徒，尼采的形而上学呼唤超人。

生成与存在的关系问题，和永恒轮回中强力意志的创造问题在根本上是一个问题，就此而言，永恒地返回自身的循回之圆环，却还将生命之提高、上升的趋势纳入，二者的统一表明永恒轮回与强力意志的一体性。一切都是强力意志，而作为强力意志之思想的永恒轮回，反过来却规范着强力意志，成为强力意志的自我克服和自我成全。或者是在这个意义上，永恒轮回成为最高的强力意志。

伟大的风格体现最高的强力感，而最高的强力意志乃是永恒轮回。永恒轮回作为最高的强力意志，作为生成与存在的合一，作为每个瞬间的强力创造，在艺术之伟大的风格中得以彰显。在上述有关永恒轮回是“最高的强力意志”的那则笔记中，尼采还有以下论述：艺术“作为要求克服生成的意志、作为‘不朽化’”，是“在细微处重复着整体之倾向”①。这里所说的整体倾向，就是相同者的永恒轮回：作为自然之本质的强力意志，总是以相同者的永恒轮回方式运行。可以看到，这句话隐含的意思是：对生成之克服、永恒化，就是“重复整体倾向”，而艺术作为克服生成之意志、作为永恒化，是对永恒轮回的体现，并在体现永恒轮回中实现艺术之为艺术的实质。艺术重复永恒轮回，因此艺术之克服生成，并不是否定生成，而是顺应生成。伟大的风格作为艺术的最高理想，体现着艺术的这种实质，也正是在这一点上，伟大的风格成为“最高的强力感”。如同永恒轮回将生成打上存在的印记，伟大的风格将生成与存在合于一体。②

在《悲剧的诞生》中我们看到，日神艺术乃是一种求存在、求永恒化的艺术，作为造型艺术的日神艺术创造形象世界，通过具有确定界限的外观的光辉闪耀，颂扬个体形象的永恒，并在对个体存在的界

① 尼采：《权力意志》，孙周兴译，商务印书馆2007年版，第359页。

② 海德格尔就强调，伟大的风格将存在与生成置于一种“原始的统一性”中，因此，我们必须在永恒轮回的形而上境遇中看待伟大的风格。参见海德格尔《尼采》，孙周兴译，商务印书馆2002年版，第149—150页。

限、尺度的遵守中求得个体存在的持驻。荷马是日神艺术家的典范。当尼采后来谈论伟大的风格时，认为伟大的风格最集中地体现于古典风格中，而荷马又被尼采认为是古典风格的代表。看起来似乎尼采将伟大的风格等同于《悲剧的诞生》中主要作为造型艺术的日神艺术类型。但我们看到，尼采认为音乐也可以具有伟大的风格，而在《悲剧的诞生》中，音乐是典型的酒神艺术。就此看来，尼采早先有关日神艺术、酒神艺术的区分似乎已有所改变，我们也似乎不能简单地将求存在的艺术仅限于日神艺术。

那么，究竟什么是作为伟大风格的、克服生成的、求永恒化的艺术？我们看到，在那段被尼采多次使用的题为“何谓浪漫主义”的分析中，尼采按照创造的推动力是生命的过剩还是饥饿这一判断标准，区分出两种求存在的艺术：一种是出于生命的贫乏而求存在、求永恒化的艺术，尼采认为这种艺术也就是“浪漫悲观主义”的艺术。而浪漫主义艺术在尼采看来恰恰与伟大的风格背道而驰。与之相反，另一种则是出于生命之丰满的求存在、求永恒化的艺术，这种求存在的艺术是“出于感谢和爱”，是“神化的艺术”，它“使万物披上荷马式的光辉和荣耀”，尼采称之为“古典悲观主义”的艺术。[①] 后一种求存在的艺术就是古典风格的艺术，也即体现着伟大风格的艺术：体现伟大的风格的艺术是出于生命之丰盈的创造，并且是对存在、对永恒化的要求成为创造的动机。伟大风格的艺术源于生命的丰盈。在对陶醉的分析中我们看到，生命的丰盈也就是强力之增长、扩展，生命之提高、上升，是对既定状态的超出、跨越，因此，源于生命之丰盈的创造就是出自强力意志的创造，而由于强力意志总是指示着生成，源于生命之丰盈的创造在根本上也即出自生成的创造。因此，说伟大的风格是出自生命之丰盈的对存在的要求，可以置换为以下说法：伟大的风格源于生成，同时又是对存在的要求。对存在的要求似乎与生成相

① 尼采：《快乐的科学》，周国平译，载《悲剧的诞生》，生活·读书·新知三联书店1986年版，第255页。

违背，但伟大的风格恰恰是将对立、冲突之物纳入统一的整体，将生命之丰富性收束于确定的形式、规范之中。在这个意义上，伟大的风格之求存在的意志是对生成的维护。首先，生成与存在并不决然对立。生成本身要求着存在，生成必以某种确定的存在状态为条件，或者说生成就是不断地创造存在之物，并在持续的对既定状态的打破中创造新的更高存在。其次，伟大的风格作为生命之丰富性的自然流溢，作为出于生命之提高的创造，始终是对事物的“理想化”“美化”。即不是单纯停留于事物之当前状态，而总是超出事物的当下持存状态，将事物提高到新的强力等级、新的高度，置入更丰满、更高的存在之界限、范围中，使之在这一更高持存中闪现。这种求存在、求永恒化本身自始就已经是一种提高、创造，而不是固定化、停滞。作为对存在的神化，伟大的风格之求存在的意志，在尼采看来实际上是对生成之创造的肯定，是对生成之创造物的颂扬，是着眼于生成而求存在。因此，伟大的风格作为求存在的艺术，就其以形式、界限、确定的持存达到对生成的控制、约束而言，是对生成的克服；就其在根本上体现生成之提高的实质而言，又是对生成的顺应和维护——它使得那总是处于高处的、被美化，也即被神化的存在成为生成的目标，或者说，它使得生成在被提高了的存在之物中闪现。通过对存在的美化，原本作为持存化的存在就不仅仅是单独的个体，仅仅是将要流逝、必定流逝的短暂之物，而是与已然消逝的，以及将要到来的存在相关联，作为生成的必然环节进入生成。

伟大的风格源于生成，又要求着存在，由此将生成与存在合为一体，这一点在伟大风格的特征中也得到体现。从以上对伟大风格之特征的分析中我们看到，在伟大风格中，通过形式、法则、规范的约束，对立冲突的力量被制伏，被纳入总体性力量的强力控制之中，由此达到安宁、简洁、和谐。伟大风格是在强力中见出宁静，在冲突中见出和谐，在约束中见出轻盈，伟大的风格集最迅疾的运动和最宁静的止息于一身。这些特性归结到一点，就是集生成与存在于一身。如此看来，体现伟大风格的艺术类似于永恒轮回中的当下瞬间，在存在中凝聚了生成的永恒。

上文提到，尼采认为体现着伟大风格的艺术是“古典悲观主义”的，但为了与一般意义上的“古典主义”相区别，尼采更倾向于以“酒神悲观主义”这一名称取代“古典悲观主义”的说法。[①] 这既表明尼采坚持他所说的古典风格与温克尔曼式的古典主义不同，又再次表明尼采酒神概念的变化。此时的酒神概念已不同于《悲剧的诞生》中消解一切个体界限和法则、与日神相对立的酒神，而是早期的酒神与日神概念的融合，也就是说，此时的酒神概念在自身之内已经包含了形式、法则、秩序、规范。与这种变化相关，正如上文所说，《悲剧的诞生》中不同艺术类别的区分此时也似乎变得模糊，既然酒神概念已经是酒神与日神的融合，那么，一切类别的艺术都应当是酒神的艺术，同时也必然蕴含日神的形式、界限、法则，而伟大的风格就是一切艺术类别都可能达到的理想：一切出自生成的创造，并以存在来规范、约束生成的艺术都可能体现伟大的风格。或者仍套用原来日神与酒神因素的话语来说，伟大的风格以酒神为根基，但以日神来规范酒神。以此来看，真正的艺术本质上就是悲剧艺术，就是悲剧精神的表达。

将日神概念纳入酒神概念之中，尼采实际上使得日神因素的重要性更加凸显，这也表明尼采本人后来的一种倾向：尼采强调生成，以批驳以往对存在世界的虚构、对生成世界的诋毁，但在彻底否定一切超验存在之后，在虚无主义的处境之下，尼采试图重新寻找某种确定之物，在变动不居中获得某种稳定之感。《悲剧的诞生》强调生成、流变，尼采后来则强调生成的规范、生成的节律。而日神的形式、界限、秩序、法则就是这种节律，就是生成之中的稳定之物。在对陶醉的分析中我们提到，日神之陶醉在节奏上与酒神之陶醉不同，表现为“极度宁静”，是“时间感和空间感的减慢”[②]。一方面，日神之陶醉是

① 参见尼采《快乐的科学》，周国平译，载《悲剧的诞生》，生活·读书·新知三联书店 1986 年版，第 255 页。

② 尼采：《权力意志》，孙周兴译，商务印书馆 2007 年版，第 958 页。

陶醉的一种类型，而陶醉的本质就是强力意志，也就是生成，因而这种节奏上的缓慢在根本上仍是生成本身的一种变化、一种形态，即日神所代表的持存本身就是生成的一种表现形式。另一方面，正是变得相对舒缓的节奏带来持存之感，并因此划定形式和界限，成为某种具有控制作用的节律，约束并呈现无形的生成之流。因此，尼采说："阿波罗作为节律之神，也能规束住命运女神。"① 包裹万物的循回之圆环就是这种生成之节律。

以伟大的风格，尼采便将艺术和美的理想与瓦格纳的所谓戏剧风格、叔本华的禁欲主义艺术理想区分开来，也与古典主义者的自然理想区分开来。因此，尼采标举伟大的风格，旨在于浪漫主义和古典主义之外，开出一条新的道路、一种新的艺术和美的最高规定。

四　艺术家与超人

在《查拉图斯特拉如是说》中，紧接着宣讲超人的序篇之后，查拉图斯特拉讲述精神的三个变形：精神从"你应"变为"我要"，又从"我要"变为"我是"，代表精神的三种变形的，分别是骆驼、狮子和孩子。以精神自我变化的历史，尼采实际上也指涉虚无主义的历史过程；而通过对精神自我变形的历史的讲述，查拉图斯特拉呼唤着超人，超人乃是这一变化的最终成果。如同永恒轮回是虚无主义的自我发展和自我克服，超人是精神的自我发展和自我克服，超人就是能够承担、经受永恒轮回的人，一如创造着、嬉戏着世界之游戏的孩童。而作为创造者、游戏者的孩子的形象，在尼采的隐喻中，往往与艺术家形象重合。所以，从精神的三个变形中，我们可以探问孩子、

① 尼采：《快乐的科学》，周国平译，载《悲剧的诞生》，生活·读书·新知三联书店1986年版，第237页。

超人和艺术家之间的关联。

在精神的三个变形中，精神首先变为骆驼，而变为骆驼的精神，其基本特征是听从外在的规定、服从外在于自我的命令，即“你应”。在查拉图斯特拉的眼里，骆驼是负重者、虔敬者，也是放弃者：骆驼承负精神的最重的负担，即承担“你应”所规定的义务，并且，骆驼要求着这种承负；骆驼崇敬“你应”之命令，将之视为神圣之物；放弃一切自我的主张、意愿。尼采用“你应”一词，明确地指示着基督教的上帝之命令，而骆驼在“你应”之命令前的顺从，则象征着基督教的信仰态度。基督教以一系列被尊崇为神圣之物的确定的价值来规定、要求、评判人的行为，这些价值的最高代表就是上帝、彼岸世界。在这个意义上，《查拉图斯特拉如是说》中代表着基督教两千年来古老价值的巨龙说：“一切价值都早已被创造了。”[①] 即一切价值都已给定，人所应当做的，就是服从这些人之外的、被当作自在存在的价值，听从上帝对人发出的命令。在尼采看来，这种对基督教价值的信仰，对“你应”的需要，实际上是意志虚弱乃至缺乏意志所导致的后果。意志包含着命令，而意志的命令乃是自我命令与自我服从，在自我命令中自立自决、自我控制、自我掌握。当意志的这种自立自决的力量丧失，人无能自我命令、自我服从，则必定向外寻求命令者、主人，例如基督教中的上帝，这实际上就是寻求外在于自身的目标和依靠。

对上帝的信仰，对“你应”的需要与服从，便已经是虚无主义的开端。在查拉图斯特拉的描述中，承负着“你应”之命令的骆驼，“飞奔向它的荒漠”[②]。“荒漠”意味着荒芜、贫瘠、无生育、无创造，骆驼奔向荒漠，首先意指的是，信仰上帝、彼岸世界，以之作为生存的目标、价值、意义，则必定“失去世界”，即失去丰产的“大地”。其次，信仰基督教的价值，将价值视为被给定的，以之作为人的行为

---

① Nietzsche, *Thus Spoke Zarathustra*, In *The Portable Nietzsche*, Tran. W. Kaufmann, Viking Press, 1982, p. 139.

② Ibid., p. 138.

的无条件的标尺，实际上是把创造出来的价值当作自在的价值本身，将创造之物固定化，当巨龙说"一切价值都早已被创造了"，并以此否定精神之"我要"的存在的正当性时，就已经蕴含着这种对创造之物的固定化。但这种固定化是对生成的违背，对创造本身之特性的违背，也就是对强力意志的违背，就此，被固定之物不再具有创造的能力。基督教的自在价值的设定作为一个出发点，早已是向着虚无的急速靠近。

在荒漠中，精神又从骆驼变为狮子，也就是从"你应"变为"我要"：曾经规定着生存目的和意义的基督教价值受到怀疑和否定，精神失去了对以往价值的虔敬，如此，精神拒绝服从外在的命令，而要求自我主张、自我意愿。"你应"之义务作为精神"最艰难"的重负，同时也是精神最牢固、最难以打破的束缚，而狮子否定基督教的传统价值，从"你应"的上帝命令中挣脱出来，因而摆脱给定的价值，这是精神的大解放、大自由。在《人性的，太人性的》序言中，尼采就描述了这种被束缚的精神获得自由的过程。[①] 但是这种对基督教价值的否定，从摆脱束缚、枷锁而来的自由，还不是"精神的成熟的自由"，"精神的成熟的自由"是精神能够真正地自立自决，这种自由还要等到精神的第三次变形才可能实现。狮子之"我要"首先来自否定：否定基督教的理想，不再保持对以往价值的信仰。狮子以这种"神圣的否定"为新的创造获取自由的条件，但狮子本身还不是创造。采用洛维特的说法，狮子的自由作为"从……摆脱"的自由，还是一种"否定性自由"[②]。这种从一切传统束缚中摆脱出来的自由，表现为精神的"漫游"：远离一切它曾经心怀敬爱之物，向往新的陌生的地方，这意味着对曾经规定着它、控制着它的一切的单纯否定。《人性

① 参见 Nietzsche，*Human*，*All too Human*，Tran. R. J. Hollingdale，Cambridge University Press，1986，pp. 8—9。

② 卡尔·洛维特：《尼采的敌基督教登山训众》，吴增定译，载刘小枫选编《尼采与基督教思想》，道风书社 2001 年版。也可参见 Karl Löwith，*Nietzsche's Philosophy of the Eternal Recurrence of the Same*，Tran. J. Harvey Lomax，University of California Press，1997，p. 27。

的，太人性的》作为一部“给自由精神的书”，其序言实际上可以被视为对摆脱了既往束缚的自由精神漫游历程的描述。

在尼采看来，这种从“你应”到“我要”的解放，精神向陌生之地的孤独的漫游，离“精神的成熟的自由”还有漫长的道路，尼采称为“中途”“中间状态”，或者“痊愈期”。[①] 这就意味着，狮子之“我要”作为对“你应”的摒弃、对基督教价值的否定、对自立自决的要求，一方面是力量增长的表现，但另一方面，否定一切、怀疑一切的精神此时尚未获得确定性，在荒漠之中漫游、探寻，这也是一种需要被克服的疾病。在这种漫游中，精神还存在着迷失自我的危险。

从虚无主义的历史来看，狮子的“神圣否定”所代表的，实际上就是对“上帝之死”的宣告，这宣告否定了一切有关生存世界的终极目标、意义，表明了对世界的彻底虚无主义的认识。这一点在《查拉图斯特拉如是说》中是显而易见的。在“精神的三个变形”之前的序篇中，查拉图斯特拉就一再宣告“上帝死了”。狮子之“我要”则表明，在基督教的最高价值、上帝和彼岸世界崩溃之后，人要求自立价值、自己确定生存的目标和意义。而精神从“我要”这一否定性自由到成熟的精神自由之间的漫游，乃是虚无主义的中间状态。作为一种过渡，虚无主义的中间状态便包含着不同的发展可能性。一方面，此时存在着以下危险：由于否定了一切外在于生存世界的目标、意义，由于不再可能信仰某种可以规定世界的价值，世界本身看起来就是无价值的，人面对着绝对的虚无，处于绝对无目标、无意义的状态，不知何去何从。由此可能导致的结果，便是对生存世界本身的否定，也即叔本华式的旨在放弃生存的消极虚无主义。如此一来，要求自立自决的狮子的“我要”就蜕变为对

① Nietzsche, *Human, All too Human*, Tran. R. J. Hollingdale, Cambridge University Press, 1986, p. 8.

虚无和否定的一味追求。[①] 另一方面，正如“我要”是新的价值创造的前提，对世界彻底的虚无主义认识恰恰可以是克服虚无主义的前提，完全的否定反而可能开放出完全的肯定：彻底的虚无主义向永恒轮回这一虚无主义的极端形式转变，由此完成虚无主义内部的自我克服。在永恒轮回这一“最高的肯定公式”中，否定外在于生存世界的目标、意义并不导致对生存世界本身的否定，反而是完全的肯定：不再有世界之外的存在可以贬损、诋毁世界。可见，就永恒轮回是虚无主义的极端形式而言，它是虚无主义的自身发展；就永恒轮回将对世界的否定转变为无条件的肯定而言，它是虚无主义的自我克服。或许正是因为虚无主义的中间状态可能成为虚无主义向着永恒轮回发展从而克服自身的过程，尼采才把这一过程称为“痊愈期”，即从虚无主义这种疾病当中恢复健康。

虚无主义的这种自我克服只有当精神从“我要”变为“我是”，从狮子变为孩子时才能真正完成。精神从“你应”变为“我要”，从“我要”变为“我是”，完成了精神自身的变形，精神真正能够自我意愿、自立自决。不同于作为“神圣否定”的“我要”，“我是”乃是“神圣的肯定”；“我要”是精神远离事物的孤独漫游，“我是”则重新返回事物，亲近世界。只有“我是”的精神才能够意愿“永恒轮回”，即肯定一切，并要求一切如其所是地重回，通过要求永恒地向自身回复的封闭的圆环，排除了一切在世界之外的自在的存在，如此，在“你应”之形态中失去了世界、失去了大地的精神，重新“赢回了它自己的世界”[②]。

精神超越了以往的形态，成为“我是”，在这一过程中，以往的人被克服，成为超人，可以说，超人就是体现着“我是”之精神的

---

① 按照洛维特的解释，这是执着于“对于不信的信仰”“完全缺乏理想的理想”，否定、虚无本身取代了以往上帝的位置。参见 Karl Löwith, *Nietzsche's Philosophy of the Eternal Recurrence of the Same*, Tran. J. Harvey Lomax, University of California Press, 1997, p. 36。

② Nietzsche, *Thus Spoke Zarathustra*, In *The Portable Nietzsche*, Tran. W. Kaufmann, Viking Press, 1982, p. 139.

人的形象。但在尼采看来，超人并不是现有的人的形象，而是对以往人的克服、超越。作为“我是”之精神的体现，超人承担着克服虚无主义的使命，因此，超人始终与永恒轮回相互关联：一方面，永恒轮回作为一种思想，始终是超人的主动选择，是超人的理想，只有体现着“我是”之肯定精神的超人才能够意愿永恒轮回。另一方面，超人是永恒轮回所要求的人，超人应永恒轮回的呼唤而生——超人是勇力承担强力意志、意愿永恒轮回并能够经受永恒轮回的人，正是通过主动经受永恒轮回，精神超越了以往的形态，成为“我是”，而人被超越，成为超人。永恒轮回与超人相互要求、彼此成全，也构成某种循环。

在宣讲精神的自我变形的历史时，教导永恒轮回思想、呼唤超人的查拉图斯特拉用孩子的形象来象征“我是”：

> 孩子是天真和遗忘，一个新的开始，一个游戏，一个自转的轮，一个原初的运动，一个神圣的“肯定”。①

精神变为孩子，而永恒轮回的世界成为孩子不断重复开始的游戏。尼采在这里明显地使用了赫拉克利特的著名譬喻，赫拉克利特将永恒地创造和毁灭的生成过程比作孩童在沙滩上建造沙堆又推翻沙堆的游戏。而在尼采看来，当赫拉克利特将世界看作孩子的游戏时，他是以审美的眼光看待世界的，游戏着的孩童形象同时也就是一个艺术家的形象，而生成世界作为孩子的游戏，也就是艺术家的审美游戏：

> 生成和消逝，建设和破坏，对之不可作任何道德评定，它们永远同样无罪，在这世界上仅仅属于艺术家和孩子的游戏。②

① Nietzsche, *Thus Spoke Zarathustra*, In *The Portable Nietzsche*, Tran. W. Kaufmann, Viking Press, 1982, p. 139.

② 尼采：《希腊悲剧时代的哲学》，周国平译，商务印书馆 1994 年版，第 70 页。

通过游戏概念，尼采便把艺术家和孩子视为同一者。艺术家就是孩子，艺术家在审美游戏中同孩子一样，是天真的、善于遗忘的。在一则论述艺术家的晚期笔记中，尼采说：

> “游戏”，无用之物，作为精力过于充沛者的理想，作为“儿童般天真的”。上帝的“孩子气”，游戏着的儿童。[①]

可以看出，尼采主要是在形而上的层面上看待孩子和艺术家的：孩子是“世界孩童宙斯”，艺术家是自然原始艺术家，也就是尼采的狄奥尼索斯神——那位《悲剧的诞生》中所说的原始艺术家，而我们的世界则是孩子、艺术家，也即狄奥尼索斯神的审美游戏、审美现象及艺术作品。但是，正如我们一再强调的那样，孩子、艺术家、酒神等形象在尼采那里都是对自然的譬喻，用来说明自然的本质。当尼采说世界是原始艺术家的审美游戏时，他并不是要重新设定一个人格神来取代过去作为造物主的基督教的上帝，而恰恰是要将世界从一切形式的超然于世界之外的存在中挣脱出来，并由此祛除一切对世界的道德解释。在尼采这里，游戏概念指示着这样的意味：游戏恰恰把游戏者带入游戏之中，因此并不存在某个游离于游戏之外的旁观者。孩子、艺术家就是生成过程本身，是永恒流转的圆轮本身，而不是圆轮之外的存在；游戏和游戏者合一，创造物和创造者合一，在这个意义上，尼采说，“世界乃是一件自我生殖的艺术作品”[②]，世界既是艺术家，也是艺术品，永恒轮回的世界本身乃是无人格神的神性存在。

尼采用艺术家这类人的形象来象征自然，是要从我们所切近的现象出发把握和解释自然；反过来，作为人的艺术家也必须从自然之形而上本质获得其规定，艺术家是强力意志、永恒轮回所要求的人，是自然力量的体现者：艺术家承担着强力意志，置身于永恒轮回的创造

---

① 尼采：《权力意志》，孙周兴译，商务印书馆2007年版，第152页。

② 同上书，第140页。

游戏之中，随之一同流转。

由上可知，超人、孩子、艺术家是一体性的，均意指强力意志的形而上学所呼唤的人。置身于虚无主义的历史中，成为“我是”精神的人承担着克服虚无主义的历史使命。当然，尼采用三个不同的形象来解说同一物，其用意还是有些细微的差别。尼采的超人形象主要着眼于：强力意志所要求的人乃是对以往任何人的类型——无论是被基督教的彼岸世界所规定着的人，还是上帝死后那种停留于自我满足的狭小空间中的末人——的克服、超越。超人并不是某种固定化的人的类型，而是体现着强力意志之本质的人，即超人是始终自我超越的人，总是意愿着某种对当下状态的超出，向着高度上升，并在这种上升中回复自身。艺术家的形象则侧重价值重估，艺术家对立于求知者、道德的人，正如艺术的价值对立于真理、道德的价值，以艺术家为人的理想，就是要排除以真理、道德为最高价值来解释世界乃至贬低世界的方式，而以更为接近生成世界的审美创造行为来肯定生成世界。孩子的形象则是纯粹的游戏的形象，天真、无知、善于遗忘，纯然地肯定，与游戏过程没有任何疏离，因而最能体现生成世界无辜并超于善恶之外的特性。实际上，在尼采看来，超人和艺术家都是向孩子状态的回归，意愿着，并投身于永恒轮回的世界生成游戏，由此肯定生成世界，肯定万物，达到对虚无主义的克服。永恒轮回呼唤着艺术家，反过来永恒轮回又是艺术家的理想：

> 那个最放纵、最有活力、最积极地肯定世界的人的理想；这个人不仅学会了对过去之物和现在之物的忍受和协调，而且力求重新拥有之，如其过去所是和现在所是的那样重新拥有之，直至永恒；这个人贪婪地呼唤着 *da capo* [从头再来]，不只是向着自己，而是向着整出戏，而且不只向着一出戏，从根本上说，倒是向着恰恰需要这出戏的那一位——后者使这出戏成为必需的，因为他总是一再需要自己——并且使自己成为必需的。这是怎么回

事呢？这难道不是——*circulous vitious dues*［神的可怕循环］么？[①]

永恒轮回的游戏是力之充盈者的理想，是最能体现强力意志之本质的人的理想，也即艺术家的理想。通过要求、承担永恒轮回，艺术家达到对世界万物的“神圣的肯定”，而这种肯定乃是一种出自强力意志的创造对事物的美化。按照尼采的说法，美化自身的人也就是生存的美化者，[②] 艺术家是力之充盈者，即体现着生命之上升实质的人，艺术家始终处于对自身的超出、提升的过程也即对自身的美化之中。出于自身的这种丰满，艺术家顺应生成的创造本质，以创造者的态度对待世界，将自身的丰满赋予事物，也就是把事物带入强力意志的提升之中，使事物超出既定状态，获得新的高度。这种创造同时就是尼采所说的出自陶醉的生产，是对事物的美化、理想化，对生成之物的颂扬。而由于自身作为创造者参与到生成的游戏之中，艺术家对万物的肯定态度，实际上就是对自己的作品的态度，“他们的创作乃是对自己的存在的感恩”[③]。所以，在尼采看来，在持续的创造中顺应生成，这是强健者经受永恒轮回的最好方式。

在对事物的美化之创造中，人将自身的丰满赠予事物，以自身提高了的形象作为尺度，这样一来，艺术家便似乎成为万物的创造者、赋形者、立法者。由此，在对事物的“神圣的肯定”中，也即在创造中，变为“我是”的精神便达到了那种“成熟的自由”。精神不是听从外在的命令，服从外在的立法，而是自我命令，自立法则，从自我的生命强力出发设定价值。但同时，这种自由是在永恒轮回包裹之中的自由，是受着某种极端的必然性约束的自由，是在笼罩天地、无所不包的命运涵盖之下的自由。表面看来，永恒轮回裹挟着个人，将之

---

① Nietzsche, *Beyond Good and Evil*, Tran. W. Kaufmann, Vintage Books, 1966, p. 56. 此处参考了孙周兴的译文，参见马丁·海德格尔《尼采》，孙周兴译，商务印书馆2002年版，第312页。

② 参见尼采《权力意志》，孙周兴译，商务印书馆2007年版，第959、973页。

③ 尼采：《权力意志》，孙周兴译，商务印书馆2007年版，第640页。

带入不可挣脱的流转的圆环之中，人始终在自然的形而上力量的掌控之下，这似乎很难有什么自由可言。但是，在尼采那里，正是人的创造行为使得命运与自由成为合一的，因为在创造中，艺术家恰恰顺应着、担当着自然的形而上力量，艺术家的创造在根本上是自然创造之力的体现。在这个意义上，在创造中真正推动着创造的是自然的形而上本质，也就是强力意志，而不是个人，确切地说是强力意志通过个人顺应强力意志的创造，为万物赋形，给万物立法。艺术家通过顺应自然的形而上的实质，与自然的力量合一。正因为如此，命运和个人的自由在艺术家这里就是一致的，勇力担当命运的个人恰恰达到精神的真正自由，通过与生成过程的合一，本来作为“最大重负”的永恒轮回对“我是”的精神而言成为神形的轻盈，成为欢快的游戏。所以，尼采说，艺术家的天才就是“受法则支配的至高自由，神性般的轻而易举，举重若轻的功夫”[①]，而其创造的最高成就就是伟大的风格。在尼采那里，表达这种自由的词语就是“热爱命运”——勇力担当命运，安然处身于大全之中，承担强力意志，意愿永恒轮回，在生成与毁灭的游戏中与自然的力量相摩相荡。热爱笼罩天地的命运也就是热爱自身的命运，因为在根本上，作为强力意志、永恒轮回的担当者，艺术家与命运是合一的。

艺术家是强力意志的最好体现者、执行者，所以是强力意志所要求的人。由此，在尼采看来，艺术家类似于某种“自然的目的”。尼采把精神之“我是”放置于精神变形的最高阶段，实际上也与他的这种观念相符。早在《教育家叔本华》中，尼采就曾经提出这样的观念：自然的目的乃是产生“哲学家、艺术家、圣人”[②]。根据海德格尔的解释，在尼采那里，哲学家表示认识者，艺术家是创造者，圣人是热爱者，而认识者、创造者、热爱者在尼采那里是统一的，因此哲学

① 尼采：《权力意志》，孙周兴译，商务印书馆 2007 年版，第 1253 页。

② Nietzsche, *Untimely Meditations*, Tran. R. J. Hollingdale, Cambridge University Press, 1997, p. 159.

家、艺术家、圣人是一体性的，也就是超人。[①] 哲学家、艺术家、圣人，也即超人，是自然的目的，对尼采的这种说法，我们不可以这样来理解，仿佛作为生成过程的自然有一个最后的、终极的目的地，在那里生成过程可以停息下来。超人作为自然的目的，不是终极意义上的目的，所以尼采又有以下似乎与上述说法相矛盾的说法：超人是桥梁，而不是目标。尼采的这种表达，正是意在强调，超人作为强力意志的担当者，是强力意志的集中体现。超人本身不是停滞之物——当他们停滞生命上升、提高的趋向时，就已经不成其为超人，超人不是某种现成化的固定之物，而是始终处于向着本己自我攀升的过程中，是始终保持高高在上的，担当着成己之强力意志命令，自我训育、自我超越的人。所以，当尼采说哲学家、艺术家、圣人是自然的目的时，他的意思是说，通过产生最能领悟、体现、热爱生成之创造本质的存在者，生成之自然成全自身，继续着生成的游戏。这也就是我们所说的强力意志的狡计：强力意志产生出最能体现强力意志特征的人类，从而成全强力意志。

作为自然的目的，艺术家也就是强力意志的体现者，是与生存保持着“酒神式关联”的人。在《善恶的彼岸》中，尼采让酒神发表他对酒神造物的人的感想：

> “在某些情形下我爱人类。”他指着在场的阿里阿德涅，“依我看人是可爱、勇敢、善于创造的动物，在地球上无可比拟；在任何迷宫中都设法找到出路。我对他很友好：我常想我如何可以推进他，使他更强大、更恶、更深刻。”……他再次说：“是的，更强大、更恶、更深刻，也更美。”[②]

① 参见马丁·海德格尔《尼采》，孙周兴译，商务印书馆2002年版，第379—380页。

② Nietzsche, *Beyond Good and Evil*, Tran. W. Kaufmann, Vintage Books, 1966, p. 236.

结语　狄奥尼索斯反对被钉十字架者

酒神狄奥尼索斯的形象在尼采的思想发展中有一些明显的差别。在《悲剧的诞生》中，狄奥尼索斯是与阿波罗相对立的，尽管尼采强调酒神是日神的根基，但主要是把狄奥尼索斯与阿波罗对举，视为两种不同的自然力量。酒神与日神的对举在尼采后期思想中偶尔还可以见到，但与狄奥尼索斯相对立的，不再是阿波罗的形象，而是耶稣基督——那被钉死在十字架上的上帝之子。在《自我批判的尝试》中，尼采说《悲剧的诞生》的基本观念是对基督教学说的反对，狄奥尼索斯则被称为敌基督者，而《看哪，这人》干脆以"狄奥尼索斯反对被钉十字架者"作为全书的结尾。

但敌基督者狄奥尼索斯和《悲剧的诞生》中与日神相对举的那一酒神形象并不完全相同。正如本书第四章所说，在尼采后来的思想中，酒神不再是《悲剧的诞生》中完全狂放恣肆，代表一切个体界限和规则的解体的形象，而是将日神的特性涵纳进来，因而酒神的形象本身已经蕴含着规范、尺度、控制，可以说，后期的酒神概念是早期日神与酒神概念的统一体。也正因为日神概念已经完全融入了酒神概念，尼采后来很少提及日神。比如在《自我批判的尝试》中，尼采丝毫没有提及日神，而单以"酒神精神"来指称《悲剧的诞生》中体现着酒神与日神联盟的悲剧精神。更为明显的是，在《快乐的科学》第370节中，尼采以"酒神悲观主义"来取代"古典悲观主义"的提法，作为对伟大的风格所体现的精神的表达，正是意在强调日神与酒神的一体性。因此，如果我们仍然按照《悲剧的诞生》中酒神与日神的区分来看，那么，在尼采的“狄奥尼索斯反对被钉十字架者”这一表述中，与受难的基督相对立的不仅仅是狄奥尼索斯，同时还有阿波罗，在某处尼采有这样的说法：“我们相信奥林匹斯——而不信仰‘被钉十字架的耶稣’。”[①] 显然，这里受难的基督是阿波罗的对立面。

与狄奥尼索斯相对立的“被钉十字架者”，当然首要地是指基督教信仰和基督教道德。但正如尼采的“上帝死了”中的“上帝”代表一切有关彼岸世界、超验存在的预设，“被钉十字架者”在尼采那里或许同样是一个代名词，不仅仅意指基督教中受难的耶稣。在尼采的后期文本中，同基督教一道作为狄奥尼索斯对立面的还有柏拉图的哲学，甚至叔本华的哲学，等等，这三者都被尼采视为以隐秘的报复欲反对生命的颓废本能。[②] 由此，与狄奥尼索斯对立的“被钉十字架者”就成为一切下降生命的象征，而基督教是其最为集中的体现。[③]

依照这种理解，尼采的狄奥尼索斯与被钉十字架者的对立基本上是指希腊与基督教的对立，是以古典的、异教的神对抗现代的、基督教的上帝。如果我们把尼采用来作为象征的形象还原——酒神是自然的代名词，是强力意志、永恒轮回的另一种说法，而耶稣基督作为基督教道德的核心，代表一切悬设彼岸、来世、超验存在的观念，那么酒神反对耶稣则是尼采思想最为简练、浓缩的表达，包含着以下种种对立：超于善恶之外的世界解释与道德—宗教的世界解释的对立，或

① 尼采：《权力意志》，孙周兴译，商务印书馆 2007 年版，第 1241 页。

② 在《看哪，这人》中，尼采把基督教、叔本华哲学、柏拉图哲学等都视为反对生命的蜕化本能，将三者置入与酒神精神的对立，并且说：“谁不但理解‘酒神的’这个词，而且由这个词而理解自己，他就用不着去反驳柏拉图、基督教或叔本华——他能嗅到那腐味……”参见尼采《看哪，这人》，周国平译，载《悲剧的诞生》，生活·读书·新知三联书店 1986 年版，第 345 页。

③ Jorg Salaquada 认为，“被钉十字架者”在尼采那里不仅指严格意义上的基督教，更代表了基督教的主要特征，即颓废。参见 Jorg Salaquada，“Dionysus versus the Crucified One：Nietzsche's Understanding of the Apostle Paul”，In *Studies in Nietzsche and the Judaeo-Christian Tradition*，Edit. James C. O'Flaherty，Timothy F. Sellner，& Robert M. Helm，The University of North Carolina Press，1985，p. 114。

者说，是“艺术之神”与“道德之神”的对立，同时还是上升的生命与下降的生命的对立，是主人道德与奴隶道德的对立，是肯定生命与否定生命的对立，等等。尼采提出这一对立的根本用意在于：以强力意志为标准重估价值，并通过永恒轮回实现古典在现代的再生，以此达到对虚无主义的克服。

不过，在尼采的狄奥尼索斯与耶稣、异教与基督教这一对立中还是有着某种复杂性，尼采的狄奥尼索斯神在多大程度上是希腊的，并由此与基督教的上帝相区别，对这一问题也还存在不同看法。在本书第二章中我们提到，尼采的狄奥尼索斯概念并非毫无来源，有关狄奥尼索斯的探讨在德国早期浪漫派那里有着丰富的资源。尽管尼采对狄奥尼索斯的理解与F. 施莱格尔、谢林等人的理解差异明显，但尼采早先对狄奥尼索斯的强调与浪漫派的启发有很大关联，并明显地受到浪漫派有关新神话的理想的影响。在浪漫派那里，狄奥尼索斯与耶稣也时常被相提并论，不过与尼采不同，二者不是作为对立的形象，而是作为有着某种内在一致性的形象。例如，在荷尔德林的诗歌《面包与酒》中，基督和酒神便达到某种融合。根据哈贝马斯的观点，在早期浪漫派如荷尔德林、诺瓦利斯、谢林等人那里，狄奥尼索斯和基督的形象是等同的。哈贝马斯还认为，早期浪漫派通过把狄奥尼索斯的缺席与回归同基督的死去与复活相等同，赋予酒神某种弥赛亚式的救赎期待：作为新神话的理想，酒神的回归将使已经丧失的原始统一性得以恢复。就尼采反对酒神与基督的等同而言，尼采是反浪漫主义的，但就其试图通过酒神来恢复原始统一性，并将虚无主义理解为神的退隐，因而也已然宣告神的到来而言，尼采的狄奥尼索斯形象实际上也承袭了浪漫派赋予这一形象的弥赛亚式的希望。[①] 按照哈贝马斯的这种理解，尼采的狄奥尼索斯观念并非完全如尼采自己所说的那样，与基督教的上帝截然对立，反而是带有基督教的痕迹，因此并不

---

① 参见于尔根·哈贝马斯《现代性的哲学话语》，曹卫东等译，译林出版社2004年版，第106页以下。

完全是希腊的。雅斯贝尔斯就认为尼采还是一个上帝的追寻者，最终不得不重新确立他所否定的上帝。[①] 在洛维特看来，尽管尼采试图复兴希腊传统，但尼采从反基督教角度出发的异教主张本质上还是“基督教的”，尼采的狄奥尼索斯所代表的永恒轮回思想仍然是非希腊的。[②] 就基督教本身而言，其面目也极为复杂，尼采对基督教的批判并不是针对一切形式的基督教，不难看到，尼采对原始基督教颇多赞誉之词。尼采反对的主要是道德化了的基督教，用洛维特的话说，尼采反对的是“堕落为市民基督教的道德和纯粹道德本身”，是基督教的世俗变形，[③] 正因如此，还有观点认为，尼采同时是旧约上帝和希腊诸神的追寻者。[④]

从狄奥尼索斯与基督这两个被尼采置入对立的形象本身来看，二者之间确实存在对应的关系，有着种种相似之处：狄奥尼索斯经历肢解的痛苦，又从碎片中再生，而基督被钉死在十字架上，又从死亡中复活，二者同样经历了受难、死亡、复活的过程。按照尼采的理解，在狄奥尼索斯神话中，狄奥尼索斯的受难代表着分裂为个体化的碎片，而个体化是人的苦难的来源，狄奥尼索斯的再生则意味着将个体化的碎片重新带入原始统一性之中。在基督教中，人世生存充满苦难，并且人的苦难是人负有原罪的证明，人因原罪而与神分离。基督在十字架上受难则是上帝通过自己的儿子来为人赎罪，拯救人的苦难，这种拯救消除了人与神之间因原罪而产生的分离，使人重新回到原初的合一之中。就此而言，酒神和基督都是重返原始统一性的希望。此外，酒神的死亡和基督的死亡使他们成为“缺席的神”，但恰

---

① 参见卡尔·雅斯贝尔斯《尼采：其人其说》，鲁路译，社会科学文献出版社 2001 年版，第 466 页。

② 参见 Karl Löwith, *Nietzsche's Philosophy of the Eternal Recurrence of the Same*, Tran. J. Harvey Lomax, University of California Press, 1997, pp. 120—121。

③ 参见卡尔·洛维特《基尔克果与尼采——对虚无主义的哲学和神学克服》，吴增定译，载刘小枫主编《墙上的书写——尼采与基督教》，华夏出版社 2004 年版，第 100 页。

④ 参见列奥·施特劳斯《注意尼采〈善恶的彼岸〉的谋篇》，林国荣、林国华译，载刘小枫、倪为国选编《尼采在西方》，上海三联书店 2002 年版。

恰是这种隐退激起对他们重新莅临的期待。

在晚期的一则笔记中，尼采专门讨论狄奥尼索斯和基督的对立，其中，尼采也认为在受难这一点上，狄奥尼索斯和基督具有相同性，但认为虽然同是受难，但二者的差别在于受难所具有的不同含义：

> 狄奥尼索斯反对"被钉十字架的耶稣"：在此你们有了对照。差别不在于殉难——而在于殉难的意义。生命本身、它永远的丰硕成果和轮回，限定着痛苦、摧毁、求毁灭的意志……在另一种情形下则是苦难，是"无辜的被钉十字架的耶稣"，被视为对这种生命的抗辩，谴责生命的公式。人们会猜度：问题在于受难的意义，它是不是基督教的意义，它是不是悲剧的意义……①

什么是受难的悲剧意义？悲剧问题是尼采始终关心的重要问题，对悲剧的起源和本质的深入思考是尼采《悲剧的诞生》的重要主题，悲剧精神则被尼采标举为希腊人的基本精神。在《悲剧的诞生》中我们看到，按照尼采的解释，那些沮丧、阴郁的情感，无论是亚里士多德的"恐惧"与"怜悯"，还是叔本华听天由命式的意志的放弃，均与悲剧无涉，悲剧恰恰是对这些情感的控制，所谓"希腊的乐天"乃是战胜阴郁情感之后的明朗、欢笑。在悲剧中，自然的生成过程展现为出自丰盈生命的审美游戏，冲突与斗争、流逝与毁灭、灾祸与痛苦也被看作这一审美游戏中的固有成分，由此，永恒的自然生成过程得到肯定。悲剧就是对生命的肯定，它并不排斥破坏、摧毁、痛苦，而是将之作为生命的必然现象和必要前提来加以肯定；苦难不是对生命的反对，而恰恰是生命的条件和应有之义，如同创造和毁灭共属于生成的过程，并且毁灭是无止息的创造的前提。

尼采强调受难的"悲剧的意义"，显然指示着他在《悲剧的诞生》

① 尼采：《权力意志》，孙周兴译，商务印书馆 2007 年版，第 991 页。译文有改动。

中所获得的观念。种种迹象表明，尼采后期思想与他在《悲剧的诞生》中的基本立场之间有着紧密的关联。在《悲剧的诞生》中，尼采就以赫拉克利特的世界之审美游戏的观念来说明自然的生成过程，酒神的神话也带有某种循环、轮回的意味。尼采后来谈论悲剧，往往将之与永恒轮回的思想相提并论。在《快乐的科学》第341节"最大的重负"中，尼采第一次提到永恒轮回的思想，紧接着这一节的下一段文字，尼采名为"悲剧的开始"，这一段文字后来成为《查拉图斯特拉如是说》的开篇，而用尼采自己的话来说，《查拉图斯特拉如是说》的基本宗旨就是永恒轮回思想。在《偶像的黄昏》中，尼采则明确地说，他作为"狄奥尼索斯的最后一个弟子""永恒轮回的教师"，回到了《悲剧的诞生》这一出发点[①]，也就是说，永恒轮回思想是向《悲剧的诞生》基本立场的回归。

如此看来，在尼采后来的思想发展中，悲剧与永恒轮回之间有着内在的关联，事实上，狄奥尼索斯形象、悲剧精神和永恒轮回思想是一致的。尼采一再强调，只有从狄奥尼索斯形象出发才能理解悲剧，而狄奥尼索斯形象在尼采的后期思想中就是永恒轮回的象征，在某种程度上可以说，肯定灾祸、痛苦，肯定生命中一切"可疑""可怕"特征的悲剧就是狄奥尼索斯形象的含义，同时也就是永恒轮回思想的含义。狄奥尼索斯形象、悲剧精神和永恒轮回思想都代表着对生命的肯定，在这个意义上，尼采说，狄奥尼索斯的象征"达到了肯定的极限"，永恒轮回是"人所能达到的最高肯定公式"，而悲剧是"肯定生命的最高艺术"[②]，悲剧性的酒神状态是"肯定此在的最高状态"[③]。从尼采在《快乐的科学》中对"悲剧的开始"一节的安置来看，可以说，尼采后来所理解的悲剧起始于对永恒轮回思想的领悟和主动意愿。如果从永恒轮回的思想出发理解狄奥尼索斯受难的悲剧意义，那

---

① 尼采：《偶像的黄昏》，周国平译，光明日报出版社1996年版，第101页。

② Nietzsche, *Ecce Homo*, *Tran.* W. Kaufmann In, *On the Genealogy of Morals*, Vintage Books, 1967, p. 271, p. 274, p. 295.

③ 尼采：《权力意志》，孙周兴译，商务印书馆2007年版，第945页。

种对生命本身的肯定的性质就更加明显。由于没有外在于循环的更高存在来规定生成的价值，没有一个所谓更美好、更真实的别样世界的存在是这一生成过程的终极目标，在同一者的永恒循环中，生成的每一时刻都具有同等的价值。而由于一切事物的永恒复返，循环的每一当下瞬间既承载着过去时刻的回归，又决定着将来时刻的到来，因而在相同者的永恒轮回中，每一瞬间都是万物的纠结缠绕，[①] 每一瞬间都与其他瞬间牵扯着、簇拥着，每一事物也都嵌入与万物的关联之中。如此一来，肯定某一时刻、某一事物，则意味着肯定一切时刻、一切事物，要求创造、快乐的重返，也就意味着要求毁灭、痛苦的重返。也就是说，要求一切事物如其所是地重回，这种对循环的意愿也包括对毁灭、痛苦、灾祸的主动意愿。对毁灭、痛苦、灾祸的主动意愿甚至内在于对创造、对快乐的意愿——毁灭、消逝打破一切持存，由此担保生成之永恒，所以，在尼采看来，“痛苦成了巨大的狂喜陶醉的一种形式”[②]。

领悟永恒轮回并且意愿永恒轮回的悲剧精神肯定摧毁、破坏，如同肯定创造，悲剧将生命本有的冲突、斗争当作和谐的整体来把握，这恰恰是伟大的风格所具备的特征。悲剧的情感，其基调乃是明朗、幸福，但悲剧的明朗、幸福包含着对至深痛苦的强力控制，这种交错的情感同样是伟大的风格所蕴含的情感。作为“肯定生命的最高艺术”，悲剧体现着艺术的最高理想——伟大的风格。具备伟大风格的悲剧将对立之物纳入自身，实际上也就是将生命本身的丰富性纳入自身。这就如同相同者的永恒轮回将极端的对立之物融于一体：永恒轮回既是永恒的生成，也是生成的自我克服；既是恐怖的深渊，又是快乐的“观察的顶峰”；既是“最大的重负”，又是神圣的轻盈之舞蹈。

① 在《查拉图斯特拉如是说》中，查拉图斯特拉质问侏儒有关永恒轮回中的当下瞬间的含义时说：“万物不是如此紧密地交相缠绕，以致这一瞬间拖曳着一切即将到来之物，因此也拖曳着它自身?”参见 Nietzsche，*Thus Spoke Zarathustra*，In *The Portable Nietzsche*，Tran. W. Kaufmann，Viking Press，1982，p. 270。

② 尼采：《权力意志》，孙周兴译，商务印书馆 2007 年版，第 941 页。

永恒轮回的每一当下瞬间既是正午之光明，也是午夜之幽深。永恒轮回作为一种思想，既是极端的否定，又是最高的肯定；既是彻底的虚无主义，也是对虚无主义的克服。

在虚无主义的历史过程中，肯定生成世界的永恒轮回思想成为对虚无主义的克服，而作为虚无主义的自身克服，永恒轮回同时开启着新的历史阶段，在尼采看来，这就是悲剧时代的到来、"悲剧的开始"。在距《悲剧的诞生》预期悲剧的再生十多年后，有关悲剧时代重新来临的预言在尼采的著作中多次出现，[①] 并正如上文所说，这一预言时常或隐或显地与永恒轮回联系在一起。也就是说，悲剧的再生、古典生存方式的再生将发生在虚无主义的历史终结处，发生在永恒轮回思想取代以往一切世界解释，被把握为生成世界的本质的时刻。如此，悲剧这种体现着伟大风格的最高艺术便被带入虚无主义的历史以及对虚无主义的克服之中。永恒轮回的思想召唤悲剧时代的来临，这表明悲剧——就悲剧作为最高艺术的意义而言，也就是艺术——成为虚无主义的反运动，作为这种反运动，艺术实现不同于以往的新的存在方式。而艺术之所以能够成为这一历史使命的承担者，正是因为艺术最为贴近自然的形而上的本质：艺术是强力意志的清晰体现，艺术并不虚设生成世界之外的固定化的理想，而是肯定唯一的生成世界，投身于永恒轮回的审美游戏。

正如在完全否定世界的意义、价值之后，在失去世界之后，永恒轮回的最高肯定重新赢得世界，重新执着于生成的每一创造的瞬间、每一存在的时刻，并以循环的形式使生成具有了某种节律、某种稳定性，艺术作为对虚无主义的反运动，也是在抛弃一切有关超验世界的存在假设、在彻底的虚无之后，重新执着于有，执着于某种稳定之

---

① 如在《看哪，这人》中回顾《悲剧的诞生》时，尼采说："我预期一个悲剧时代……肯定生命的最高艺术，悲剧，即将再生。"而在回顾《查拉图斯特拉如是说》时，尼采认为超人之生存的出现就是悲剧的开始。参见 Nietzsche, *Ecce Homo*, Tran. W. Kaufmann, In *On the Genealogy of Morals*, Vintage Books, 1967, p. 274, p. 299。

物。一方面，艺术重新确立生成世界的价值、意义，但不是设定某种外在的权威，以取代被废弃了的超验价值。从艺术的角度来看，外在于生成世界的立法都是以道德的方式压制、贬低世界，而艺术则是以这种方式，即将价值设定的主权重新归还给生成世界，生成世界成为唯一的实在，是一切价值、意义的规定者。另一方面，艺术又在变动不居的生成之中创造某种稳定之物。艺术赋予事物外观、形式，将生命的丰富性约束在确定的界限、尺度、法则之中。但这种对稳定性的把握并不是期望生成的停滞，而是在根本上顺应生成的创造：首先，永恒轮回的生成本身就蕴含着稳定性；其次，艺术的赋形乃是一种对事物的美化，是出自生命的丰盈对事物的提升。从生命的角度来看，艺术对形式、外观、尺度的创造即是对生命的强化、激发，有利于生命之提升。

被撕碎的狄奥尼索斯象征着受难的悲剧意义：生命本身的丰盈足以为巨大的苦难、灾祸辩护，使之成为必不可少的、正当的、清白无辜的。与之相反，耶稣被钉十字架代表受难的基督教意义：在基督教的模式下，苦难与罪的概念如影随形，苦难的原因是人的罪过，有罪的生命应当受到谴责，苦难就是对负有罪孽的生命的惩罚。正因如此，苦难又与拯救的观念相关：受苦是赎罪的方式，但人单凭自身无法偿还对上帝的欠付，只能依靠上帝之爱为人类赎罪，耶稣在十字架上受难是无辜者为罪人赎罪，从而使人获得拯救。基督教的罪和拯救的观念使得苦难成为对生命本身的反对，所以尼采说：“‘十字架上的上帝’是对生命的诅咒，是一种暗示，要人们解脱生命。”①

在尼采看来，基督教的拯救预设人之罪，是人的自我贬低、自我否定，拯救观念在根本上玷污了生命本然的清白，并造成生命的虚弱，所以对拯救观念的驳斥是尼采的基督教批评的一个重要方面，拯救观念也被尼采视为典型的基督教观念，由此也成为基督与酒神的重要区别。但是，我们看到，尼采本人也常常谈论拯救问题。《悲剧的

① 尼采：《权力意志》，孙周兴译，商务印书馆2007年版，第991页。

诞生》从拯救的角度看待悲剧，将悲剧看作希腊人的救世行为，希腊人通过悲剧来克服厌世、克服对生存的恐怖本质的洞察，由之从痛苦与冲突中解脱出来。就此而言，德勒兹认为尼采的《悲剧的诞生》并没有摆脱基督教的拯救思路，并且认为此时尼采的狄奥尼索斯形象基本上仍致力于解脱痛苦，消除矛盾与苦难。① 而在《查拉图斯特拉如是说》第二部分“拯救”一节中，永恒轮回思想的教导者查拉图斯特拉也讲述意志的拯救。在上述对比狄奥尼索斯与基督的笔记中，尼采也说：酒神精神“拯救生存的冲突和可疑方面”，其中“拯救”一词是被着重强调的。如此看来，似乎狄奥尼索斯形象也蕴含着拯救的观念。洛维特就认为，尼采之所以在根本上并未摆脱基督教，其中一个重要的原因就在于，尼采仍然谈论拯救，而拯救的观念对希腊异教世界而言是陌生的。②

但是，尼采所说的拯救与基督教的拯救观念存在根本的区别。在《悲剧的诞生》中，尼采的拯救观念还带有对苦难的拯救这一含义，但实际上表达不同于基督教的内容。而尼采在永恒轮回的思想中谈论拯救，则是置身于历史的语境，着眼于虚无主义的克服，其用意恰恰在于彻底反对基督教的世界解释对生命的贬谪，可以说，尼采所说的永恒轮回的“拯救”仅仅是对基督教拯救概念的挪用。

虽然《悲剧的诞生》一定程度上仍然带有叔本华影响的痕迹，某种悲观主义的基调、某种对生存之痛苦的敏感仍被作为问题的出发点，而悲剧的拯救也是着力于对痛苦的克服。但即便在《悲剧的诞生》中尼采以“拯救”这一基督教的概念来谈论悲剧，悲剧的拯救却包含着与基督教的拯救完全不同的内涵。基督教的拯救是对生存之罪

---

① 参见德勒兹《尼采与哲学》，周颖、刘玉宇译，社会科学文献出版社 2001 年版，第 16、23 页。德勒兹认为，《悲剧的诞生》仍是以矛盾以及矛盾的解决这种辩证法的方式来规定悲剧，而基督教的拯救观念也弥漫着辩证法的精神。

② 参见卡尔·洛维特《世界历史与救赎历史——历史哲学的神学前提》，李秋零、田薇译，生活·读书·新知三联书店 2002 年版，第 265 页以下。另参见卡尔·洛维特《尼采的敌基督教登山训众》，吴增定译，载刘小枫主编《墙上的书写——尼采与基督教》，华夏出版社 2004 年版，第 11、12 页。

的救赎，由于苦难被看作生存之罪的证明，是应当被否定、被排斥的，拯救在根本上就是要完全消除苦难。悲剧的拯救是对苦难的战胜、克服，但通过悲剧所达到的欢乐的情感并不是浅薄的、平面化的单纯痛苦的消除，而仍然糅合着痛苦。而且，悲剧对苦难的战胜，并不是把苦难看作纯然否定性的，而是将苦难视为生命的固有因素，同时是个体融入自然大生命的前提。如此，悲剧自始就肯定苦难，肯定生存的恐怖、可怕，而在肯定苦难、痛苦的同时，也就将个体化的生者视为总体生命的一部分，处于与万有的总体关联之中，是超个体的存在，同永恒生命一同奔流，因而克服了个体生存的有限性，以及个体化生者与自然大生命的乖离。

从永恒轮回的思想来看，基督教的拯救意在消除苦难，期待彼岸的永恒福祉，但苦难恰恰是不可消除的，在生成世界之上并没有一个至善至美的存在世界，可以解脱此世的灾祸，在永恒轮回中，一切都纠结缠绕地复归，快乐不断回返，而一切毁灭、破损、痛苦也都如其曾经存在过的那样回返。基督教把此时此地的当下生存判定为充满罪恶的、不应当存在的，因此，苦难、罪感是基督教拯救的出发点和前提，上帝之国中的至上福乐实际上源生于痛苦、依存于痛苦，而由于苦难本身被当作赎罪的方式，基督教的拯救反过来又养育着这种痛苦。在尼采那里，自柏拉图以来的一切有关存在世界的设定根本上都是从痛苦、不满的情感中滋生而来，这实际上也就是后来黑格尔所说的苦恼意识，而叔本华从痛苦出发对生存无价值的判断也是基督教的残余。[①] 狄奥尼索斯的形象所代表的生存却是以快乐的情感为出发点和前提。在此，快乐和痛苦都必须从强力意志得到理解，快乐是强力的提高感，痛苦则伴随着每一既定界限的破除，每一持存状态的摧毁。由于强力的提高乃为本质，因此快乐是根本的情感，而由于强力的增长必定带来界限的打破，因此痛苦内在于每一快乐的情感。痛苦

---

① 德勒兹就注意到黑格尔的“苦恼意识”与基督教的内疚感的关联。参见德勒兹《尼采与哲学》，周颖、刘玉宇译，社会科学文献出版社 2001 年版，第 28 页。

本质上甚至是快乐的一种形式——痛苦不是快乐的对立面，而是快乐的内在固有成分；快乐也不是痛苦的消除，而是必然蕴含痛苦。因此，肯定之神狄奥尼索斯同时也就是快乐之神，毁灭、消逝不是苦难，而是欢愉的一种形式。快乐不是被许诺的终极目标，而是初始的现实。

以快乐为起始，也就是以生命的丰盈为前提，在这种情况下，痛苦也是生命的丰盈所产生的现象；而以痛苦、罪感为起始，也就是以生命的匮乏为前提。按照这一理解，基督教的拯救，其实质就是苦于贫困的生命向外寻求弥补，寻求从苦难当中的解脱。用尼采的说法，基督教的拯救出于某种怨恨，即对生命的怨恨，也就是对生成的怨恨，因其无能经受流逝和摧毁，因其无法左右和改变一切过往之物。正是这种对生成的怨恨，将生成判定为不公和罪孽，并将生成所带来的痛苦判定为惩罚。出于这种怨恨，至上的福乐总是作为某种被期待的、非现实的状态许诺在将来，不同于当下生存的彼岸世界成为拯救，根本而言，这是出自对生命的害怕而远离生命、否定生命，企图以寂然不动的永恒理想将生成固定化，基督教最后的拯救就是生成的反对，也就是所谓最后的安息日。

基督教的拯救作为某种对未来的许诺，被放置在彼岸，在苦难的尽头、终结处，狄奥尼索斯的福音则是当下的现实，每一瞬间的生存即是至福，一切事物都因生成本身的快乐而被肯定。可见，在耶稣与狄奥尼索斯这两个对立的形象之间，也还存在着彼岸的福音与当下的福音的对立。按照尼采的观念，耶稣被钉十字架在基督教的观念中被认为是通向福乐生存的道路，但在狄奥尼索斯的受难中，生存本身就被认为是有至福的。① 在这个意义上，海德格尔认为，尼采所说的当下生存的福乐是基督教拯救福音的颠倒。② 但正如上文所说，尼采反对的是世俗化、道德化了的基督教，而不是原初的基督教。在尼采

① 参见尼采《权力意志》，孙周兴译，商务印书馆 2007 年版，第 991 页。

② 参见马丁·海德格尔《尼采》，孙周兴译，商务印书馆 2002 年版，第 480 页。

看来，作为救世主、作为通向彼岸至福的耶稣形象，是被使徒和教会误解了的耶稣，而不是原初的耶稣。原初的耶稣所代表的恰恰是福音的当下实现。福音不是对未来的许诺，而是当下的一种体验；福音是无条件的，与罪和惩罚无关；福音不是在自身之外的东西，而是内在于自身。诸如圣父、圣子、天国等都是这种当下福音的隐喻，圣父象征着永恒的福乐情感，在尼采的理解中，这就是排除了一切对立的对万事万物的认可、祝福，圣子则象征着这种情感的当下实现。因此，天国不是在时间的进程中可以期许的彼岸，而是一种已获得的心灵状态。耶稣被钉十字架就是对这种福音的实践。基督教在罪、惩罚、赎罪、为他者牺牲等之中寻求未来的福音，这实际上是“反福音”。尼采如此描绘的原初的耶稣形象根本上成为对基督教的反对，因此反而与狄奥尼索斯形象更为接近。

如果当下生存即为至福，为什么还要谈拯救问题？拯救总意味着“从……当中”解脱，如基督教的拯救是通过救世主从苦难、罪孽中解脱出来，如果狄奥尼索斯可以成为一种拯救的方式，那么，不同于基督教的狄奥尼索斯的拯救是何种拯救？它针对的是什么？对此，尼采说，酒神“拯救生存的冲突和可疑方面”。基督教的拯救是要否定、清除生存的一切冲突和可疑方面，狄奥尼索斯的拯救却是将其纳入自身而肯定之。之所以为拯救，正是因为迄今为止它们在基督教的世界解释之中被贬低、被压制，正是因为迄今为止左右着生存的并不是当下的福乐情感，而是基督教的怨恨。在这个意义上，拯救就是要为受谴责的生命正名，使之不受善恶等道德评价的污染，即恢复生存的无辜，从罪的重压下解救出来。然而，这不是从对上帝的欠付之罪中，而是从对生命的谴责、贬低、否定之中拯救出来，不是到彼岸寻求无罪的生存，而是把生命从一切有关生命之上的理想的设定中拯救出来，也就是要从基督教的怨恨情感中解脱出来。这种怨恨，如上文所述，在根本上是对生成的怨恨，在查拉图斯特拉口中，是意志对时间的刻骨仇恨，时间的短暂和流逝，一切的“曾是”，是意志无法控制、无法改变的，查拉图斯特拉所宣讲的拯救就是要把意志从对时间流逝的怨恨中挣脱出来。[①]

永恒轮回就成为这种拯救之福音。在同一者的永恒轮回中，一切不仅仅作为过往者流逝，还同时作为当前者现成在场，作为将来者正在到来，一切过往连同现在和将来交会缠绕于每一个瞬间，一切破损、毁灭同时也是创生。永恒轮回使得万物置身于整体的关联之中，不再是稍纵即逝的往者、彼此隔绝的碎片，在永恒轮回的整体之中，“万物得到拯救和肯定”[②]。但这种拯救并不依靠他者，而是要通过意志自身的转变以及意志在当下瞬间的创造来实现。意志肯定一切，将一切视为自身所要求的，因而主动意愿如其所是的事物的永恒复返，意愿每一瞬间的重回，如此，意志不是怨恨，而是感激，每一瞬间、每一当下的存在都成为至福。可见，在尼采的解释中，基督教的拯救是一种依靠他者的拯救，狄奥尼索斯的拯救则无须一个不同于当下生存的他者给出拯救的希望。被钉十字架的耶稣作为无辜者为他人受苦，而狄奥尼索斯为了毫无保留地肯定生命、为了生命的永恒复返而亲身经受毁灭。[③] 以耶稣的受难来赎罪，消除隔绝人与上帝的距离，实现与上帝的合一，但实际上这种合一难以实现，由分离所导致的痛苦并没有得到克服，因为耶稣为人赎罪根本上仍凸显出人的卑贱和上帝的高高在上。但在永恒轮回中，并没有先在的罪隔离神与人，人自身的创造与生成世界合一，人自始就是具神性的存在。

尼采在对虚无主义的克服的语境中，也就是在历史的语境中谈论拯救问题，因而其言说的层面与基督教的拯救完全不同。就历史的使命而言，生命需要从道德化的贬低、诟病中被拯救出来；而就当下即是福乐的生命本身而言，本然无辜的生命根本无须拯救。由此来看，

---

① 参见 Nietzsche，*Thus Spoke Zarathustra*，In *The Portable Nietzsche*，Tran. W. Kaufmann，Viking Press，1982，第二部“赎救”一节。

② 尼采：《偶像的黄昏》，周国平译，光明日报出版社 1996 年版，第 93 页。

③ 弗拉狄耶尔看到基督教的拯救与狄奥尼索斯的拯救的这种区别，认为前者是依靠信仰他人的血而寻求得救，而后者是流自己的血。参见弗拉狄耶尔《狄奥尼索斯对抗被钉十字架者》，成官泯译，载刘小枫主编《墙上的书写——尼采与基督教》，华夏出版社 2004 年版，第 204 页。

永恒轮回的“拯救”一词只是借用了基督教的概念而已，其用意恰恰是用基督教的概念反对基督教本身。意志从以往对生命的怨恨中解脱出来，也就是从柏拉图以来的世界解释中被拯救出来，重新回到与生成世界的合一之中。永恒轮回思想克服了以往对彼岸、存在世界的设定所导致的虚无主义，而这带来解救，即将大地、生成世界、感性领域从由于彼岸世界的设定所导致的贬低、中伤中解脱出来，恢复生命本身的权利。如果说在基督教中，上帝乃为拯救，那么，在狄奥尼索斯的拯救中，恰恰是上帝之死乃为拯救，通过永恒轮回，世界便“从伟大的憎恶中、从虚无意志中、从虚无主义中拯救出来”[①]。

---

① 尼采：《论道德的谱系》，周红译，生活·读书·新知三联书店1992年版，第74页。

参考文献

一　尼采著作

[1] *The Birth of Tragedy*, Trans. W. Kaufmann, Vintage Books, 1967.

[2] *Untimely Meditations*, Trans. R. J. Hollingdale, Cambridge University Press, 1997.

[3] *Human, All Too Human*, Trans. R. J. Hollingdale, Cambridge University Press, 1986.

[4] *Daybreak*, *Trans.* R. J. Hollingdale, Cambridge University Press, 1982.

[5] *The Gay Science*, Trans. W. Kaufman, Vintage Books, 1974.

[6] *Thus Spoke Zarathustra*, Trans. W. Kaufman, In *The Portable Nietzsche*, VikingPress, 1982.

[7] *Beyond Good and Evil*, Trans. W. Kaufman, Vintage Books, 1966.

[8] *On the Genealogy of Morals*, Trans. W. Kaufman & R. J. Hollingdale, Vintage Books, 1967.

[9] *The Case of Wagner*, In *The Birth of Tragedy*, Trans. W. Kaufmann, Vintage Books, 1967.

[10] *Twilight of the Idols*, Trans. W. Kaufman, In *The Portable Nietzsche*, Viking Press, 1982.

[11] *The Antichrist*, Trans. W. Kaufman, In *The Portable Nietzsche*, Viking Press, 1982.

[12] *Ecce Homo*. Trans. W. Kaufman , In *On the Genealogy of Morals*, Vintage Books, 1967.

[13] *Nietzsche contra Wagner*, Trans. W. Kaufman, In *The Portable Nietzsche*, Viking Press, 1982.

[14] *The Will to Power*, Trans. W. Kaufman & R. J. Hollingdale, Vintage Books, 1967.

[15] *Philosophy and Truth: Selections from Nietzsche's Notebooks of the early 1870's*, Edit. & Trans. D. Breazeale, Humanities Press, 1979.

[16] *The Pre-Platonic Philosophers*, Edit. & Trans. Greg Whitlock, University of Illinois Press, 2001.

[17] *A Nietzsche Reader*, Sel. and Tran. R. J. Hollingdale, Penguin Books, 1977.

[18] *Basic Writings of Nietzsche*, Trans. W. Kaufman, The Modern Library, 1968.

[19] *Homer and Classical Philology*, Trans. J. M. Kennedy, In *The Complete Works of Friedrich Nietzsche*, George Allen & Unwin LTD, 1909.

[20] *On The Future of Our Educational Institutions*, Trans. J. M. Kennedy, In *The Complete Works of Friedrich Nietzsche*, George Allen & Unwin LTD, 1909.

[21] *Early Greek Philosophy*, Trans. Maximilian A. Mugge, In *The Complete Works of Friedrich Nietzsche*, George Allen & Unwin LTD, 1911.

[22] *Writings From the Late Notebooks*, Edit. Rudiger Bittner, Cambridge University Press, 2003.

[23] *Unpublished Writings from the Period of Unfashionable Observation*, Tran. Richard T. Gray, Stanford University Press, 1999.

[24]《悲剧的诞生》，周国平译，生活・读书・新知三联书店 1986 年版。

[25]《教育家叔本华》，黄燎宇译，载《悲剧的诞生》，漓江出版社 2000 年版。

[26]《瓦格纳在拜洛伊特》，周国平译，载《悲剧的诞生》，生活・读书・新知三联书店 1986 年版。

[27]《历史对于人生的利弊》，姚可昆译，商务印书馆 1998 年版。

[28]《曙光》，田立年译，漓江出版社 2000 年版。

[29]《快乐的科学》，黄明嘉译，漓江出版社 2000 年版。

[30]《苏鲁支语录》，徐梵澄译，商务印书馆 1992 年版。

[31]《善恶的彼岸》，宋祖良、刘桂环译，载《论道德的谱系》，漓江出版社 2000 年版。

[32]《论道德的谱系》，周红译，生活・读书・新知三联书店 1992 年版。

[33]《瓦格纳事件》，周国平译，载《悲剧的诞生》，生活・读书・新知三联书店 1986 年版。

[34]《偶像的黄昏》，周国平译，光明日报出版社 1996 年版。

[35]《敌基督者》，吴增定、李猛译，载刘小枫选编《尼采与基督教思想》，道风

书社 2001 年版。

[36]《看哪，这人》，张念东、凌素心译，中央编译出版社 2000 年版。

[37]《尼采反对瓦格纳》，陈燕茹、赵秀芬译，山东画报出版社 2002 年版。

[38]《权力意志》，孙周兴译，商务印书馆 2007 年版。

[39]《哲学与真理》，田立年译，上海社会科学院出版社 1993 年版。

[40]《古修辞学描述》，屠友祥译，上海人民出版社 2001 年版。

[41]《希腊悲剧时代的哲学》，周国平译，商务印书馆 1994 年版。

二 其他文献

[42] Adrian Del Caro, *Nietzsche Contra Nietzsche: Creativity and the Anti-Romantic*, Louisiana State University Press, 1989.

[43] Alistair Kee, *Nietzsche against the Crucified*, SCM Press, 1999.

[44] Azade Seyhan, *Representation and its Discontents: the Critical Legacy of German Romanticism*, University of California Press, 1992.

[45] Berkowitz Peter, *Nietzsche: the Ethics of an Immoralist*, Harvard University Press, 1995.

[46] Bernard Williams, *Shame and Necessity*, University of California Press, 1993.

[47] Bernd Magnus & Kathleen M. Higgins, Edit., *The Cambridge Companion to Nietzsche*, Cambridge University Press, 1996.

[48] Christopher Janaway, Edit., *Willing and Nothingness*, Oxford University Press, 1998.

[49] Dale Jacquette, Edit., *Schopenhauer, Philosophy, and the arts*, Cambridge UniversityPress, 1996.

[50] David B. Allison, Edit., *The New Nietzsche*, Dell Publishing Co. Inc. 1977.

[51] David Farrell Krell & David Wood, Edit., *Exceedingly Nietzsche: Aspects of Contemporary Nietzsche-Interpretation*, Routledge & Kegan Paul, 1988.

[52] Erich Heller, *The Importance of Nietzsche*, University of Chicago Press, 1988.

[53] Friderick C. Beiser, *The Romantic Imperative: the Concept of Early German Romanticism*, Harvard University Press, 2003.

[54] Georg Simmel, *Schopenhauer and Nietzsche*, Trans. Helmut Loiskandl, Deena. Weinstein & Michael Weinstein, The University of Massachusetts

Press, 1986.

[55] Habermas, "Modernity—An Incomplete Project", In *Interpretive Social Science: a Second Look*, edited by Paul Rabinow & William M. Sullivan, University of California Press, 1979.

[56] James C. O'Flaherty, Timothy F. Sellner, and Robert M. Helm, Edit., *Studies in Nietzsche and the Classical Tradition*, The University of North Carolina Press, 1976.

[57] James C. O' Flaherty, Timothy F. Sellner, and Robert M. Helm, Edit., *Studies in Nietzsche and the Judaeo-Christian Tradition*, The University of North Carolina Press, 1985.

[58] James J. Winchester, *Nietzsche's Aesthetic Turn: Reading Nietzsche after Heidegger, Deleuze, Derrida*, State University of New York Press, 1994.

[59] John Sallis, *Crossings: Nietzsche and the Space of Tragedy*, The University of Chicago Press, 1991.

[60] John Richardson, *Nietzsche's System*, Oxford University Press, 1996.

[61] Julian Young, *Nietzsche's Philosophy of Art*, Cambridge University Press, 1992.

[62] Karl löwith, *Nietzsche's Philosophy of the Eternal Recurrence of the Same*, Trans. J. Harvey Lomax, University of California Press, 1997.

[63] Keith M. May, *Nietzsche and Spirit of Tragedy*, Houndmills, Basingstoke, Macmillan, 1990.

[64] Lanrence. A. Richels, Edit., *Looking after Nietzsche*, SUNY, 1990.

[65] Lorraine Markotic, "Transformative Consequences", In *Nietzsche-Studien*, Walter de Gruyter Gumb H & Co. KG, 1999.

[66] M. Heidegger, *The Essence of Human Freedom*, Trans. Ted Sadler, Continuum, 2002.

[67] Michael Allen Gillespie & Tracy B. Strong, Edit., *Nietzsche's New Seas, Explorations in Philosophy, Aesthetics, and Polotics*, University of Chicago Press, 1988.

[68] Michael Löwy & Robert Sayre, *Romanticism against the Tide of Modernity*, Tran. Catherine Porter, Duke University Press, 2001.

[69] Michel Haar, *Nietzsche and Metaphysics*, Edit. and Trans. Michael Gendre,

State University of New York Press, 1996.

[70] M. S. Silk & J. P. Stern, *Nietzsche on Tragedy*, Cambridge University Press, 1981.

[71] Nicholas Martin, *Nietzsche and Schiller, Untimely Aesthetics*, Oxford University Press, 1996.

[72] Richard Schacht, *Nietzsche*, Routledge & Kegan Paul, 1983.

[73] Richard Schacht, Edit., *Nietzsche's Postmoralism*, Cambridge University Press, 2001.

[74] Robert C. Solomon & Kathleen M. Higgins, Edit., *Reading Nietzsche*, Oxford University Press, 1988.

[75] Ruth Abbey, *Nietzsche's Middle Period*, Oxford University Press, 2000.

[76] Salim Kemal, Ivan Gaskell & Daniel W. Conway, Edit., *Nietzsche, Philosophy and the Arts*, Cambridge University Press, 1998.

[77] Ted Sadler, *Nietzsche: Truth and Redemption*, The Athlone Press, 1995.

[78] Walter Kaufmann, *Nietzsche: Philosopher, Psychologist, Antichrist*, Princeton, N. J.: Princeton University Press, 1974.

[79] 彼玻：《动物与超人之维》，李洁译，华夏出版社 2001 年版。

[80] 陈鼓应：《悲剧哲学家尼采》，生活·读书·新知三联书店 1994 年版。

[81] 陈君华：《深渊与巅峰》，上海人民出版社 2004 年版。

[82] 成芳：《尼采在中国》，南京出版社 1993 年版。

[83] 德勒兹：《尼采与哲学》，周颖、刘玉宇译，社会科学文献出版社 2001 年版。

[84] 德勒兹：《解读尼采》，张焕民译，百花文艺出版社 2000 年版。

[85] 恩斯特·贝勒尔：《尼采、海德格尔与德里达》，李朝晖译，社会科学文献出版社 2001 年版。

[86] 郜元宝编：《尼采在中国》，上海三联书店 2001 年版。

[87] 海涅：《论浪漫派》，张玉书译，人民文学出版社 1979 年版。

[88] 黑格尔：《美学》第一卷，朱光潜译，商务印书馆 1979 年版。

[89] 黑格尔：《美学》第二卷，朱光潜译，商务印书馆 1979 年版。

[90] 黑格尔：《美学》第三卷上，朱光潜译，商务印书馆 1979 年版。

[91] 黑格尔：《美学》第三卷下，朱光潜译，商务印书馆 1981 年版。

［92］基托：《希腊人》，徐卫翔、黄韬译，上海人民出版社 1998 年版。

［93］金惠敏、薛晓源编：《评说“超人”——尼采在中国的百年解读》，社会科学文献出版社 2001 年版。

［94］卡尔·洛维特：《世界历史与救赎历史——历史哲学的神学前提》，李秋零、田薇译，生活·读书·新知三联书店 2002 年版。

［95］卡林内斯库：《现代性的五副面孔》，顾爱彬等译，商务印书馆 2002 年版。

［96］康德：《判断力批判》，邓晓芒译，人民出版社 2002 年版。

［97］康德：《纯粹理性批判》，邓晓芒译，人民出版社 2004 年版。

［98］刘小枫、倪为国选编：《尼采在西方》，上海三联书店 2002 年版。

［99］刘小枫选编：《尼采与基督教思想》，吴增定、李猛、田立年译，道风书社 2001 年版。

［100］刘小枫主编：《墙上的书写——尼采与基督教》，田立年、吴增定等译，华夏出版社 2004 年版。

［101］《罗念生全集》第二卷，人民出版社 2004 年版。

［102］马丁·海德格尔：《尼采》，孙周兴译，商务印书馆 2002 年版。

［103］马丁·海德格尔：《形而上学导论》，熊伟、王庆节译，商务印书馆 1996 年版。

［104］孙周兴编：《海德格尔选集》，上海三联书店 1996 年版。

［105］让·皮埃尔·韦尔南：《神话与政治之间》，余中先译，生活·读书·新知三联书店 2001 年版。

［106］让·皮埃尔·韦尔南：《希腊思想的起源》，秦海鹰译，生活·读书·新知三联书店 1996 年版。

［107］斯威布：《希腊的神话与传说》，人民文学出版社 1958 年版。

［108］斯坦利·罗森：《启蒙的面具》，吴松江、陈卫斌译，辽宁教育出版社 2003 年版。

［109］叔本华：《作为意志和表象的世界》，石冲白译，商务印书馆 1982 年版。

［110］瓦格纳：《瓦格纳论音乐》，廖辅叔译，上海音乐出版社 2002 年版。

［111］汪民安、陈永国编：《尼采的幽灵：西方后现代语境中的尼采》，社会科学文献出版社 2001 年版。

［112］温克尔曼：《希腊人的艺术》，邵大箴译，广西师范大学出版社 2001 年版。

［113］吴增定：《尼采与柏拉图主义》，上海人民出版社 2005 年版。

[114] 席勒：《审美教育书简》，冯至、范大灿译，北京大学出版社1985年版。

[115] 席勒：《论素朴的诗与感伤的诗》，缪灵珠译，载《缪灵珠美学译文集》第二卷，中国人民大学出版社1987年版。

[116] 亚里士多德：《诗学》，陈中梅译，商务印书馆1999年版。

[117] 雅斯贝尔斯：《存在与超越》，余灵灵、徐信华译，上海三联书店1988年版。

[118] 雅斯贝尔斯：《尼采：其人其说》，鲁路译，社会科学文献出版社2001年版。

[119] 于尔根·哈贝马斯：《现代性的哲学话语》，曹卫东等译，译林出版社2004年版。

[120] 周国平：《在世纪的转折点上》，上海人民出版社1986年版。

[121] 朱光潜：《西方美学史》，人民文学出版社1979年版。

后　记

对我而言，阅读尼采，一个最重要的经历是，将我从“审美自律”、艺术的自主性等现代美学迷梦中惊醒，使我意识到，真正伟大的艺术始终与一种对世界的终极理解紧密相关。可以说，尼采的艺术形而上学思路构成对自主性艺术观念最直接的反对。海德格尔将尼采刻画为“最后的形而上学家”，启发我在尼采有关艺术的看法与尼采形而上学的几个关键概念之间看到一系列非常明确的对应关系。正是由于这些对应关系，我们才能理解，为什么在尼采那里，艺术与形而上学的关系最为本真。反过来说，这自然也凸显出，要真正理解尼采反形而上学的形而上学，艺术的思路何等重要。

将艺术置入一种对自然的生成本质的根本性理解之中，并通过艺术对形而上本质的直接展现来勇力承担这一对世界本质的把握，在尼采那里，这是希腊民族所具有的一种精神气质，也是现代西方人早已丧失的一种精神气质。在这个意义上，尼采的艺术形而上学主张，其主要的用意，就是针对西方现代性文化的弊病，重新呼唤一种古典的生存方式和生存理想。不过，尼采的古典再生方案，并非纯然地呼吁回到古典，而是仍然立足现代，企图基于虚无主义的前提去克服虚无主义的问题。于是我们看到，尼采对古典的召唤，仍然呈现出现代性本身的问题，其中的不满与挣扎，正深深地影响着目前中国人的实际生活。

这本探讨尼采艺术形而上学思想的小书，是在博士论文的基础上修改而成的。十年之后再来看这篇旧作，有诸多的不满意。它受到尼采思想的敲打，但又缺乏足够的力量来回应这一敲打，所以字里行间更多地流露出不安的顺从，但从尼采思想中获得的洞见足以让我受益终身！

感谢业师王旭晓！王老师的眼光和胸襟是我论文得以顺利写作的重要支持。感谢高建平老师！没有高老师的巨大帮助和时时敦促，便没有这本小书的面世。感谢中国社会科学出版社为本书出版提供的帮助。感谢责任编辑郭晓鸿博士细致而高效的工作！感谢我的家人！

何兰芳

2016 年 1 月